国家社科基金
GUOJIA SHEKE JIJIN HOUQI ZIZHU XIANGMU
后期资助项目

"结构-文化主义"
范式的马克思主义符号隐喻研究

The Research on Symbolic Metaphor
of Marxism based
on the "Structure-Culturism" Pattern

马援　著

天津出版传媒集团
天津人民出版社

图书在版编目（ＣＩＰ）数据

"结构－文化主义"范式的马克思主义符号隐喻研究 /
马援著. -- 天津 : 天津人民出版社, 2024.6
　ISBN 978-7-201-20284-6

Ⅰ.①结… Ⅱ.①马… Ⅲ.①马克思主义哲学—语言
哲学—研究 Ⅳ.①H0-05

中国国家版本馆 CIP 数据核字(2024)第 053879 号

"结构-文化主义"范式的马克思主义符号隐喻研究
"JIEGOU-WENHUA ZHUYI"FANSHI DE MAKESIZHUYI FUHAO YINYU YANJIU

出　　版	天津人民出版社	
出 版 人	刘锦泉	
地　　址	天津市和平区西康路35号康岳大厦	
邮政编码	300051	
邮购电话	（022）23332469	
电子信箱	reader@tjrmcbs.com	

责任编辑	王佳欢
美术编辑	汤　磊

印　　刷	天津新华印务有限公司
经　　销	新华书店
开　　本	710毫米×1000毫米　1/16
印　　张	16.5
插　　页	2
字　　数	270千字
版次印次	2024年6月第1版　2024年6月第1次印刷
定　　价	88.00元

前　言

从广义来讲,自人类社会产生以来人与符号的关系就很密切。人类社会的发展史就是一部以标记符、字符、音符等各种姿态符号书写的历史。人类文明的丰富成果也是以刻录人类文明的符号传递和传承的。从某种意义上可以说,人类的历史、人类的文化和人类的文明就是符号史、符号文化和符号文明。这些不同类型的符号相互交织在一起,使得整个人类社会得以周而复始地运转,并促使新文明成果的不断涌现。

符号可以用言说的方式诉说人类的历史,也可以用交响曲、圆舞曲、幻想曲等不同乐章让我们聆听古今,还可以用虚拟现实和人工智能等现代科学技术手段让我们身临其境地获得不同体验与感受。这一串串图片的、文字的、声音的、物质形态的符号构成了我们的日常生活世界。因此,卡西尔就说:“人是符号的动物。”[①]人是符号的动物,并不是简单生物学上的动物讯号,而是人类文明的一切成果、人类赖以生存的根本基础和人类获得未来发展的重要前提。

对于中国而言,我们具有得天独厚的符号学优势。在我们的汉字王国里,充满了声、形、意相结合的文字系统。在世界早期的文字中,苏美尔、古巴比伦和亚述的早已消失,而在发源于黄河流域的中国,今天我们所使用的汉字就源自最早出现的中国文字的基础。埋藏三千多年的兽骨和龟甲上的甲骨文,以及八百多年青铜器上的金文,是中国汉字的两大重要起源。我们现在使用的每一个简化汉字都可以通过从金文或小篆到甲骨文的回溯方式,最后获得一幅相应的图像。一幅图片在去除和简化的过程中,用汉字的基本笔画来勾勒图片的形状,就可以得到一个汉字。汉字是图像的裁剪和剪影。

因此,在西方谈论索绪尔开创的语言哲学中音形与句法结构的时候,以及探讨语言形式和语言结构问题的时候,其实,在中国上下千年的汉字系统中,早已将音、形、意的问题表达在日常使用的汉字中,汉字的结构与语义展现了中华民族对社会生活的思考方式和认识方式,是中华民族伟大智慧的凝结。饶有趣味的是,甲骨文还被称为会“说话”的甲骨:一方面,古

---

① 参见[德]恩斯特·卡西尔:《论人是符号的动物》,石磊编译,中国商业出版社,2016年。

代人希望通过甲骨占卜告知他们需要得到问题的答案;另一方面,甲骨文在形成过程中如遇敲击和加热会出现裂纹和发出声响。然而无论是将其作为感应苍天神灵的甲骨占卜,还是当甲骨自身发出的清脆响声,都表达了中国古代人民将自己的思想和灵魂寄托在甲骨这种文化表达之中。因此,在探究符号学最为核心的问题,即探究符号的本质、变化规律、意义及其与人类活动之间的关系时,可以从中国的汉字王国寻求到一定的答案。

对于符号研究而言,无论是对古代人类文明的追溯,还是对人类当下日常符号意义集合规律的探寻;无论是对人类思维活动的深度研究,还是对人类进入 AI 技术实现人类与智能机器的有机结合,毫无疑问,已经成为目前社会运行和未来社会发展重要的研究领域。对符号学的研究不仅仅是学术发展的需要,更是人类社会发展的需要。"符号行为(或符号活动)即使在岩石中,在群星之中,也能够得以辨识——这是一种可验证的'物质符号活动',对它的理论证明和实际探索标志着符号探索的最终边界,所谓'最终',只是就由有限存在所构成的宇宙中已经没有任何有待符号活动探寻的所在而言,现在已经发现,(如果物质符号活动这个概念最终得到证明的话)只要是有限存在相互作用的地方,它都无处不在。"①符号作为人类连接过去的纽带、作为人类从事行为活动的基本构成和作为人类追求未来生活的预设图示,它以物质性、实践性和精神性等不同形式和样态存在于人类生活的每个角落,并且随着人类社会化和文明化程度的提升,人类社会生活更加趋向符号化。

隐喻作为人类认知世界和表达世界的重要方式,是人类进行创造性思维的重要思考途径,它以对比、配对、聚类、类比和聚合的方式对人类已知项与未知项进行勾连,它在意义与形式、结构与内容之间穿针引线,赋予形式以意义,注入结构以内容。

"结构–文化主义"范式的马克思主义既关注世界的可感经验,又注重世界的结构秩序;既看到了"文化主义"以历史经验展开共享意义的价值,又认识到了"结构主义"以系统的逻辑构造进行理性分析的意义,即嫁接两种范式,使得经验描述与理性思维得到有机关联。从这一范式研究隐喻问题,不但能够对隐喻问题有更加直观的理解,同时可以显现这一范式对隐喻问题研究的优势,彰显从马克思主义哲学维度介入符号隐喻问题研究的意义与价值。

在这一范式看来,符号运动是多层次和多向度的复杂过程,蕴含了人

---

① [美]约翰·迪利:《符号学对哲学的冲击》,周劲松译,四川教育出版社,2011 年,第 7 页。

类理性思维与嵌入社会生活的语言实践之间的张力关系。他们将这种关系看作符号隐喻过程，主张符号隐喻是接连人的理性认知与经验感知的通道，将符号隐喻作为探究现代性社会深层结构与文化表征关系的桥梁。当代马克思主义者以"结构–文化主义"范式，在现实复杂的社会文化活动中探究符号隐喻系统，将符号物理形式的"能指"与符号指代关系的"所指"放置在语言规律与言语事实、结构式理解与主体式理解、历时性与共时性相结合的场景，这一范式代表了当代马克思主义语言哲学转向的新趋势，提供了当代马克思主义探究符号隐喻理论的架构体系。

"结构–文化主义"范式的马克思主义符号隐喻理论，在遵循历史唯物主义语言观的基础上，将意义的主导观点引向意义的使用和意义与生活接连问题的讨论，把隐喻关系作为意义附着的符号间以及符号与外界世界间勾连的通道，以符号隐喻的方式调动日常语言与抽象思维、文化现象与社会深层结构、主体经验与主体嵌入的组织形式之间的关联，让隐喻不只存在于观念中，而是将隐喻作为理解世界和改变世界的方式。这一范式的符号理论试图在现实无所不包的符号世界中发挥隐喻的功能和用途，以作为阐释人类理解关键所在的隐喻，揭开意义的幔帐；以作为接连符号深层系统与日常经验意义桥梁的隐喻，从而走向人类文化符号的栖息地。符号隐喻让文化群体与个体找到了看待自身存在及其与外界世界连接的方式。

作为文化马克思主义符号学最新研究趋势的"结构–文化主义"范式，是在现代西方符号学思潮的冲击和影响之下产生的，代表了马克思主义与符号学、马克思主义与语言哲学相互融合和互动发展的新形式。"结构–文化主义"范式的符号学可溯源为现代西方符号学两大源头之一，即索绪尔结构主义语言学的发展。它探讨了索绪尔及索绪尔之后所发展的人本主义符号学的基本问题，除此之外，它代表了当代马克思主义介入这一研究的思考方式，兼具了马克思主义的思想特质。

"结构–文化主义"范式是文化马克思主义在经历范式转换的最新阶段，代表了马克思主义符号学发展的一种当代流向。在接受人本主义符号学，即相对于皮尔斯语言逻辑的实证主义符号学而言，文化马克思主义以索绪尔为代表着眼于语言社会属性的研究，发生了马克思主义内部的"语言转向"，之后又受到结构主义、后结构主义思潮的影响，包括巴赫金、巴尔特、阿尔都塞的思想影响，并与詹姆逊、本雅明、拉克劳和莫菲展开思想对话，形成面向以符号化世界为对象的文化研究，产生了"结构–文化主义"新范式的符号隐喻研究。

一、国内外研究现状

就国外研究现状而言,20 世纪上半叶的"语言学转向"为隐喻研究带来了新视野,其逻辑层次体现了从修辞格到话语的变迁。这一范式的符号隐喻研究,按照时间发展脉络主要呈现以下内容:

20 世纪初葛兰西在《狱中札记》中就指出了语言的隐喻现象和话语的隐喻方式。他在对自发语法与规范语法辩证关系的分析中,反对结构主义的"语言本质说",重视文化对语言的影响,形成了历史唯物主义语言观。葛兰西在批判布哈林用概念的纯粹隐喻性对马克思和恩格斯"内在性"解释的基础上,把整个语言视为连续不断的隐喻过程,并形成了至关重要的霸权隐喻思想。

自 20 世纪 50 年代起,葛兰西符号隐喻思想引起了英国文化研究学者的关注,如霍加特、威廉斯、霍尔、伊格尔顿、本尼特。他们在文化研究基础上,在对语言意义与意指之间的分析中,将文化作为语言意义冲突和斗争的领域场。对"经济基础−上层建筑"简单决定论,即霍尔所称的"失效隐喻"的批判之后,对 20 世纪的女权运动、反种族主义、后殖民主义、多元文化主义和身份政治等诸多社会运动所表征话语现象背后的隐喻关系进行分析,提出了他们各具特色的建构"文化"与"社会"关系的崭新隐喻,尤其是具有符号隐喻实践特质的符号隐喻模式。虽然这些学者之间存在具体研究方式的不同,但是总体上都在于克服经验主义与结构主义的二元分野,借助符号隐喻理论分析语言先验图示和历史经验的关联,从而达到对资本主义社会的批判和对未来社会主义建构的目的诉求,达到马克思主义哲学认识世界与改造世界的统一。

70 年代詹姆逊的《语言的牢笼》批判了索绪尔对共时和历时的对立,以意识形态为框架在思辨层次上对结构主义理论进行了辩证法的融合。詹姆逊以文化批判家的身份对结构主义展开批判,探讨了关于当代大众文化中阶级与隐喻、作为社会关系隐喻的技术等问题,将语言隐喻模式应用于对广阔社会文化语境的分析。

80 年代沃诺希诺夫的《马克思主义与语言哲学》对索绪尔的语言 / 言语二分理论提出了挑战,批判了"个人主义的主观主义"和"抽象的客观主义"的虚假对立,挖掘人类社会中符号运作及其支配符号系统的规则。

90 年代哈贝马斯在《历史和比喻:隐喻的兴衰》中,反对先验论和同一化隐喻对历史解释的控制,从亚里士多德的感觉经验概念中发展出新的历史经验解释。这一研究范式同时深刻影响了文化马克思主义的研究学者。

　　21世纪以来,国外学者对马克思主义符号隐喻愈来愈重视,出现了勒赛克尔的《马克思主义语言哲学》《语言的力量》和玛尼·霍尔博罗的《新自由主义与应用语言学》,对当代马克思主义符号隐喻研究具有重要推动作用。彼得·艾夫斯的《葛兰西:语言与霸权》《葛兰西的语言政治学》《葛兰西:语言与翻译》系统分析了葛兰西语言哲学思想,这是对葛兰西政治哲学、文化批判理论研究之外新视角的挖掘。阿甘本的《语言的神圣性》探究了语言、符号与话语的问题,从存在、实践和伦理的层面综合阐释了话语的本质。

　　就国内研究现状而言,自20世纪90年代以来,国内逐渐兴起了对西方隐喻研究的介绍和对隐喻研究的热潮,主要集中在语言学领域,具有代表性的学术成果有:耿占春的《隐喻》、束定芳的《隐喻学研究》、胡壮麟的《认知隐喻学》、季广茂的《隐喻视野中的诗性传统》、张沛的《隐喻的生命》等。这些研究成果集中从语言学探究隐喻的问题,对语言认知理论具有一定的贡献。

　　国内从马克思主义语言哲学视角谈论符号隐喻问题,将隐喻从辞格转向话语的研究,主要有:

　　第一,对符号隐喻作为马克思主义语言哲学重要研究取向的分析。尹树广的《国外马克思主义语言哲学发展概况》一文,其中强调了马克思主义语言哲学中修辞学、分析理性和辩证法之间的张力,认为修辞学不仅是表达交流的手段,更是探讨本体、符号和潜能的运作机制。马天俊对马克思主义修辞学有丰富的研究,包括《修辞价值重估》《形而上学的修辞实践》《马克思的修辞实践》《哲学话语的"逻辑"》《本原隐喻:论形而上之道》《哲学话语的"逻辑"》等系列文章和专著,对马克思主义修辞学具有重要的理论阐述。袁文彬在《马克思主义语言哲学问题》一文中,分析了"结构主义"与"文化主义"两种模式的融合,并指出融合这两种模式是马克思主义语言哲学必须解决的问题。李春双在《隐喻与换喻问题的哲学意义》一文中认为,哲学与文学都根植于语言的修辞性或隐喻性本质之中。

　　第二,对马克思主义语言哲学代表人物符号隐喻思想的阐释。2018年李永虎、王宗军译介了《葛兰西:语言与霸权》,其中,关于"语言与隐喻""语言结构"的部分,对于研究葛兰西的隐喻思想具有重要意义。李永新在《具有物质性特点的语言——论雷蒙德·威廉斯的文化唯物主义》一文中,将经济基础与上层建筑两个具有空间隐喻特点的领域有机结合,厘清了文学与社会、权力与日常经验之间的关系。

　　就符号学在国内的研究而言,符号学是一门实用性比较强的学科,目前引起了国内大量学者的关注和研究,并形成了卓有成效的研究成果。赵毅衡总体性地对符号学的基本原理进行了概括性分析,从语言哲学、传播学、文本分析和修辞学等视角诠释了符号学的基本理论体系,并进一步将符号学推演至艺术理论、叙述学和文化政治学等广阔学科视域中,形成了《符号学原理与推演》《文学符号学》《当说者被说的时候》和《意不尽言》等专著。李幼蒸的《结构与意义》《理论符号学导论》《历史符号学》等,从中西比较符号学的视角,整体上对符号学的发展过程进行综合分析,认为20世纪六七十年代随着法国结构主义运动,文化符号学由此兴起,并作为人类整体生存角度的新人文理论具有跨学科的特征,对符号学的研究对于促进当代整体人类人文科学和社会科学的互动发展具有重要的学术意义和现实意义。郭鸿的《现代西方符号学纲要》以语言哲学和符号学的密切关联为视角,探究了现代西方符号学的主要学术观点和基本理论。张杰和赵毅衡主编的《当代符号学译丛》对当代西方重要的符号学著作进行了译介,包括诺伯特·威利的《符号自我》、约翰·迪利的《符号学对哲学的冲击》、马塞尔·达内西的《酷:青春期的符号和意义》和《香烟、高跟鞋及其他有趣的东西:符号学导论》、罗伯特·霍奇和冈瑟·克雷斯的《社会符号学》、佩基莱和诺伊迈耶的《音乐·媒介·符号》、埃罗·塔拉斯蒂的《存在符号学》、乔纳森·比格内尔的《传媒符号学》等一系列著作。这对认识当代西方符号学提供了重要的理论文献。

整体上看,目前国内外从"结构-文化主义"范式探究符号隐喻的问题还缺乏系统梳理和整体分析。第一,隐喻问题在认识语言学中发展得比较成熟,从马克思主义语言哲学视角探究隐喻问题还是一个崭新的视角,这主要与隐喻问题经历从"修辞学"向"认识科学"发展,又朝向"话语分析"研究转变的次序有关。第二,国内外的多数研究还局限于对马克思主义语言哲学代表人物的个案分析,缺乏对这一问题系统整体研究。为此,本书聚焦"结构-文化主义"范式探究马克思主义符号隐喻理论,挖掘其观照现实生活和解决现实矛盾的符号隐喻思想,形成对马克思主义当代语言哲学层面的研究。

二、本书的研究内容与方法

本书聚焦这一新范式,以符号隐喻研究作为研究对象,借助这一范式对符号隐喻的内在机理进行深入分析,并从形式与内容、结构化与文化化互为补充的符号隐喻关系中彰显这一范式的理论体系。本书将符号隐喻置于标志马克思主义语言哲学新发展的"结构–文化主义"范式中进行研究，在具体的文化符号现实场景中，探究作为人类思维重要方式的符号隐喻系统，分析它是如何通过对比、配对、聚类和类比的方式达成已知项与未知项之间的接连；同时，将符号作为先验图式与共享意义的复合体，发挥符号隐喻在意义与形式、结构与内容之间穿针引线的作用，并进一步彰显这一研究范式的符号隐喻具有赋予形式以意义，注入结构与内容的不可分割的意义。

本书以"结构–文化主义"范式的新转向，探究马克思主义语言哲学中的符号隐喻问题，实现了客观语言对象化认知与符号实践主体之间的交互性对话，把符号背后的结构关系切入到具体符号的现实复杂场景中，在符号隐喻的研究中，探析社会结构脉络中形成的具体而动态的符号隐喻关系，为客观语言规律带入人的主体能动性提供重要的思考方法。

本书深入挖掘这一范式符号隐喻的产生背景、范式演绎、基本范畴、构思逻辑、理论体系与核心思想，并在此基础上对这一理论价值与意义作出总体分析和评价。本书聚焦"结构–文化主义"范式，不仅是因为这一范式集中代表了当代马克思主义在对符号隐喻的思考中主要采用的方法，更为重要的是，这一研究方法彰显了符号隐喻理论本身的内在机理，即通过包括类比、配对、分离、聚类、迁移和交互等隐喻构造，形成符号结构关系与符号意义之间互为对称和匹配关联，而这些正体现了这一研究范式的特色，即形式与内容、共时与历时、"结构式"理解与"主体式"理解互为补充的勾连。本书将两者结合起来研究，实现了研究对象与研究方法的有机契合。

本书在深入梳理这一范式的演进过程中，对当代马克思主义符号隐喻的现实场域进行了剖析，分析了这一理论对亚文化、边缘文化、种族文化、青年文化、后殖民文化和文化帝国等文化象征背后符号意义的探究，将这一符号研究置于更大的现实场景中，从而彰显这一理论对符号与意义、文化、象征、艺术、意识形态、社会结构的相互交错的处理方式，展现它们对纷繁复杂的现代符号景观研究的意义与价值。在这一层层递推的分析过程中，本书引向对这一范式以马克思和恩格斯"实践"概念为基础符号隐喻系统的建构理论中，他们以实践作为分析符号隐喻配对物的对应关系，分析了文本类型和非文本类型的隐喻实践系统，并试图达到他们构想的共识共享的共同体符号隐喻系统，以提升符号隐喻实践主体能力为目的，从而建构社会互动的符号隐喻实践模式，展示符号隐喻实践系统对"公共价值"规范性和现实性问题的作用和价值。

本书挖掘这一范式的独特理论价值，不在于获得形成完满的符号隐喻规则，而是借助符号隐喻观照现实的人和世界。为此，本书结合马克思主义符号隐喻的现实场景,寻求社会历史文化发展中符号隐喻的具体变化,从隐喻变化中窥探社会发展规律,由此形成了这一范式富有特质的历史文化符号学、符号变体、符码映射关系、编码-解码理论等符号隐喻系统。本书关注符号隐喻视角的当代马克思主义对社会现实的分析,包括资本逻辑符号生产对日常符号隐喻关系干扰的批判、对"经济基础-上层建筑"陈旧隐喻关系的扬弃、文化结构隐喻链条的阐释和复杂意义竞技场的符号隐喻的分析等。

所涉及的主要思想有:葛兰西以社会的"总体"思想和领导权的复杂性为基础,将语言符号用作社会与政治关系的隐喻,从不同语法类型的分析揭示霸权隐喻关系。威廉斯以作为物质性社会实践的符号内涵,主张文化对时空延伸性的物质关系和社会关系的形成和塑造。霍加特、汤普森、伊格尔顿批判"经济基础-上层建筑"线性隐喻模式,反对文化受制于经济的被动状态,强调文化符号的物质性和实践性。霍加特以民族志叙事记录了工人阶级符号流变过程,揭示消费社会对工人阶级隐喻方式的蚕食。伊格尔顿用巴罗克寓言能指的辩证结构指明了物质性与意义之间的不对称性。霍尔兼有自传体形式对"加勒比流散群体"的分析,以知识分子与内在后殖民主义两个身份的隐喻式对话,形成了霍尔独特的流散叙事方式。伊格尔顿用"镜子的隐喻"和"语言的换喻"来说明语言链的产生和人类语言思维的形成。汤普森分析经济被文化编码所形成的历史性力量。在对文化结构隐喻链条的分析中,这一范式研究将隐喻作为认识和感官世界的渐进地图,把符号隐喻当作物质条件和社会结构的反映,揭示出一定的文化结构影响着符号系统的运作,符号隐喻的运动包括生成、传播、收编和整合。这一范式研究揭示了资本主义现代性社会的隐喻变形,恢复作为实践的符号隐喻关系,建构以"实践"概念为核心的符号隐喻生成规范性问题的探讨。

本书以"结构-文化主义"范式探究符号隐喻问题,解决符号理论徘徊于内部研究的现状,揭示历史性和实践性的马克思主义理论对符号理论和隐喻学发展的意义,展现马克思主义语言哲学对符号意义和符号规则的诠释功能,彰显马克思主义语言哲学的价值。同时,隐喻研究由"修辞学"到"认知语言学"再向"话语理论"转向,为符号隐喻研究提供马克思主义语言哲学的理论路径。这一理论结构既有马克思主义原理部分,又有当代语言哲学思想的最新成果,还有面向现实的维度,其语言生成和话语实践思想,为构建中国特色话语体系提供一定的理论参考。本书将符号隐喻实践作为介入现实社会的重要路向,寻找话语的结构性和组织性对文化建构的作用,以社会语言"对话式"方式,为建构人民的话语实践方式和提升话语主体能力提供有意义的实践路径。

目　录

第一章 "结构–文化主义"范式与符号隐喻互动关联的理论前提

在展开这一问题时,需要预先澄清"结构–文化主义"范式的基本理论含义,以及马克思主义符号学是如何看待"隐喻"的,又是如何接连"符号"与"隐喻"的关系的,从而进一步说明为什么要在"结构–文化主义"范式的框架之中对"符号隐喻"的问题进行探讨,由此阐述这一研究的分析根据。

第一节 "结构–文化主义"范式的理论含义

"结构–文化主义"范式的马克思主义产生于 20 世纪 50 至 60 年代。文化马克思主义受到整个西方马克思主义发展思潮的影响,特别是葛兰西文化研究与阿尔都塞结构主义的影响。他们针对现代性社会的深层矛盾,基于马克思主义历史认识论,将社会结构的客观规律与社会发展过程中人的实践经验之间的关联,置于整个当代社会发展的具体历史场景中,力图将经验认知的具象化语境意义与结构主义理性化的科学认知进行有机嫁接,产生了传统英国哲学经验主义的特质与西方欧陆结构主义思潮的有机结合,由此,形成了"结构主义"与"经验主义"的范式融合。

"结构–文化主义"范式的形成和发展,涵盖了文化马克思主义三代思想家的共同努力,以雷蒙德·威廉斯为代表的文化研究的第一代学者,还包括理查德·霍加特、汤普森。以斯图亚特·霍尔为代表的文化研究的第二代学者,还包括特里·伊格尔顿、托尼·本尼特和保罗·威利斯。以克里斯·巴克、约翰·斯道雷、保罗·吉尔罗伊、戴维·莫利、安吉拉·麦克罗比等目前活跃在文化研究的第三代学者,以及受文化研究影响的莱恩·安格、茱莉亚·克里斯蒂娃等学者。整个"结构–文化主义"范式的马克思主义三代学者的研究轨迹体现了这一范式的演进过程,逐渐从"文化主义"范式向"结构主义"范式迈进,最终形成两种范式的融合,即"结构–文化主义"范式的形成。

60 年代之后,随着《1844 年经济学哲学手稿》《关于费尔巴哈的提纲》《德意志意识形态》和《1857—1858 年经济学手稿》的全译本陆续在英国出现,这一范式的研究者以英国现实的思想土壤为根基,结合自身的文化哲学优势,对马克思主义进行了本土化的改造,试图通过马克思主义哲学的英国化,改变现存的社会矛盾和构想理想社会。

"结构-文化主义"范式是文化马克思主义在历经"文化主义"范式,再过渡到"结构主义"范式,直至形成两种范式的融合。整体上看,这一范式的研究者一方面看到了社会的"宏观""宏大"结构对人的文化活动或符号活动的作用,另一方面也认识到人的符号化活动的具体性和实践性。人的符号化活动不是机械地嵌套在某种固定化和程式化的社会结构中的,现实而具体的符号活动与符号所嵌入意义之网的"社会结构"彼此之间不是对立和分割的。符号的形式与内容之间是相互结合和彼此关联的,并不是在纷繁复杂的社会关系中将事实、内容和材料的经验活动抽空就可获得客观的和科学的社会结构规律,也非为获取经验事实的详尽和细节化而丢弃对客观规律整体性的遵循。"结构-文化主义"范式将"结构"置于人类社会历史发展的具体秩序中,对文化现象、文化表征和文化符号的分析与整体社会结构关联在一起,从而进一步对具体文化现象和符号现象作出系统和结构性的分析与阐释,反过来,又在对这些微观符号形式的研究中延伸向社会总体结构的释义。

"结构-文化主义"范式的马克思主义者以辩证关系看待"结构主义"范式与"文化主义"范式,认为"结构主义"可以有助于对社会生活的科学性解释,然而却容易陷入客观化结构而消解主体的陷阱;"文化主义"尽可能将主体性与历史重新放回事件之中达到身临其境之感,却也会因为过度沉醉于琐碎而细微的例证而忽视整体客观化的研究。正是这样,"结构-文化主义"范式的马克思主义认识到了"结构主义"和"经验主义"范式的优缺性,将经验主义的直观性与结构主义的深层性融合在一起,以强调人的能动性的历史语境的经验阐释与结构主义模式组织社会研究的研究范式相互结合。这种范式的融合也代表了当代马克思主义哲学范式发展的新取向。

从对"符号"概念在欧洲的历史起源来看,雷蒙德·威廉斯的《马克思主义与文学》是较早全面介绍这一问题的著作。威廉斯以历史唯物主义的基本观点,系统梳理了前苏格拉底学派、柏拉图《克勒蒂拉斯篇》、中世纪哲学和现代语言学理论中关于符号概念的演化过程。同时,威廉斯关注对马克思主义符号理论思想的阐释,诠释了马克思和恩格斯历史唯物主义语言观,并客观分析和批判了 20 世纪初马克思主义符号研究的现状,包括施纳尔森、巴甫洛夫、L.S.维果茨基、N.S.马尔的反映论模式的符号理论系统,并对马克思主义语言学派的首要人物 V.N. 沃洛希诺夫对马克思主义语言哲学开辟的新理论道路作了系统的分析,形成对整个马克思主义符号系统的整体阐述。

在"结构主义"与"文化主义"范式融合的过渡和发展中,"结构–文化主义"范式的马克思主义者针对社会发展的现实问题,在这种范式中以"符号隐喻"系统,嫁接结构与经验、形式与内容、语言与言语之间的关系,形成以符号隐喻为核心的新的认识论模式。以威廉斯为代表的文化马克思主义者,包括理查德·霍加特、汤普森、斯图亚特·霍尔、特里·伊格尔顿、保罗·威利斯、托尼·本尼特等思想家,扬弃第二国际、第三国际马克思主义经济反映论的陈旧隐喻关系对符号体系的理解,将"符号"置于更大的社会历史文化场景之中,探究"符号""文化"与"社会"之间变焦过程中互为补充的隐喻关系结构,为马克思主义获得当代新的认识论方式产生了重大影响。

在"结构–文化主义"范式的研究中,这些学者们认为作为文化的符号、作为语言模式的符号和作为表达人类思想活动的符号,承载着人类思维活动的深层结构,通过对人类思维过程和社会运行过程中符号模式的选择、筛选和编织的研究,探究人类的思维过程和社会发展的一般规律。他们从现代语言哲学的视角出发,认为社会结构与人的主观经验关联的外部显影可呈现于社会的语言模式中。社会语言的模式从组织方式、情境安排、解释方式到实践过程,存在着一种比喻性的策略。而这种语言模式的比喻性策略,在"结构–文化主义"范式的符号隐喻研究中,就将"符号"作为这一研究的关键焦点。"符号"作为语言哲学的基本概念,特别是在以索绪尔为起点的语言哲学中,主要以语言研究为核心,将"语言是一种表达观念的符号系统"①,作为语言与符号的基本关系。"结构–文化主义"范式的马克思主义看到了"符号"在基础语言学的作用,即以符号系统探究语言的一般规律。在此基础上,他们又发展了"符号"与"文化"、"符号"与"社会结构"之间的外延式研究。他们以"文化研究"为主旋律,实现了"符号"与"文化"的接连。"结构–文化主义"范式的马克思主义者以标记在不同群体的文化符号,运用符号隐喻的方法进入不同文化群体的现实社会生活,从语言结构的意义之网与文化生活现实场景的意义之网的双向作用力的交织中,揭示社会结构与经验生活之间的张力关系。他们将符号隐喻作为文化阐释的根本形式,将结构主义与现象学结合,寻找言意之辨的真实意义。

"结构–文化主义"范式代表了当代马克思主义语言哲学转向的新趋势,提供了马克思主义语言哲学探究语言符号的理论架构体系。在这一范

---

① [瑞士]费尔迪南·德·索绪尔:《普通语言学教程》,高名凯译,商务印书馆,2017年,第24页。

式中,当代马克思主义语言哲学家将"符号"作为现代语言哲学嬗变的核心概念,认为"符号"运动呈现了人类认知世界和解释世界的重要方式,并力图搭建合理的符号实践系统,为良性社会发展提供一种有效途径。在当代马克思主义学者看来,符号运动是一个多层次和多向度的复杂过程,符号在运动过程中蕴含了人类理性思维与嵌入社会生活的语言实践之间的张力关系。他们将这种关系看作符号隐喻过程,主张符号隐喻是接连人的理性认知与经验感知的通道。

第二节　"结构-文化主义"范式与符号隐喻的关联依据

20 世纪中叶后,在"语言转向""文化转向"双重转向的驱动下,马克思主义理论中逐渐出现了对符号学的关注。特别是在"结构-文化主义"范式的转换中,达到了马克思主义符号学较为稳定和成熟的阶段。因为在"文化主义"时期,也就是文化马克思主义主要以人类学、社会学和经验主义为研究方法,虽然受到了源自"语言转向"的影响,但是集中从历史文化语义学对文化事实、文化事件和文化内容的关注,是一种注重经验主义观照资本主义现代性社会变化符号体系的研究。那么在"结构主义"时期,文化马克思主义在进一步受到结构主义思潮的影响下,对符号的形式和结构更加注重,以及由此对文化形态的关注,产生一种偏向深层文化结构、地层学社会层级的研究。直到"结构-文化主义"范式融合的转换,符号从原先索绪尔语言转向开启的"形式"与"内容"、"语言"与"言语"、"能指"与"所指"、"共时"与"历时"等二元对峙的关系,转换成彼此之间的辩证关系,把符号看作这些关系中一体两面的结成,并不断丰富符号研究的视域,从文本符号学走向符号化对象世界更为宽广的研究。

在这一范式中,符号隐喻的姿态才能被明显地释放出来,正是在充分认识和阐释人类社会建立认知、组建活动、形成文化、产生社会行动和结成社会关系都与"隐喻"的密切相连,才使得我们真正地认识到"隐喻"对于人类思维活动和实践活动的重要意义。"隐喻"是"符号""文化""社会"彼此镶嵌在一起的内核。而正是在"结构-文化主义"范式的转换下,从形式到内容,从内容再到形式,在这种辩证张力的作用下,形成对符号聚散离合运动中隐喻层面的深度分析。两者的结合是一个互为补充和完善的统一,一方面在这一范式中符号隐喻才能被充分地展示出来,另一方面在符号隐喻的接连中,将形式与内容、材料与结构、能指与所指、历时与共时以隐喻的方式穿针引线,达到对"文化主义"与"结构主义"相融合而显示"结构-文化主义"范式的意义和价值。

文化马克思主义在大众文化、媒介文化、多元文化、后现代文化、亚文化等不同文化表征中,深刻洞察其背后的意识形态、话语、政治和权力关系;同时,将隐喻不只停留在一般层面的认知哲学,或者修辞格、文学手段的文艺理论研究,而是把隐喻作为人类符号活动的底层逻辑和根本内核,以符号图式看待人类社会全景,以及不同历史时期、文化思潮之下具体社会生活的景观。

在"结构-文化主义"范式下,文化马克思主义调动符号与隐喻的关系,将"符号"从逻辑符号和语言符号、"隐喻"从修辞学隐喻,一同重新置于人的符号化世界、符号化世界中意义变化的研究,从文本符号走向符号化对象世界,从文本修辞关系的隐喻走向关乎人的思维活动和人的实践活动的隐喻含义。他们认识到符号一体两面的"所指"与"能指"关系与隐喻调动"共时"与"连续性"形成意义变化的对照之间具有十分密切的联系。文化马克思主义在这一范式之下对隐喻的挖掘,在于分析意义关系不是简单的句子与语词之间的意义游戏,而是在隐喻"共时性"和"连续性"观照意义变化的作用下,建立具体历史语境中的人的符号化活动与深层社会结构规律的接连方式。

从某种意义上讲,"隐喻理论首先不过是结构语言学的基本假设向历史语言学领域、向意义变化领域的应用"[①]。而文化马克思主义正是在"结构-文化主义"的范式之下,将人现实文化中的符号活动、丰富历史文化语境下的符号、历史语义学中的符号变体与社会结构关系、社会秩序和组织方式的文化形式,以"隐喻"的方式有机地调动材料与形式、内容与结构的辩证关系,实现对社会历史结构规律、社会文化现象背后的深层问题的判断与分析。文化马克思主义在"文化主义"范式下开通了符号嵌入具体历史事件和文化活动的通道;在"结构主义"范式下以"语言转向"瞄准社会矛盾,从符号微观结构透视社会整体结构的分析;在两种范式的结合下,以隐喻"共时"和"延续性",对"历时"和"时间秩序"的符号进行"空间"和"结构"序列的分析,进一步对人类丰富的符号化世界展开符号隐喻问题的探寻。

第三节 与现代符号学理论的关系释义

产生于 19 世纪末的现代西方符号学主要有两大源头:一是语言学家

---

① [法]保罗·利科:《活的隐喻》,汪堂家译,上海译文出版社,2020 年,第 165 页。

索绪尔从语言学层面对符号的分析,二是现代西方哲学家皮尔斯从认知和思维层面对符号的研究。而符号学真正意义的开始是 20 世纪中叶,产生了诸多著名的符号学家和丰硕的符号学思想。这一阶段呈现出了多学科交融发展的趋势,关涉了符号学与语言哲学、符号学与哲学、符号学与文化研究、符号学与政治学、符号学与社会学的相关研究,以不同学科视角关注符号学的问题。主要有:以索绪尔、叶尔姆斯列夫、雅各布森和巴尔特为代表的语言符号学派,以皮尔斯、莫里斯、西比奥克为代表的哲学符号学派,以艾科为代表的意大利符号学派汲取了前两派的某些思想形成了符号文化论,以卡西尔为代表的文化哲学符号学。20 世纪 60 年代之后,在受到结构主义思潮和文化多元化发展共同推动下,符号学得到了显著发展,符号学与法国结构主义、符号学与马克思主义、符号学与后马克思主义、符号学与存在主义、符号学与现象学、符号学与精神分析学呈现出交互发展的态势,体现了各种社会思潮对符号学的关注。

对于马克思主义符号学而言,主要相关的思想有:巴赫金的马克思主义符号学、葛兰西的文化霸权思想、法兰克福学派的文化批判理论、沃尔佩的符号美学、詹姆逊的政治无意识理论、列斐伏尔的符号文化社会学、布尔迪厄的符号资本理论、鲍德里亚的商品符号,还有就是形成于 20 世纪五六十年代的文化马克思主义的符号研究,也就是我们这里主要涉及的"结构–文化主义"范式的符号隐喻研究。而"结构–文化主义"范式更能够呈现文化马克思主义对符号隐喻特有的范式构架,更能够集中呈现英国的新马克思主义在经历"文化主义""结构主义"直至两种范式融合研究的最新研究取向。

"结构–文化主义"范式的马克思主义符号隐喻理论,囊括了霍加特的人类学符号研究、威廉斯社会总体性的符号研究、霍尔的编码解码理论与多元语言符号理论、伊格尔顿的镜像理论、本尼特的文本符号理论和菲斯克的消费符号理论,以现代性社会深层矛盾和文化多元化为着眼点展开符号学研究,将符号研究作为展开人类社会与人类文化探究的重要理论根据。

就目前整个西方马克思主义符号研究而言,主要集中在巴赫金、早期西方马克思主义、詹姆逊、列斐伏尔、布尔迪厄和波德里亚的符号研究,对"结构–文化主义"范式的马克思主义符号研究还不集中也不够深入。然而这一范式理论有着丰富而独特的符号理论体系,探究了亚文化、边缘文化、种族文化、青年文化、后殖民文化、女权主义和文化帝国等文化象征背后的符号意义,有助于处理更加纷繁复杂的现代符号景观。"结构–文化主义"范式的马克思主义符号隐喻研究是当代马克思主义符号理论的重要构成,代表了符号学理论 21 世纪的发展取向。

这一范式理论将文本与社会历史语境、施动者与对象、社会结构和符号系统，以及其他诸多力量之间错综复杂的关系，作为符号研究不可化约的因素和最为基本的构成要素。这一范式的理论家将符号研究放置在更大的场域中，探究符号与意义、文化、象征、艺术、意识形态、社会结构相互交错的关系。

从众多关于符号学定义来看，会呈现出对符号学不同角度的划分和规定，这是由于研究领域和研究视角的不同造成的。对符号学的相关定义主要呈现了语言学、哲学、社会学等不同学科的界定。关于语言学角度的符号学定义，强调了语言是一种表达意义的符号系统，是符号系统中一个最为重要的体系，阐释了语言学与符号学之间的关系。

作为符号学之父的索绪尔在《普通语言学教程》中指出："我们可以设想有一门研究社会中符号生命的科学；它将是社会心理学的一部分，因而也是整个心理学的一部分；我将它叫作符号学（Semiology，来自希腊语Semezon 符号）。符号学将表明符号是由什么构成，符号受什么规律支配。因为这门科学还不存在，谁也说不出它将会是什么样子，但是它有存在的权利，它的地位预先已经确定。语言学不过是符号学这门总学科的一部分；符号学所发现的规律可以应用于语言学，后者将在浩如烟海的人类学的事实中圈出一个界限分明的领域。"[1]他进一步提出："完全任意性的符号比其他符号更能实现符号化过程，这就是为什么语言这个最复杂、最广泛的表达意义的系统最有特点。因此，从这个意义上讲，虽然语言学不过是符号系统中的一个分支系统，但它是所有符号系统分支中最重要的模式。"[2]这里可以明确的是，索绪尔将语言学作为符号学的分支，主张语言学是符号学的基础，用语言学中的语言和言语、能指与所指、组合关系与选择关系作为现代符号学的基本原理。索绪尔暗含了语言学是符号学研究的先导，而符号学是语言学更为宽广语言学的应用科学。

以索绪尔为代表的语言学层面的符号学研究，在语言学系统理论的基础上研究符号学，主要将语言学体系中的任意性、系统性、共时性等基本语言学原理，应用于符号学研究。他们注重符号学与语言学之间的关联，形成了语言符号的任意性、语言符号的线性和语言符号的分节等符号学基本原理。由于与语言学系统内在规定性的密切相关，语言学派的符号学更加重视符号的形式和符号的结构。因此，索绪尔就认为，符号学是研究形式的科

①② ［瑞士］费尔迪南·德·索绪尔:《普通语言学教程》，高名凯译，商务印书馆，2017 年，第 38 页。

学,而不是研究实质的科学。

索绪尔对语言与符号关系问题的探讨,成为日后语言学角度展开符号学的研究基础。现代符号学真正意义的发展形成于20世纪六七十年代,它作为语言学与哲学互动发展的有机桥梁,促使了索绪尔所创立的语言符号学朝向哲学多层面和多视角的发展,形成了雅各布森、列维·施特劳斯、巴尔特的结构主义,梅洛-庞蒂、利科的现象学,拉康、克里斯蒂娃的心理分析等,产生了不同哲学视角的符号学研究。80年代现代符号学研究逐步进入了我国学者的研究视野,并形成一定的研究成果。

叶尔姆斯列夫继承了索绪尔的符号学理论,并将索绪尔的能指与所指之间的二元对立关系进一步发展,形成了表达-形式和内容-形式的符号学思想,以及用函数关系处理符号得出的"符号函数"问题。20世纪最具影响力的语言学家之一的雅各布森,将语言学、符号学归属于通信学科,对符号学进行了系统、编码、结构、功能、通信等方面的分析处理,形成了符号与信息、交流原理、数学、神经语言、生物学等跨学科的符号学研究。法国著名语言学家巴尔特基本赞成索绪尔的观点,但是他将符号学与语言学的关系进行了倒置,并认为符号学是语言学的一部分,而非索绪尔所述语言学是符号学的一部分,突出语言理论对符号学的重要作用,并形成了转义与元语言、神话与思想意识等符号理论。同时,还有格雷马斯关于语篇符号的著名学说。

关于哲学角度的符号学比较复杂,主要呈现了科学实证主义、马克思主义、文化哲学、存在主义、现象学等对符号学研究不同层次的分析。其一,以皮尔斯为代表的科学实证主义符号学。皮尔斯主要借助现代数学与物理学方法,从语言逻辑和人工语言哲学展开符号学研究,对语用学符号分析和认知语言学符号分析具有重要贡献。以皮尔斯为代表的科学实证主义符号学,还影响了莫里斯、西比奥克的符号学理论。其二,以卡西尔为代表的文化哲学符号学。卡西尔从人类文化的角度,指明任何文化形式无不是符号形式,并且符号随着人类文化的发展从低级向高级发展。其三,现象学、存在主义和符号学在意义的生成和理解中有类似符号学的地方。

符号学是语言学家索绪尔提出和建构的学科,到目前为止已有一百多年的发展历程。它逐步从语言学研究延伸到哲学、社会学、经济学和现代科学等多学科相互交融的发展状态。作为人类感知对象世界而产生的意义符号,在人的思维活动和实践活动中承载着至关重要的作用,形成了人们认识世界和改造世界的基础和前提。而现代性社会正以前所未有的速度,驱动着社会文化发展的多元化和多样化,并调动出潜在于社会深层结构中的各种文化思潮的涌动和相互冲击。此时传达意义的符号更加纷繁复杂地出现在人们面前,有时它在资本逻辑的怂恿下面目狰狞地对待人类,将人类裹挟在资本符号的商业文化圈中;有时它在人类文明的高地,将人类带入唯美而玄妙的文学艺术象牙塔中;有时它就在普通人民的日常生活中,使人类习以为常地接受和使用表达林林总总日常生活的人类语言符号。符号的意义或意义的符号在现代性社会中呈现出更为复杂和多层次的姿态。

从20世纪的整个人文社会思潮来看,马克思主义文化理论和马克思主义语言哲学成为马克思主义理论研究当代发展的重要研究形式。就整个马克思主义文化理论来讲,在马克思和恩格斯奠定了历史唯物主义文化理论的理论基础后,出现了列宁的文化理论、托洛茨基的无产阶级文化理论、葛兰西的文化霸权理论、法兰克福学派文化批评理论等,还有就是文化马克思主义的文化研究。就马克思主义语言哲学发展而言,包含了马克思和恩格斯实践历史唯物主义语言观、巴赫金学派马克思主义语言哲学、阿多诺的语言转向、葛兰西语言哲学、文化马克思主义语言哲学、巴迪欧语言唯物辩证法、阿甘本元语言哲学、哈贝马斯交往理论和勒赛克尔语言哲学。

而"结构−文化主义"范式的文化研究所涉及的理论问题,包括工人阶级文化、大众文化、中心主义文化、相对主义文化、消费文化、亚文化、边缘群体文化、种族文化等与时代文化新形态密切结合,可以作为马克思主义文化理论当代发展的典型案例。同时,"结构−文化主义"范式的马克思主义文化研究不是简单的、单一化的、线性化的文化问题,而是介入了当代哲学研究的重要方法和核心思想的。他们将被誉为语言哲学思想的符号学引入现实的文化语境中,以语言符号形式探究现代性问题,形成了对社会科学性、文化性和实践性多重视角的分析与诠释。他们将文化主义、结构主义、后结构主义、马克思主义、后马克思主义、女性主义等当代重要的社会思潮作为分析社会符号化的理论来源,形成了一系列关于马克思主义当代的符号学理论。

"结构−文化主义"范式的马克思主义符号隐喻研究,始终在处理文化、语言符号和社会结构的问题中展开。他们在确立历史唯物主义语言观的基础上,形成了对现实问题符号学的沉思。文化马克思主义符号学研究,可以说是在文化马克思主义语言观形成之后,在面对现代性多样化、复杂化的文化景观后,对语言哲学的具体应用,是语言符号研究对当代文化问题的具体展开。"结构−文化主义"范式的符号隐喻理论则是文化马克思主义符号学研究的核心理论。

"结构−文化主义"范式的符号隐喻理论在面对现代性社会的深层矛盾

时,以语言哲学的内在规定与现实指向的辩证统一为契机,在马克思和恩格斯实践唯物主义语言观的基础上,针对现代性社会问题,形成了系统的语言哲学思想,其中从符号学探究现代性社会的问题聚集了其整个语言哲学研究的核心内容和思想特质。这一范式的研究者综观现代性社会的符号图式,包括物化符号、符号化文化、大众语言符号、符号的编码与解码、意识形态与符号、符号的意指功能、现代性文化现象的标记符号、符号与权力、符号消费,多维度和多视角诠释语言符号与社会结构关系的内在关联,以语言符号标记与透视现代性社会发展特征和规律,揭示含蓄社会结构和权力关系的符号构成、符号的社会效能和符号实践的新途径。

以"结构–文化主义"范式展开的符号隐喻研究,采用了多学科交叉的方式,涉及了语言哲学、文化研究、文学批判理论、结构主义和后结构主义,这也符合当代符号学的发展趋势,即借助学派融合的方式研究符号学。这一研究属于符号学的应用或者应用符号学。它不是在于获得一整套完满的符号规则和符号系统,而是在对符号的分析、运用和实践的过程中,诠释现代性社会的文化现象,揭示文化象征背后的意义,从而探究现代性社会的主要矛盾和社会发展的总体性规律。

这一范式的符号隐喻理论始终着眼于现实社会。这一理论思想家对符号理论的研究都脱离不开当时英国具体的历史语境,以具体历史的真实场景和社会生活的现实土壤为根基,探究符号在真实语境中的作用和意义。这一范式的符号隐喻力量不同于语言学层面的符号研究,他们更多地关注符号现实的内容和意义,而非单纯寻求符号的形式和结构;同时,他们也不同于科学实证主义符号学研究,而是以非公式化和逻辑演绎的方式研究符号。"结构–文化主义"范式的符号隐喻理论总是在现实林林总总的文化现象和具体的文化场景中,探究不同文化主体、文化对象和文化身份之间具体的符号标志。文化是变化的,符号也是变化的。这一范式理论就是在现代化文化图式中探析流动变化符号背后的内在规律和现实指向。因此,这一研究与其说是符号学理论,不如说是应用符号学。

第四节 与现代西方隐喻机制和价值观的分析比较

现代西方有关"隐喻"的研究目前得到了语言哲学、符号学和诠释学不同程度的关注,形成了关于隐喻内生机制与价值指向的研究。特别是1980年美国语言学家、认知语言学的创始人乔治·莱考夫与另一位美国认识语言学、体验哲学的创始人马克·约翰逊合著的《我们赖以生存的隐喻》出版后,从隐喻与人类生活结成的概念、隐喻与文化、隐喻的系统性、隐喻的连贯性、隐喻的结构性和隐喻的功能等对隐喻全新的研究,使得"隐喻"从仅是修辞学的一种方式,向关乎人的思维、理解所处的世界和阐释人类社会的意义系统起至关重要作用的转变,隐喻成为"我们赖以生存的隐喻"。这对于认知语言学的发展具有重要的意义。

另一本重要的著作是法国现象学派哲学家、历史学家和诠释学家的保罗·利科于1975年出版的《活的隐喻》。该书从修辞学、语义学、符号学和诠释学的视角,对隐喻作出全面而深入研究。他将诠释的秘密推向语言意义的秘密,而又将语言意义的秘密推向了隐喻,因为隐喻是语言意义中最为神秘和令人费解的。《活的隐喻》是连接利科的意志现象学和诠释学的关键环节,是利科在20世纪70年代最为重要的著作。

那么马克思主义符号学又是如何研究隐喻的呢?与西方现代认知语言学、现象学和诠释学中所谈论的"隐喻"问题有怎样的区别与联系?这需要在马克思主义符号学,尤其是在文化马克思主义符号学的"结构-文化主义"范式中聚焦符号隐喻,才能凸显出这一范式隐喻研究的特质,从而彰显马克思主义符号学对隐喻不同视角的观察和探寻。

这一范式是如何来看待"隐喻"的呢?文化马克思主义符号学中的隐喻兼具了莱考夫和约翰逊认知语言学中隐喻与文化的深层关系,以及利科所强调的活的隐喻,也就是"隐喻是对语义的不断更新活动"①。文化马克思主义符号学对隐喻的探讨从来都是基于对文化不断探索的过程中深化对符号隐喻的认识的,因此符号隐喻与文化研究在这里始终是相辅相成的关系。与此同时,文化马克思主义将隐喻嵌入人的符号化活动之中,自然地隐喻不是凝固的和一成不变的,它是随着人们具体的现实生活和文化活动互动变化的。不仅如此,文化马克思主义将隐喻浸入人的现实生活之中,以符号隐喻的变化折射现实社会的变化、人们思想观念的变化,实现了对隐喻社会功能的探寻。文化马克思主义对隐喻的研究从来不是就隐喻本身来谈隐喻的,而是具有现实指向和目的旨趣,借助隐喻提供思考现实社会和揭示资本主义社会矛盾的新路径。在与目前西方隐喻生成的内在机制和价值观的比较中,显示文化马克思主义看待和研究隐喻问题的特征:

第一,隐喻从文学、美学走向文化之中。文化马克思主义从文学文本延展到文学之外,关注形式化美学之外隐喻生成的基础和根本来源。因此,他们批判形式主义的"陌生化",即将其产生的根源单纯投注于语言符号的结

---

① [法]保罗·利科:《活的隐喻》,汪堂家译,上海译文出版社,2020年,第9页。

构性差异关系,同时,也对"新批评"中的"文本自律论"和"细读"的批判,即把文本控制在单一文本之内,把象征关系指向象征模式的结构主义文论。在文化马克思主义看来,隐喻是建构在文化之中的,文本之间存在共同隐含的意义模式,而这并不是由文本内部形式与结构建构而成的,而是更广阔的历史和文化背景作用的。文化马克思主义将隐喻从美学、文学的修辞手段,引向联系现实社会、文化和历史的研究。

莱考夫也谈隐喻与文化的关系,而他主要是从一般意义上的人类社会关系中谈论隐喻与文化的,从"不寻常的语言""诗意的想象"和"修辞多样性的一种策略"指向了"日常运作""建构感知"和"构成如何在这个世界生存以及我们与其他人的关系"①的隐喻。莱考夫主要从人类的思维方式阐释隐喻的意义,说明概念系统与隐喻的关系,也就是概念系统大部分以隐喻的方式出现,进而揭示概念隐喻对人类思维的重要作用。与此同时,他认为隐喻的建构与经验具有不可分离性,指出"隐喻的本质就是通过另一种事物来理解和体验当前的事物"②。隐喻与人的经验和现实的人的文化活动密切关联。莱考夫将概念、活动和语言都视为以隐喻的方式建构的,"概念是在以隐喻的方式建构,活动也是在以隐喻的方式建构,故此,语言也是在以隐喻的方式建构"③。

为此,莱考夫针对迈克·雷迪"管道隐喻",即"把思想(物体)放进语言(容器),并(顺着管道)传送给听者,而听者会从语言(容器)中提取思想(物体)"④,指出这只说明了隐喻意义或者语言表达的相对独立性,而隐喻隐藏的部分或者是隐喻表达的只是某一部分,全面的和整体的意义则需要根据语境和情景相结合来探究。正是隐喻的这种特征,它可以是一对一的类比关系,也可以是多个一组,也就是多个彼此关联在一起才能构成一个完整的意义系统,因此隐喻是与文化、人的思维活动所建构的连贯系统。莱考夫突出了隐喻的特征,将隐喻置于更为宽广和灵活的视域中,说明"隐喻概念能超越思维和语言的普通字面方式的范围,延伸到被称为比喻性、诗意的、多彩的、新奇的思想和语言的范畴"⑤。可以说,莱考夫更多地在于阐释隐喻建构的机制本身,之后他提出方位隐喻、本体隐喻、容器隐喻、拟人、转喻等

---

① 参见[美]乔治·莱考夫、马克·约翰逊:《我们赖以生存的隐喻》,何文忠译,浙江大学出版社,2020年,第1页。

②③ [美]乔治·莱考夫、马克·约翰逊:《我们赖以生存的隐喻》,何文忠译,浙江大学出版社,2020年,第3页。

④ 同上,第7~8页。

⑤ 同上,第10页。

策略,试图以隐喻看待我们的思维、态度和行为的建构,并以经验作为隐喻生成的基础。

然而文化马克思主义以"结构-文化主义"范式对隐喻作出的研究,更多的是基于具体现实社会语境下人的符号化活动中而生成的隐喻问题。他们追求的不是"隐喻是什么?""隐喻有哪些具体机制?",而是通过人的符号化活动的隐喻表征来反射人的真实的社会生活和现实的人的文化图景。可以说,莱考夫是偏向于普遍意义上以隐喻的方式回答人的认知系统的问题,以隐喻诠释人类的思维过程。而文化马克思主义面对复杂的符号隐喻场域,在不同的文化形态、文化模式和文化主体中所造成隐喻关系的差异性,反观社会真实的意义系统,解读社会结构、权力关系和文化相对自主性相互运作的符号隐喻所构形的社会图景。

由于文化马克思主义本身的研究旨趣就在于以文化为着眼点瞄准对资本主义现代性社会的批判,展示出了马克思主义抓取新的社会矛盾和社会变化的研究趋势。文化马克思主义对隐喻的研究同样是这样,在对文化研究的展开中以不同阶级的文化差异、同一阶级文化观念的变化为对象,在具体文化的、历史的和社会的不同语境中,以横向历时、时间延绵秩序的符号意义与纵向共时、纵深结构的符号形式的隐喻关系,揭示文学、美学和文化研究"向外转"的契机,就在于符号从文本符号、美学形式的符号转向人的广泛的符号化的世界。

文化马克思主义为抵制消费社会和资本主义意识形态带来的现实异化,呼唤人的主体性和实现人的解放,以解码的方式对资本主义意识形态编织的符号隐喻包括常识和神话的破解,解开日常生活、公共领域和无意识中隐藏着权力关系的符号隐喻。威廉斯的文化唯物主义、霍加特的文化实践思想、霍尔的多元文化理论、伊格尔顿的审美意识形态批判和本尼特的文学批判等,从对"文化"概念不同角度的展开,丰富对符号隐喻所蕴含的社会关系的阐释。

王尔勃在对威廉斯《马克思主义与文学》的代译序中写道:"值得注意的是,'文化研究'内部也出现过由文化主义和结构主义两种范式引发的'正-反-合'问题。"①也就是,文化马克思主义早期在对"经济基础-上层建筑"视为一种隐喻关系的诠释,中期对阿尔都塞意识形态理论的介入从而对符号聚类、分类和聚合关系符号隐喻形式化和结构主义的研究,后期引

---

① [英]雷蒙德·威廉斯:《马克思主义与文学》,王尔勃、周莉译,河南大学出版社,2008年,第7页。

入葛兰西"文化霸权"理论强调人的经验性和结构的客观性的结合,形成"结构-文化主义"符号隐喻形式与内容的融合研究。

第二,话语中的隐喻关系渗透着政治权力关系。如艾伦·奥康纳在《雷蒙德·威廉斯:写作、文化、政治》中指出:"他(威廉斯)始终特别关注那些因主流文化话语和政治话语的压制而缄默失语的人们和事物。"①

利科在分析隐喻时,认为隐喻通常被作用在语词之中,用一个外来名称对另外一种事物进行表示,在语词的层面考察隐喻,如亚里士多德和丰塔尼埃就是从名称、语词层面对隐喻定义的。利科从符号、话语和句子的区分对隐喻进行了进一步分析,认为符号、话语和句子是不同的层次单元和结构单元,"符号是符号学单元,句子是语义学单元"②,"句子是话语的单元"③。在利科的眼中,符号层次是在话语层次之外的,作为句子的话语单元并不是符号单元线性相加而成,符号学与语义学是不同的层级和层次。在《活的隐喻》中,利科提到了话语中的隐喻问题,将隐喻的范围从语词延伸于话语,从意群包括以句子为单位的话语将主词与谓词"两种功能之间不对称性"的结合探讨隐喻问题。"话语采用的隐喻——隐喻陈述——是一种意群,我们再也不能把隐喻过程置于词例学一边,将换喻过程置于意群的研究。"④

文化马克思主义符号学对符号的理解与认识,并没有将符号框定在符号"能指"与"所指"一对一关系的单个符号中,而是对符号的"能指"与"所指"结成"意指",以及在具体的社会语境和历史语境的作用下形成新"意指"关系的探究。这里的符号学指向了能指与所指的关系、符号的意指、能指链条的滑动、意指实践等符号纵横交错的运动。文化马克思主义并没有将符号与话语对立起来,符号的运动不仅在语词之间,同时存在于句子之间,甚至是更为广阔的范围。也就是说,文化马克思主义将对符号的研究,已经从文本符号走向了以人的符号化世界为对象的深度与广度。

保罗·利科在回溯亚里士多德对"隐喻"概念的分析中,梳理了"修辞学"与"诗学"中隐喻的功能,从"复合的声音"与"有意义的复合声音"的区别,将"隐喻"指向"有意义的复合声音"的"转换"。而这种"转换"有两个方

① [英]雷蒙德·威廉斯:《马克思主义与文学》,王尔勃、周莉译,河南大学出版社,2008年,第3~4页。

② [法]保罗·利科:《活的隐喻》,汪堂家译,上海译文出版社,2020年,第93页。

③ 同上,第92页。

④ 同上,第103页。

面的运动:一方面的转换是未知项与已知项的转换,也就是"隐喻就是把一个事物的名称转用于另一个事物,要么从种转向类或由类转向种,要么根据类比关系从种转向种"[①];另一方面的转换是结构和层级的转换,即"隐喻理论的引力中心从名称转向了句子和话语"[②]。在这一过程对"隐喻"的明示中,"隐喻"自身存在悖论,由于其"借用""取代""填充"的特征,这就造成了隐喻中"本义"与"转义"、"日常用法"与"非日常用法"、"界限"与"超出界限"、"原有领域"与"借用领域"的相互关系,"隐喻"的这种"转移""转换"的内在属性,意味着它是一种活动和运动。根据利科对隐喻的分析,隐喻中蕴含着"偏离""摆脱平庸"和"散漫性",这滋养着"隐喻"与生俱来的革命性和创造性,它可以打破原先的概念网格,还可以创造一种秩序破坏另一种秩序。隐喻可以"'重新描述'了现实"[③]。

文化马克思主义将"隐喻"陈设于"符号""符号学"之中,"隐喻"与"符号"之间体现了利科对"隐喻"阐释的两个方面:一方面,概念、事物之间的类比关系,即"隐喻"不仅是一种陈述——以一个符号(已知的或者新造的)赋予他物;另一方面是结构、形式之间的转变作用,从符号关系来说,以符号的隐喻运动或符号关系的滑动,产生结构、层次的运动,出现"解构性"的结构变化。

文化马克思主义拉动"符号"与"隐喻"之间的关系。一方面,从隐喻中观察符号的运动,也就是以隐喻的关系阐释人的符号化活动和符号化图景。特别是在针对资本主义现代性社会方面,文化马克思主义力图通过"隐喻"具有的类比、转换和替代的功能,解开"日常""习以为常""神圣化"的符号表达,在切换不同阶级、不同文化主体、不同社会背景和事件情景之中,以符号的"隐喻"机制,探究符号与象征、符号与文化、符号与认同的关系,从而借助符号隐喻,强调"隐喻"中蕴含的"偏离""摆脱平庸"和"超出界限"的力量,发挥符号隐喻解构旧秩序和建构新秩序的功能。

另一方面,从符号的运动阐明隐喻的意义。文化马克思主义在丰富的符号场域中打开了对隐喻更为广泛的认识、理解和运用。在具象化的符号场景和聚焦不同历史事件的文化符号表征中,文化马克思主义以不同文化主体的符号化对象世界,从"地理概念""时间概念"和"文化概念"的符号的运动和滑动,表现地方与主流、边缘与中心、传统与现代等符号的认同、冲

---

① [法]保罗·利科:《活的隐喻》,汪堂家译,上海译文出版社,2020年,第8页。

② 同上,第10页。

③ 同上,第24页。

突和对立,释放"隐喻"在符号运动中的作用,从而展现隐喻对于主体的认知和实践活动的意义。

人的符号化活动本身就聚集了隐喻的过程,正像莱考夫所描述的"赖以生存的隐喻"一样,人的符号化活动离不开隐喻,同时也像利科所指的"活的隐喻"那样,隐喻是在人的符号活动中生成的。从某种意义上说,符号化活动与隐喻具有同构性。文化马克思主义正是看到了这种同构性,从符号隐喻出发窥探现实社会中资本主义意识形态作用下的符码操作与内在自我文化认同中的符号实践的张力与对抗。反观符号隐喻中两种作用力:一方面,来自资本主义意识形态操纵之下,以符号隐喻的"替代""转移"和"转化",将资本主义编织的消解主体意识的符号来规训普通人民;另一方面,资本主义要实现普遍的、广泛的和不同群体对其秩序下符号隐喻的接受,使这种"替代""转移"和"转化"变得有效,就会出现隐喻的偏离,产生资本主义符码操作与根植于普通人民内在文化秩序和符号化活动的矛盾与对抗,当主体能够意识到资本主义对其文化的收编和整合时,就会激活主体对资本主义意识形态符号化的反抗,驱动微观文化群体自我意识的符号实践活动。文化马克思主义正是借用了符号的隐喻性,对资本主义意识形态进行揭露,同时,力图调动普通人民符号隐喻活动的意义,为马克思主义的"实践"概念注入了符号化对象世界的意义。

文化马克思主义并没将"文化研究""符号学"和"美学"作为泾渭分明和互相分离的部分,因为"任何一种文化生产都与'符号系统'有关,而'符号系统'既是特定的文化技术,又是特定的实践意识形态。因此,文化研究就既成为一种社会学,又成为一种美学"①。文化马克思主义始终将社会历史实践和现实社会组织形式作为考察文学、艺术、审美和符号的根本来源,文学、艺术、审美和符号不只是思想的表达,而且具有物质性的社会实践的构成因素,因此隐喻自然而然地随着文艺、艺术、审美和符号研究面向更为广阔的社会历史情景和人的实践活动作用中的转变,自发地从修辞学、比喻学转向关联着社会整体的表意系统,包括权力、认同和身份等复杂关系,并且这一整体的表意系统作用于社会现实的深层结构之中。

虽然利科对隐喻的研究也在于强调在话语和符号活动之中的隐喻意义,但是他的论述更多的是对于理论层面的剖析。例如,在他的《活的隐喻》中,每一章解决不同层面的隐喻研究时,如修辞学、诗学、比喻学、话语语义

---

① [英]雷蒙德·威廉斯:《马克思主义与文学》,王尔勃、周莉译,河南大学出版社,2008年,第17页。

学、语词语义学等都有一个"献给"的思想家像德卡里、热内特、哈姆林、弗尼斯特和格雷马斯等，更多是纯粹隐喻理论的阐释。

　　文化马克思主义的大多数学者除了从事学术研究之外，还有一个明显的身份就是社会活动家。出生于工人阶级家庭的威廉斯、霍加特、汤普森都参加过二战，曾经从事过成人教育的老师，很早就投身于社会主义运动和工人运动。他们对工人阶级文化、底层人民的文化生活有深刻的感受，因此在谈论隐喻、符号和文化的时候，他们总是和真实的社会现实图景紧密关联。他们从精英主义文化、工人阶级文化、民族文化、边缘群体文化、青年文化、女性文化的特质、交错和对抗中，呈现符号的隐喻运动，在具体的文化符号之间差异性的缝隙中，凸显符号隐喻之间的摩擦与碰撞。他们力图为那些在受到主流话语和政治话语挤压而沉默寡言与失去自己话语特质的普通人民争得权利。

　　"结构−文化主义"范式以强化符号"结构"与"内容"的张力更能够显现隐喻的关系问题。隐喻的运动在形式上体现了转移、聚类、类比的结构特点，在内容上表现出词项之间共同性和差异性的部分，在形式与内容相互作用的关系下结成隐喻关系。而文化马克思主义在范式转换的过程中，将结构与内容的互联作为思考文学、美学和文化研究的新思维范式，既反对脱离事实的形式研究，也反对细枝末节偏离结构的经验研究。为此，他们把符号作为一体两面，即"形式"与"内容"的结合体，将隐喻作为"形式"与"内容"作用之下的符号意义系统的作用。文化马克思主义强调符号隐喻自成一体地内化在"结构−文化主义"范式之中，自然而然地调动图像和场景的形象化与说话和文字的语言化的结合，使得以符号隐喻的方式呈现可感知的形象，同样，使语言赋予形象和场景化。

　　整体上看，文化马克思主义在范式更迭的过程中，分析索绪尔人本主义符号学对俄国形式主义、"布拉格学派"和英美"新批评"从语言学、论文学和美学的影响，反思封闭的符号系统所造成文本、艺术作品的形式主义"陌生化"和"中心化"而避开与社会、文化和历史的观照。在20世纪70年代之后，随着福柯、拉康、巴赫金、巴尔特、鲍德里亚、詹姆逊等对后现代主义的关注，"解构""去中心化""反本质主义"和"对话"也映入了文化马克思主义的眼帘，他们在联系社会、历史和文化的场域中解读各类文化符号的意义模式，以符号的隐喻关系透视复杂的社会结构，形成了本身与现代西方符号隐喻机制和价值观的区别。

　　可以说我们每一个人都生活在充满各种隐喻的世界中，我们的思维方式和概念系统都是由无数个隐喻构成的，我们的思维运动是以隐喻关系建立起已知概念与新认知之间的联系的。然而为什么这样的隐喻世界不被我们所察觉,就在于隐喻成为我们日常生活的基础,成为我们习以为常的存在形式。在我们的日常生活中,我们有意识或者无意识地使用着隐喻,我们每天都以隐喻的方式思考和行动着。正如隐喻逻辑大师查尔斯·斯坦哈特所述:"隐喻是创造性思维最有生机的产物之一,其生机的源泉是:隐喻是语言生态中的逻辑有机体。"①在逻辑学中,"隐喻"被斯坦哈特称为逻辑的源泉和有机体,因为隐喻有效地关联着逻辑构成的各个部分。

在"结构–文化主义"范式的马克思主义学者眼中,符号隐喻是当代马克思主义符号学拓展的重要方向,是接连现实世界与语义世界的焦点,是聚焦人的符号化世界的关键。他们使用符号隐喻来分析现代性社会结构、文化呈现的姿态和方式,以及两者之间的相互关联,以隐喻的方式看待人类文化生活的栖息地。在这些马克思主义学者中,看到了现代性社会人类语义世界的复杂性和各种意义相互杂糅在一起的状况,试图借助"结构–文化主义"范式调动结构与文化、形式与内容、语言与言语、共时与历时之间的相互关系,形成自身范式内部的一种隐喻系统,有助于"符号隐喻系统"在这样的范式结构中充分彰显其巨大的潜藏力量。在这一范式下,马克思主义者基于隐喻是对现实世界中不同部分之间的相互类别的获得作为其思想前提,将符号的字面意义与符号的隐喻意义、现实世界与观念世界、始源对象与目标对象之间建立配对和类别关系。

然而他们试图建立的符合隐喻系统,其目的不在于抽象地构造某一完满的符号结构体系,而是用符号隐喻的方式走向人的真实语义世界,并从语义世界的隐喻关系中反观人的现实世界,从符号化现实的隐喻系统中透视社会现实的深层结构,最终将他们的政治诉求和建构理想社会形态作为其研究旨趣。通过马克思主义符号隐喻对文化多元和价值多元进行审视。

符号作为意义附着的形式与意义赋予的内容之间混合体,在现代性社会发展的排序中,不仅是经济运行方式为中心的序列方式,而更为重要的是,嵌入社会深层结构的文化秩序。20 世纪末到 21 世纪初人类社会思潮的重要主题,也逐渐从对社会生产方式"加速度"的反思中,更多激发人们对"主体性与身份""社会认同方式""本质主义与反本质主义""语言与身份""话语模式""散居与边缘群体""混杂身份""后殖民主义文学""性别的话语结构""电视全球化""全球电子文化""数字媒体文化""文化空间与城

---

① [美]埃里克·查尔斯·斯坦哈特:《隐喻的逻辑——可能世界之可类比部分》,兰忠平译,商务印书馆,2019 年,第 1 页。

市""文本城市"等主题的阐释。而这些主题都与符号和符号隐喻有直接的相关性。

一方面，人本身的符号化活动日益复杂和多样。正如卡西尔所讲，人是符号的动物。人类自身在社会历史的繁衍中，不断编织着意义之网的符号世界，用符号标识和构建我们和世界的关系。另一方面，以索绪尔"设想有一门研究社会生活中符号生命的科学"[①]为基础的语言符号学。另一支以皮尔斯实用主义为基础的符号学，形成了西方现代符号学的两大流派，"20世纪60年代，现代符号学几乎同时在法国、美国和苏联兴起"[②]。现代符号学在对索绪尔为源头的"语言转向"主要呈现在欧陆哲学，特别是法国哲学。"语言转向"可谓是20世纪西方思想史上哥白尼式的革命，它代表了从实体论证模式向语言系统与对象世界关系论证模式的转变。特别在20世纪50年代后，随着巴赫金的《马克思主义与语言哲学》在西方世界的重新发现与出版，"语言转向"引发了当代国外马克思主义学者的关注，语言问题逐步占据了他们思想理论的中心。然而目前以"语言转向"与马克思主义当代发展相关的研究还比较缺乏。事实上，"语言转向"对于国外马克思主义朝向符号学、话语理论和叙事学研究来说，都是无法绕过去的话题。以文化马克思主义对此作出的研究尚待开垦，而这一探讨对于显现马克思主义与"语言转向"的交汇和展现马克思主义当代发展中对符号化世界的关注具有一定的意义。

第五节 这一范式符号隐喻的多学科交叉性

符号隐喻是一个崭新的研究方向，可以有机关联当代语言哲学与阐释学。本书主要从符号隐喻对马克思主义代表人物的思想进行系统阐发。以符号隐喻进一步深化人类思想活动与现实文化场景的有机联系。以历史唯物主义建构和谐健康的文化符号实践系统。在以往的研究中，一方面，目前国内外学界从马克思主义哲学层面研究符号学尚待进一步开垦，而事实上，马克思主义语言哲学中存在着大量的关于符号隐喻的问题，并且代表了马克思主义当代发展的新趋势；另一方面，目前学界符号学与隐喻学之间的关联也需要进一步关注。然而在对马克思主义"结构-文化主义"范式

---

① ［瑞士］费尔迪南·德·索绪尔：《普通语言学教程》，高名凯译，商务印书馆，2017年，第24页。

② 郭鸿：《现代西方符号学纲要》，复旦大学出版社，2008年，第29页。

的探讨中,这一问题可得到有机展开,使得隐喻这一非常重要的探究人类社会思维和活动的方式,不再受限于修辞学的研究中,而作为探究人类社会文化生活的重要研究概念。在这一范式中,展现了符号系统中,能指与所指之间的隐喻关系、符码变体的历史隐喻结构、符码编码的隐喻转换等一系列问题。这是一种多学科交叉研究,关涉现代语言哲学、话语理论、马克思主义语言哲学、符号学、隐喻学多层次的交叉,体现了意义呈现的复杂关系。

20世纪以来,隐喻研究始终是当代西方认识语言学研究最为热议的话题。对隐喻的研究,主要集中在认知语言学的理论框架之中,开创性人物是乔治·莱考夫。认识语言学的研究者,通常采用传统语言学、统计学和计量学的方式对隐喻内部结构进行分析研究。当代隐喻研究有了新的突破,探究隐喻在语言与文化、话语理论的研究,体现了隐喻研究发展的多元化趋势。

符号学是连接人类思维模式与现实文化语义的重要领域。符号学不但在理论层面具有重要的意义,即一方面,推动现代语言哲学转向面向现实的重要转变,另一方面,体现了马克思主义发展的现当代意义,而且在现实实践层面具有重要的意义,符号学在涉及现代化文化建设,建构符合人类社会良性发展的语言秩序方面具有重要的规范性意义,同时,在人工智能方面,自然符码与人工语言符码之间的关联问题也具有与时代新命题结合研究的发展潜力。

"结构-文化主义"范式提供了马克思主义探究符号隐喻的理论方法,它遵循历史唯物主义的语言观,形成了语言规律与言语事实、结构式理解与主体式理解、历时与共时相结合的研究方法,达成通过符号隐喻研究,介入对现实问题解答和为社会发展进程提供新思想的共同理论旨趣。这一范式的符号隐喻理论,实现了客观语言对象化认识与话语主体能动性之间的交互性对话,把语言结构切入具体言语事实的复杂性中,借助符号隐喻研究,探析社会结构脉络中形成的具体而动态的符号实践过程,为客观语言规律带入人的主体能动性提供了重要研究范式。

关于符号隐喻的研究应该得到哲学研究应有的重视,因为这是人类对客观世界认识的重要呈现方式和实践渠道。隐喻不仅表现为修辞手段,更反映了人的思维方式,是人类感知世界、认知世界,甚至改造世界的重要方式。这一研究是一种接合性的命题,一方面关注当代马克思主义语言哲学范式的问题,另一方关涉隐喻研究的问题,以当代马克思主义语言哲学的新范式思考符号隐喻问题。

马克思主义哲学中的"隐喻"概念,更多指向话语理论层面的隐喻研究。这不同于认识语言哲学的隐喻研究,非逻辑实证主义或自然语言客观规律的研究,而遵照语言的首要条件是社会实践和主体间互动的原则。符号隐喻体现了马克思主义语言哲学探究隐喻问题的切入点,即隐喻出场的基础不是逻辑,而是话语活动不断生成的实践行为。马克思主义符号隐喻的特质尤其呈现在"结构-文化主义"的范式中。所谓"结构-文化主义"范式是指,将语言置于结构式理解与主体(间)理解之中,把"格式塔"的结构主义与"实体论"的文化主义进行嫁接,使社会结构和文化作为语言哲学互为补充的解释因素。这一研究范式的关键在于,认识到了片面强调感觉经验的狭隘,以及过度倾向社会变迁宏观结构的局限,力图突破悬隔在科学理性的文化主义与轻视人文历史的结构主义之间的对垒,强调社会结构与历史文化的不可分割性,体现社会结构对人生活经验的形塑与人生活经验对社会形塑的双向互动力量。

因此,"结构-文化主义"范式马克思主义符号隐喻体现了多学科的交叉性。在这一范式中,通过符号底层隐喻关系的机理,将符号从文本符号走向符号化对象世界,丰富了符号学本身的研究视域。这一范式下充分展现了多学科交叉的特点,包括文艺理论、美学、心理学、政治学、社会学和人类学,甚至是人工智能等现代科学技术的交互研究。

为什么会在这一范式中呈现多学科、多领域的交互?关键在于"结构-文化主义"范式在探寻从文本符号向符号化活动的伸展过程中,聚焦符号运动的深层机理,也就是符号的隐喻机制。这种隐喻机制带动符号内部与符号之间关系机制,将各种观念形态、文化组件的各种形式、社会运行的各种方式转换成由隐喻接连的各种符号关系图式,从思维到活动、从观念到行动、从现象到本质,并实现从活动到思维、从行动到观念、从本质到现象的系统循环,以符号隐喻作为接连关系的通道,达成感性与理性相互运作的中介。

第一,与文艺理论的交互。"结构-文化主义"范式的马克思主义符号隐喻存在着大量关于文艺理论的探讨。他们从符号学视角对俄国形式主义文论、英美批评将索绪尔语言符号学直接嫁接在文学理论作出分析,对形式主义文论和文本自律论走向文学性和陌生化研究作出批评,并形成了关于马克思主义文学理论的基本框架。例如,威廉斯的《马克思主义与文学》从写作、审美、媒介、符号、惯例、体裁、形式和作者等方面对文学理论的讨论,从符号学、语言哲学的维度阐释了马克思主义文学理论的基本观点。还有,伊格尔顿大量地关注文艺理论,创作了《二十世纪西方文学理论》《如何读诗》等著作。在《二十世纪西方文学理论》中,以更广泛的视野包括现象学、诠释学、符号学、结构主义、后结构主义和精神分析，对焦 20 世纪的西方文学理论。正如伊格尔顿所述："本书中所勾勒的任何一种理论，从现象学和符号学到结构主义和精神分析，都非仅仅（simply）与'文学'作品有关。相反，它们皆出现于人文研究的其他领域，并且都具有远远超出文献本身的意义。"①在这里也可显示出，文化马克思主义是在文学理论、文化研究、符号学以及 20 世纪中叶后人类文化思潮相互交错的关系中开展研究的。伊格尔顿在《如何读诗》中，展示了形式与内容之间所充盈的"张力和含混"②，从符号学的视角对形式主义关于"文学性""间离"进行了阐释，并在"符号的化身"中呈现了揭示出符号能指与所指之间意指活动的复杂变化。本尼特在《形式主义和马克思主义》中以重访形式主义，在探究语言学与文学的问题中，把无论是索绪尔的语言观还是形式主义文论比作"魔毯"，因为两者都没有找到文本功能与意义的真正动力。为此，他转向巴赫金的历史诗学，寻找超越形式主义的方式，在于将"'文学'作为一个历史范畴"的思考，恢复历史方法中的文本意义和功能，回归"与实际的历史具体化有关的问题"③。

第二，与美学的交互。文化马克思主义对符号隐喻的研究也呈现在美学、审美的关系中。文化马克思主义强调语言、符号的物质性和实践性，突出符号与现实世界之间被关联在一起的隐喻作用，产生了物导向文化研究的审美向度，从形而上学、抽象化、绝对精神的美学观念，转变为关注审美与现实物质生活之间的关系，注重审美中身体的、感性的基础与理性之间的统一性，在文化的物质属性回归可感世界的审美样态中，以身体的感性重塑审美与实践的接连关系。例如，威廉斯在《文化与社会》《关键词》中对"审美"词项的考察，指出"在希腊文中，aesthetic 的主要意涵是指可以经由感官察觉的实质东西，而非那些只能经由学习而得到的非物质、抽象之事物"④。以此展示出审美与身体、与物质世界的接连关系。在审美的理解和创作中涌现出，符号隐喻作用下身体的感觉经验和实践活动对物质世界的认识。同时，伊格尔顿在《美学意识形态》中，就指出："审美认识介于理性的普

① ［英］特里·伊格尔顿：《二十世纪西方文学理论》，伍晓明译，北京大学出版社，2007 年，第 8 页。

② ［英］特里·伊格尔顿：《如何读诗》，陈太胜译，北京大学出版社，2017 年，第 98 页。

③ ［英］托尼·本尼特：《形式主义与马克思主义》，曾军译，河南大学出版社，2011 年，第 76 页。

④ ［英］雷蒙德·威廉斯：《关键词——文化与社会的词汇》，刘建基译，生活·读书·新知三联书店，2005 年，第 47 页。

遍性和感性的特殊性之间"①,强调审美处于物质与非物质之间、理性与感性之间的中间地带。并且伊格尔顿在符号隐喻的关系中思考了审美与意识形态之间的张力,揭示意识形态下对审美符号所表征隐喻意义的作用。另外,本尼特在《形式主义和马克思主义》和《文学之外》中,探讨了"形式主义与超越""与美学决裂""审美与文学教育"等与美学相关的话题,在于通过主体自发自觉的符号实践活动,产生与原先资本主义意识形态作用下符号所接连关系网格的撕裂,形成具有福柯式审美作用的效果,也就是自我实践的美学功能,将审美作为"塑造主体的技术"②。文化马克思主义在"结构-文化主义"范式中的符号隐喻研究,将"文化"的物质性和实践性的阐释作用于艺术审美的策略中。

第三,与心理学的交互。"结构-文化主义"范式中的符号隐喻研究同时也体现出了马克思主义与心理学的交叉。符号学在索绪尔开创之时就与心理学结下了不解之缘。索绪尔将符号的能指与所指都指向了封闭语言系统的内在世界,组建了音响形象与概念、心理部分与生理部分的闭合系统。在以索绪尔为源头的符号学发展来看,罗兰·巴尔特、让·鲍德里亚、茱莉亚·克里斯蒂娃等都有涉及符号学与心理学关联的研究视角,在《符号帝国》《符号学历险》《消费社会》《符号政治经济学批判》《象征交换与死亡》《诗性语言的革命》中都有心理学、弗洛伊德理论、拉康理论的渗透。同样,文化马克思主义也关注到了符号学连接个体心理与社会关系的价值与意义,展开了马克思主义与弗洛伊德理论、拉康理论的关系路径。

文化马克思主义不仅强调符号内在机制与现实社会物质关系的互动作用,而且关注符号生成中个体心理的意义。他们在对文化记忆、叙事情节、想象、象征、意识形态等关键词项的阐释中,通过符号隐喻拉动了个体心理与社会现实张力关系的通道。如威廉斯的《关键词》在共享词语与意义的集合中,探讨文化与社会风俗、风尚之间背后的意义关系。在《文化与社会》中,从日常生活意义上考察符号语词的含义,而非圈囿在某种结构的限定中。

文化马克思主义在"结构-文化主义"范式的更迭中,走出阿尔都塞地层学意义上去除历史主体而仅留下结构空壳的牢笼,恢复"形式"与"内容"的圆融体系,把底层学之间的间隔和分离,转换成主体间的对话、对抗和交

---

① [英]特里·伊格尔顿:《美学意识形态》,王杰、付德根、麦永雄译,中央编译出版社,2013年,第3页。

② [英]托尼·本尼特:《文化、治理与社会》,王杰、强东红译,东方出版中心,2016年,第29页。

流作用的结构关系。在所谓阿尔都塞"意识形态国家机器"对日常生活、公共领域和大众无意识中所隐藏的强大作用中，是否存在破解的抵抗力量，主体的觉醒和人的解放。这就需要释放出结构中主体能动性的力量。霍加特的文化实践思想、威廉斯的文化唯物主义、汤普森的文化革命性、伊格尔顿的审美意识形态批判理论、霍尔的多元文化和话语理论、本尼特的文化治理理论等，都试图揭示资本主义意识形态作用下，普通人民如何在这种社会关系结构中被奴役和失去主体性，寻求解构这个关系结构的方式和力量。符号生成的内在隐喻机制是一个充满实践活动的过程，在依照日常生活的惯例中存在着文化自主性和实践性的现实基础，人们自我意识在符号实践中可被唤醒。文化马克思主义就是在力图调动符号隐喻内生机制中对主体自我意识觉醒的作用，在符号实践的过程中以隐喻的聚合、组合和迁移的运动，实现对现实生活的反思、甄别和觉悟，逐步生成文化共同体的集体意识。

第四，与政治学的交互。文化马克思主义的符号学具有明显的政治诉求和政治旨趣，即在面对资本主义现代性社会的深层矛盾作出的洞察与分析。因此，他们不像一般意义上符号学的理论研究，针对符号内部逻辑、结构、形式和规律的探究，而是将符号学的基本理论运作在对现代性社会的观察中，将符号作为折射现实和反观现实的微缩记。从符号化的对象世界入手，全景式地分析非物质文化生产、资本主义符号逻辑的操纵、大众文化消费、文化与资本结盟的生产、多元文化符号、技术革命对人文传统领域的冲击等现实问题，将理论与现实、原理与实践密切地结合起来。他们认为，文化不再是经济、政治的派生物或者次生物，而是看到文化本身具有的自主性和革命性，形成了从符号隐喻视角对文化具有社会结构功能和潜藏变革社会力量内涵的挖掘，成为 20 世纪下半叶直至 21 世纪微观政治学的组成部分。

威廉斯、伊格尔顿、霍尔和本尼特都不同程度地对"基础与上层建筑"的隐喻问题作过阐释，重新解读"决定性因素""反映"和"生产与再生产"等词项的意义，阐明这一隐喻关系的复杂性，以及破解"文化"在第二国际和第三国际这一线性链条中，由于"基础"和"上层建筑"抽象做法而导致"文化"被简单搁置在相对封闭的范畴和领域中的问题。他们要释放文化的自主性和社会功能，强调文化的政治意义。为此，文化马克思主义汲取了葛兰西的文化霸权、福柯的话语与权力关系等理论，产生了霍加特对相对主义文化的批判、威廉斯的大众媒体批判和构建共同体文化、伊格尔顿的审美意识形态批判、霍尔的多元文化批判、本尼特从文学之外到文化治理等文化政治路径的研究。

第五,与社会学的交互。文化马克思主义符号学受到巴赫金马克思主义与语言哲学的影响,而其中最为关键之一就在于巴赫金注重"语言科学中的社会学方法基本问题"①。在巴赫金看来,"文学科学中的社会学方法"②通常是被忽视的,特别是形式主义诗学传统抛去社会外部现实条件,关注非社会学的自身独特的形式本身。巴赫金遵循马克思历史唯物主义的观点,主张社会学在文学、艺术中的运用,强调文学、艺术内在具有的社会性。在巴赫金看来,脱离社会学的艺术理论,一方面会出现"盲目崇拜艺术本体"的观点,另一方面会产生个体心理感受对艺术决定作用的观点,认为两者都有以偏概全的缺点,抽象地抽取部分作为整体结构。为此,巴赫金指出:"理解实施和固定在艺术作品材料中的社会交往的这个特殊形式正是社会学诗学的任务。"③

这种符号学与社会学的交叉也贯穿在文化马克思主义的研究中。威廉斯以语言符号的物质性和实践性为基础,强调文学艺术的社会现实来源。他提出了文化社会学的现存问题,认为"社会学的许多程序都已被那种化约了的、减缩性的社会概念和社会性概念所限制或扭曲,这一点在文化社会学中尤为明显"④。特别是威廉斯揭示和批判了被资产阶级文化社会学特有的理论结构所遮蔽和同化的后果,这也是资本主义在资本主义经济活动和文化生产结盟中文化符号的操控方式。也就是说,他们采用一整套去除阶级感的中性话语符号,产生了隐性的资本主义意识形态的符号暴力。"资产阶级文化理论和激进经验主义文化理论所达成的一个共识是:习俗机构具有社会中立性,于是,'大众'概念替代了特定的阶级结构,并变得中性化;同时,(作为资本主义广告业和资本主义政治中的运作策略的)'操作'概念也代替了那些控制、选择、收编[incorporation]等过程的复杂交互作用以及那些与现实的社会情势和社会关系相呼应的、不同阶段上的社会意识,并变得中性化。"⑤同样,这也正是包括霍加特、伊格尔顿、霍尔和本尼特等文化马克思主义者从符号学介入对整个资本主义社会符码操控批判的核心问题。这样对资本主义符号编码的批判,也就是对资本主义现实社会

---

① 《巴赫金全集》(第二卷),河北教育出版社,2009 年,第 337 页。

② 同上,第 75 页。

③ 同上,第 80 页。

④ [英]雷蒙德·威廉斯:《马克思主义与文学》,王尔勃、周莉译,河南大学出版社,2008 年,第 144 页。

⑤ 同上,第 145 页。

的批判。

第六,与现代科学技术的交互。随着现代科学技术日新月异的发展,数字化人文正代表了人文社会科学的新方向,也为现代符号学发展提供了新契机。人类的符号化活动从现实世界转向虚拟世界,并正在打开虚拟世界与现实世界的交互大门。现代符号学在数字时代的哲思中崭露头角,也激起了中国学人对这一视角的关注,产生了从符号学对虚拟化身、元宇宙、NFT 艺术、电子游戏等数字时代或智能时代的介入方式。由数字代码和智能算法所组建的云端世界已经覆盖到日常生活的方方面面。我们的时代从阅读时代发展到媒介时代正在抵达电子游戏的时代,[①]也像"从规训社会,到控制社会,再到算法社会"[②]的一种变化,产生了数字时代新的人文景观。文化马克思主义符号学可以提供符号学介入数字化人文景观诠释的底层逻辑,形成从当代马克思主义符号学基本观点对数字化时代观察的参考方式。在文化马克思主义从符号学视角对现代社会分析的路径中,可以看到符号形式结构与意义内容之间的相互作用。他们在与现实世界的观照与对照中,产生现实世界与符号意义折射世界的隐喻关系的连接意义。可从他们对符号隐喻思考中,激活对现实世界与虚拟世界联动方式的哲学阐释。

---

① 参见蓝江:《宁芙化身体与异托邦:电子游戏世代的存在哲学》,《文艺研究》,2021 年第 8 期。

② 蓝江:《从规训社会,到控制社会,再到算法社会——数字时代对德勒兹〈控制社会后记〉的超—解读》,《文化艺术研究》,2021 年第 4 期。

第二章 "结构–文化主义"范式马克思主义符号隐喻的整体背景

"结构–文化主义"范式的马克思主义符号隐喻研究是文化马克思主义符号学的核心问题和发展方向,代表了文化马克思主义符号学经"文化主义"到"结构主义"再到"结构–文化主义"的三次范式转换,从而形成从语言符号到文本符号再拓展到人的符号化世界,实现"隐喻"从纯粹的修辞学工具转向关乎人的思维活动和符号化对象世界的意义,使得"符号隐喻"成为文化马克思主义范式更迭的关键词。那么在深入"结构–文化主义"范式的马克思主义符号隐喻研究中,需要对这一问题的形成脉络加以梳理,而梳理的关键落脚点在于对文化马克思主义符号学的形成背景的理解,以便从文化马克思主义符号学与西方现代符号学、马克思主义符号学的交互性对话中,对这一问题形成结构性的和大视角的把握。

文化马克思主义①产生于 20 世纪 50 年代的英国现实社会,旨在以文化具有的物质性实践作为社会批判的利刃。文化马克思主义作为 20 世纪以来国外马克思主义的重要分支,以其鲜明的"文化"视角切入对当代资本主义的批判,从回到马克思和恩格斯的经典文本,反观"经济基础–上层建筑"单向度的理解模式,并在新的社会语境中挖掘"马克思主义文化理论"对社会发展的作用,产生了一系列重要的学术思想。

文化马克思主义进一步丰富和推动了历史唯物主义的当代发展。它关于语言、符号的研究之所以能够成为 20 世纪中叶直至 21 世纪马克思主义语言哲学、马克思主义符号学的重要构成,就在于它对语言、符号问题的思考,不同于语言本体论或符号本体论的研究,即不在于获得完满的语言符号概念和特定语言符号规则,而是在于以社会现实为依据探究语言符号的内涵和功能,与此同时,它以社会现实获得的语言符号思想反观现实社会,

---

① 注:"文化马克思主义"存在广义与狭义的理解方式。广义上泛指卢卡奇、葛兰西所开启西方马克思主义的文化路径。狭义上指 20 世纪 50 年代之后在英国兴起的马克思主义文化研究。参见复旦大学当代国外马克思主义研究中心、复旦大学马克思主义学院、复旦大学哲学学院编:《国外马克思主义研究发展报告(2020)》,天津人民出版社,2021 年,第 89~111 页。本人对这一部分,即分报告三《对"文化马克思主义"的研究》进行了撰写。

开拓了语言哲学的社会功能和传统符号学的外延研究,实现了语言、符号、文化与社会之间张力结构变化的语言哲学研究的新突破。文化马克思主义作为西方马克思主义哲学流派的一支,它所形成的语言哲学和符号理论,是在西方马克思主义产生共有的历史背景之下,在"语言转向"思潮的推动下发展而成的。

文化马克思主义自身内部进行了英国本土特色的马克思主义改造,深受西方当代文学理论的影响,继承和发展了马克思和恩格斯实践唯物主义的语言观,包括了语言本源、语言生产和语言实践的问题,由此形成了其富有特质的语言哲学和符号理论。文化马克思主义在经历文化主义范式、结构主义范式之后,最终形成了两种范式的结合。这一范式的符号隐喻研究整体上是在马克思主义语言观和马克思主义符号学的基础上发展而成,并且代表了马克思主义语言哲学、符号学研究的最新研究取向。

在对现代性社会的分析中,文化马克思主义形成的"结构–文化主义"范式既不同于传统历史学的阐释方式,即以历史编纂学体系研究社会历史的发展规律;也不同于传统结构主义的阐释方式,即抛去社会事实的纯粹结构分析。他们以"结构主义"与"文化主义"的结合方式,探究社会历史与社会结构之间的张力关系,挖掘"形式与内容""能指与所指""结构与事实"之间的隐喻关联,借助语言符号学,系统阐释现代性社会的主要矛盾和结构特征。

这一研究视域的展开具有理论与实践的双重意义。一方面,就理论研究而言,这一研究对于当代语言哲学突破传统格式塔般的形式研究,走向现代语言哲学意义与实现社会相互观照的范式转换具有重要意义,同时,对于历史唯物主义的当代发展,建构马克思主义哲学与符号学、语言哲学互动问题的研究,促进具有实践性与历史性的马克思主义符号学、语言哲学的进一步发展也具有至关重要的意义。另一方面,就现实功能而言,这一研究对科学认知现代性社会提供了方法,以嵌入日常生活的语言符号,显现语言符号与社会现实的隐喻关系,透视社会现实与社会深层结构之间的关联,从而构建马克思主义的语言符号规范系统,形成语言符号与社会现实相互匹配的隐喻认知体系和实践系统。最终以"结构–文化主义"范式,实现语言结构与言语事实、社会构型与符号隐喻实践表征之间的综合研究。"结构–文化主义"范式的马克思主义符号隐喻理论根据是复杂的,它是特定历史时期对社会现实作出符号学、语言哲学维度思考的产物。其理论根据主要有五个方面:

其一,对现代性社会的批判重要的切入视角表现为对人的符号化世界的批判。文化马克思主义聚焦英国社会的现实语境,将文化符号作为他们探究现实社会的着眼点,批判现代资本主义社会文化符码的操作方式,即为文化与商品的结盟打上了符号化的烙印。他们试图揭开资本化符号和商品化符号的真相,回归符号的真实语义系统,即作为彰显人类真实文化生活的符号、作为对象世界认识的意义系统的符号和作为作用于对象世界符号化活动的符号。符号化活动承载着人类思维活动的深层结构,通过对人类思维过程和社会运行过程中符号模式的选择、筛选和编织的研究,探究人类的思维过程和社会发展的一般规律。

其二,马克思和恩格斯实践唯物主义语言观是"结构-文化主义"范式马克思主义符号隐喻研究的思想源泉。这一范式的研究者主要从《德意志意识形态》《〈政治经济学批判〉序言》《资本论》《马克思和恩格斯书信选集》《马克思恩格斯论文学》等著作和篇章中,获取马克思主义语言哲学的理论来源。这一范式代表了当代马克思主义符号学、语言哲学发展的重要取向。它继承和发展了马克思和恩格斯实践唯物主义的语言观,从人的实践活动探究语言与现实社会生活的关系,力图摆脱抽象的、形而上学的语言哲学分析,发展了符号学、语言哲学的现实功能。

其三,对传统逻各斯"语言哲学"的突破。20世纪占据哲学研究中心位置的"语言转向",引起了深刻的哲学革命,对马克思主义哲学同样具有历史性意义,"结构-文化主义"范式对语言问题的思考就发端于这一时期语言哲学发展的历史背景之下。文化马克思主义作为马克思主义语言哲学的组成部分,它符合马克思主义语言哲学的发展逻辑,它不同于"语言转向"影响下所形成的传统西方"语言哲学"的理论逻辑。接下来的章节会集中阐明"语言转向"、传统"语言哲学"、"马克思主义语言哲学"与"结构-文化主义范式"之间的关联与区别,可以进一步了解这一思想的理论定位。

其四,英国深厚的文学传统及其西方现当代文学理论对"结构-文化主义"范式符号隐喻研究的浸润。英国文学根基深厚,从中古文学、文艺复兴时期文学、17世纪诗歌、18世纪散文和浪漫主义诗歌、19世纪小说到20世纪新戏剧,记录了英国文学发展的辉煌历程,刻录了英国文学发展过程中一部部伟大的巨作,承载了英国思想革命的伟大变迁。英国底蕴深厚的文学传统为这一范式马克思主义语言哲学的形成提供了得天独厚的思想环境。这一范式马克思主义思想家多数接受过英国文学传统的教育和熏陶,他们有着良好的英国文学研究基础,他们在探讨语言与文化辩证张力关系的问题时,多数情况下借以对英国文学作品的研究为基础。他们将英国文学传统的形成与发展作为文本符号研究的对象,不是从时间秩序推演英国文学史的发展脉络,而是将文学史置于英国社会发展中具有历史性意义的文化事件所引发思维革命作出探讨。他们深入英国文学传统与西方现当代文学理论的对话,展开对文本中心论、文本自律论、形式主义文学、阐释学、现象学和符号学的讨论,从文学文本的符号形式与内容的张力关系,引发产生"结构–文化主义"范式的转换。这一范式的符号隐喻研究被英国文学传统滋润在其中,借威廉斯的话来说,就是"浸透"。整个西方现当代文学理论的发展为马克思主义符号隐喻研究的发展创造了多视角、多元化思考语言符号用途的新视野。他们基于本土文学发展的传统特质,对整个西方现当代文学理论进行批判性分析,打开了文学、文化与语言符号之间多重视角相互转换的符号研究的新发展。

其五,文化研究为"结构–文化主义"范式的符号隐喻研究打开了丰富而广泛的场域。文化研究可谓是文化马克思主义思想的重要标识。"文化研究"是文化马克思主义不同于一般英国文学研究者研究文学的关键所在,是区别于传统英国文学研究,是开启具有划时代意义探究文学、文化、语言和社会关系研究的核心词。文化马克思主义的文化研究具有里程碑意义,它变革了原先传统文学研究的逻辑序列,变革了"文化"的内涵,使"文化"外延式地展示了它的社会功能和价值意义。文化马克思主义的文化研究,为书写人民的历史、记录人民的语言和彰显人民的文化找到了合法性依据。正是在这种文化研究的基础之上,文化马克思主义深度地发展了文化研究的思想,将关注经验生活的"文化主义"与注重组织构成的"结构主义"进行有效嫁接,形成了"文化–结构主义"语言哲学研究的新范式,为当代马克思主义语言哲学研究带来了新的发展契机。

第一节　现实语境:符号化的现实社会

形成于20世纪50年代末60年代初的文化马克思主义,作为西方马克思主义学术流派的重要分支,其最为突出的学术特征和思想贡献集中在文化批判理论。这一理论得益于20世纪20年代后马克思主义在英国的传播,随之产生了一大批在英国从事马克思主义研究的青年学者,他们针对当代资本主义社会发展的现实矛盾,并根据英国社会思想体系发展的现实状况,对马克思主义进行了英国本土化的思想改造而形成的思想理论。关于马克思主义的批判理论,文化马克思主义与几乎同时代产生的法兰克福学派在这一方面的研究不分伯仲,共同形成和引领了20世纪以来西方马克思主义批判理论的学术思潮。

以文化为着眼点的文化马克思主义批判理论不同于一般文学研究方式的文化批评理论,它不只是以文学文本为对象的文化批评,而是面向了"作为整体生活方式""多元决定论""符号化对象"的文化批判,涵盖了对日常生活、人的符号化活动和消费社会的批判,把文化批判作为对资本主义社会现实的批判。

文化马克思主义以标志着当代社会生活特质的符号活动,作为他们探究资本主义现代性社会深层矛盾和分析资本主义社会文化现象的突破口。在他们看来,现代资本主义社会的突出问题不只是物质生活的矛盾,而更多体现在作为一种符号、语言及表征系统的文化所带来问题。

文化马克思主义将符号批判作为对资本主义社会现实的批判,把符号批判从文学文本拓展到了更广泛的社会现实,并体现出了鲜明范式转换的特征:以"文化主义"范式开启"整体生活方式"的批判,以"结构主义"范式形成"多元决定论"的批判,以"结构-文化主义"范式实现"符号化对象"的批判。借助对其符号批判范式转换的分析,探寻"人的符号化活动"复杂性和丰富性,形成从人类学、社会学、文学理论、语言学与符号学的互动视角对现实社会的观察,并在"结构-文化主义"范式中思考社会结构与文化事件的张力关系、内容与结构、事实与形式的交互关系,达到对人的符号化世界的批判路径。

文化马克思主义在西方马克思主义运动思潮的影响之下,从文化、政治、经济和社会之间的辩证张力,对当代资本主义社会进行了激烈批判,对资本主义社会在现代化过程中所暴露出的种种弊端进行了深刻揭露。文化马克思主义者对马克思主义的继承与发展,不同于第二国际马克思主义仅将马克思和恩格斯的思想理解为科学社会主义,以科学主义和实证主义去研究马克思主义,使得马克思主义失去了哲学的活力。他们对马克思主义的研究,也不同于第三国际马克思主义的解释路向,把马克思主义框定在反映论的认识中,使得马克思主义理论徘徊在近代哲学而非现代哲学的体系中。文化马克思主义在早期西方马克思主义思想家卢卡奇、柯尔施和葛兰西等的影响下,结合英国的现实国情,以及英国传统的文化根基,富有创建地形成了英国特质的马克思主义发展,即关注人的现实生存境遇,研究人的行动的文化语境,以嵌入社会的文化符号,包括礼仪、仪式、话语和文化表征实践,探究社会发展的深层结构和力图解决人类社会发展的现实困境。

文化马克思主义在对现代资本主义工业社会所带来的消费危机、文化危机和信仰危机等分析时,将结构主义的符号理论运用在这些问题的研究中,以记录在不同历史时期文化符号的意义变迁,探究这些承载人类社会生活和思想领域的符号的总体变化范式,以此见证影响着人类思考公共生活问题思维的关键因素,寻求现代资本主义社会框架的构成逻辑。他们对具体文化场景中不同的符号姿态所表达意义的追寻,以符号背后无意识或潜意识隐藏的结构代码获取意义,成为他们形成符号隐喻思想雏形的重要来源。这为符号隐喻思想奠定了两个方面的视角切换:一方面,承认符号内在本质或语言内在结构的作用;另一方面,凸显符号实际使用中的具体实践过程。

"结构-文化主义"范式马克思主义对符号隐喻的研究,是在针对现代性社会的深层矛盾和具体社会问题展开的。二战结束之后,英国虽然从原先老牌帝国的席位中退了出来,但进入了一个相对稳定的发展期,福利制国家的出现、医疗卫生的改善,特别是消费方式的改变,即消费文化的出现,文化与资本结盟之后,文化以商品的方式出现在市场上,这样一个大众文化的世界正在向人们打开一个别无二致的"无阶级社会"。这一范式马克思主义学者的许多作品都涉及了这一现象,1957 年霍加特的《识字的用途》、1958 年威廉斯的《文化与社会》、1958 年霍尔在《大学与左派评论》中发表的《无阶级感》、1963 年汤普森的《英国工人阶级的形成》。这些作品的写作初衷都在于揭示资本主义现代性生产方式所造成"无阶级"社会和工人阶级意识衰退的社会现象。他们认为在资本主义现代性社会中出现了新的剥削方式,仅从政治、经济层面对资本主义社会作出批判是不够充足的。他们以作为文化的符号和作为语言的符号,探究资本主义现代性社会的深层矛盾。

在现代性相关问题的研究中,呈现出了从理性批判到社会文化理论批判的转换,从对本质主义、逻各斯中心主义的批判转向了对资本主义社会文化体系的批判。在现代性批判的理论图谱中,形成了众多西方思想家对现代性不同视域的批判,如阿多诺对同一性思维的批判、罗蒂对"镜式哲学"本质主义的批判、德里达对逻各斯中心主义的批判、哈贝马斯对现代性的辩证批判、鲍德里亚对资本主义消费社会的批判,呈现了对现代性批判的不同思维方式。"结构-文化主义"范式马克思主义对现代性的批判,聚焦于对现代性语言符号学的批判,体现了整个现代性批判的发展趋势,即关注于社会文化理论的批判。然而他们对现代性的批判不仅呈现了学界发展的最新趋势,而且他们形成了具有鲜明自身理论特质的现代性批判思想。他们从语言符号学的视域,探究包括思维方式、社会结构和文化样态,复合性的现代性社会发展过程。他们从语言符号学切入,分析全球化语境中现代性社会的符号编码系统,从文本符号、日常语言符号、大众媒体符号、民族语言符号和亚文化符号,诠释全球化与本土化、同一性与差异性、一体化与多元化复杂的现代性社会图景。

这一范式的文化马克思主义对现代性的态度,不是纯粹的悲观主义态度,他们坚定马克思主义哲学立场,构想理想社会现代性的新叙事方式,形成了具有微观政治革命特征的社会主义运动,产生了世界社会主义运动的新发展。这一范式马克思主义语言符号学维度的现代性社会研究,以辩证的观点对待现代性问题,试图在其内部存在的张力结构和各种复杂关系中,找到重构现代性的基础。他们赞成哈贝马斯所主张的"现代性是一项尚未完成事业"①的观点。现代性是当今人类社会发展正在经历的历史阶段,逃避历史是没有用的,谴责现代社会也是无效的,只有正确面向现代性,积极面对现代社会出现的问题,并有效形成对现代性社会问题的应对方案,才能使人们摆脱现代性的危机,形成整个人类社会的可持续发展。这一范式马克思主义就是在历史选择的当下-现代性社会之中,以"流动的现代性"替代"固态的现代性",在辩证思维探寻中从不同向度挖掘语言符号所指涉的现代性问题,将现代性置于更具张力和更富重构性的多重语境中。

第二节　理论基础:马克思主义符号学的继承与发展

马克思主义符号学的母体源自马克思和恩格斯的语言观。马克思和恩格斯的语言观思想渗透在《1844年经济学哲学手稿》《德意志意识形态》《自然辩证法》《资本论》等文本中。马克思的唯物主义实践观解开了语言研究之谜,对语言研究的本体论、认识论、方法论和价值论获得了崭新的形态,对语言哲学的发展具有重要意义和价值。马克思和恩格斯以实践为核心范畴的认识论,为语言生成的实践来源获得了认识论依据。恩格斯的《劳动在从猿到人的转变中的作用》很详细地说明了劳动与语言的密切关联。

马克思和恩格斯始终围绕实践唯物主义的理论立场探究语言的问题,形成了实践唯物主义语言观,表明了语言生成的本质来源,即物质活动或者人的劳动作为语言生成的根本基础。马克思主义哲学区别于唯心主义先验论、不可知论和旧唯物主义的直观反映论就在于以实践作为认识论的基础,强调实践是认识的根本来源。马克思和恩格斯对认识活动的理解涵盖了对语言生成问题的阐释,他们的语言观被包容在其奠定的实践认识论的

---

① Habermas, Modernity versus Postmodernity, *New German Critique*, 1981, No.22, p.13.

框架之中的。《德意志意识形态》指出："始终站在现实历史的基础上,不是从观念出发来解释实践,而是从物质实践出发解释观念的形成。"①实践是认识的基础,语言同样是实践活动的结果。人观念的世界不是先在存在的,而是人在现实的物质世界中通过对外部世界真实的体验而产生认识并结成语言的。

马克思和恩格斯实践唯物主义语言观突出语言源自物质实践这一事实。正如马克思所指:"人们决不是首先'处在这种对外界物的理论关系中'。正如任何动物一样,他们首先是要吃、喝等等,也就是说,并不'处在'某一种关系中,而是积极地活动,通过活动取得一定的外界物,从而满足自己的需要。"②这正是在说明,人并不是存在于先在的理念世界中的,人的世界不是概念堆积的世界,而是人在现实的世界中不断满足自身需要,包括物质和精神需要,而不断结成对现实世界丰富认知和体验之后的观念、意义和语言的。因此,语言不是抽象地宅居于世界之外的存在,而是生发于人类脚踏大地的现实世界。

马克思和恩格斯在论述思维与存在关系问题中指出:人的实践活动"是整个现存的感性世界的基础","人创造环境,同样环境也创造人"。③从唯物主义历史观的角度论证了思维与存在、主观与客观的相互关系,思维和主观感性活动的形成都源自客观世界的物质基础。马克思和恩格斯在《德意志意识形态》中,表明语言是一种特殊的意识实践活动,认为"语言是一种实践的、既为别人存在因而也为我自身而存在的、现实的意识"④。从语言生成的角度阐明了意识生成的物质基础。

马克思和恩格斯将语言作为一种特殊的感性活动:它首先源自现实世界对人脑的客观刺激或作用,由此在人脑的作用下产生对客观刺激或作用的反射,通过理解加工对外界输出话语的过程。因此,马克思和恩格斯就指出:"'精神'从一开始就很倒霉,受到物质的'纠缠',物质在这里表现为振动的空气层、声音,简言之,即语言。"⑤语言在生成过程中无论就生物学基础而言,还是以作为一种感性活动或者意识活动而言,都源自对现实的实践活动。

实践唯物主义语言观在阐释语言生成的物质基础上,进一步强调了语

---

① 《马克思恩格斯选集》(第一卷),人民出版社,1995年,第92页。

② 《马克思恩格斯全集》(第19卷),人民出版社,1963年,第405页。

③ 《马克思恩格斯选集》(第一卷),人民出版社,1995年,第77、92页。

④⑤ 同上,第81页。

言生成的社会基础,将语言的实践性与社会性关联在一起。马克思从劳动实践与人类社会的关系中,指出"整个所谓世界历史不外是人通过人的劳动而诞生的过程"①。劳动实践是形成人类社会的历史起点,同时,人类社会延绵地发展和更迭同样是在人类的劳动实践中推进的。语言是一种特殊的实践活动,在人类历史发展的长河中,人类通过劳动实践活动不断推动人类社会向前涌进,创造出新的物质的、精神产品和生活并为之冠以新的名称和意义,人类语言的变化正是嵌入在社会历史运动变化的过程中。语言生成除了客观的生理基础或者个体拥有语言生理功能之外,更为重要的是这种生物机能作用于现实世界产生实践活动,形成人对现实世界的认识和改造,从而构建属人的世界,产生人对世界认知而结成的意义和语言。"人类通过自身特有的感觉器官,对物质世界不断感受、组合和形成理解,产生思想、观念和意识。"②

马克思和恩格斯实践唯物主义语言观蕴含着认识辩证过程的思考。语言作为连接认识主体和认知客体的中介,在从实践中生成观念、又从观念回到实践的过程中循环往返,在认知的产生和作用现实中起着中间桥梁作用。通过语言实践连接主观与客观、主体与客体,使两者从相互分离走向关联互动。

马克思和恩格斯实践唯物主义语言观反对形而上学体系将语言作为透明的思想工具,批判为通达对客体或者实体而消除主体或者主观对对象世界认识的作用,这样造成了主观与客观、主体与客体的二分关系。马克思和恩格斯实践唯物主义语言观强调实践作为认识论的基础,关注属人的世界和生活世界,回到了自然语言、伦理制度的复数形式的语词世界,走出了形而上学的语言观,走向了栖身于语词世界,从而使得对语言的研究成为嫁接了主体与客体、主观与客观的通道。

马克思指出:"理论的对立本身的解决,只有通过实践方式,只有借助于人的实践力量,才是可能的;因此,这种对立的解决绝对不只是认识的任务,而是现实生活的任务。"③马克思将理论从原先闭合的范畴、概念和逻辑的抽象场域扩展到了人的实践活动的现实场域,并认为只有这样,理论本真的解决才能得以实现。

在唯心主义语言观那里,如索绪尔的语言先验性和乔姆斯基的语言天

---

① 《马克思恩格斯全集》(第3卷),人民出版社,2002年,第310页。
② 马援:《文化唯物主义语言哲学思想研究》,经济管理出版社,2019年,第15页。
③ 《马克思恩格斯文集》(第一卷),人民出版社,2009年,第192页。

赋论,都阻隔了人与外部世界、主体与客体之间的关联,将语言封闭在格式塔的结构中。实践唯物主义语言观通过作为实践活动的语言拉动了主观与客观、主体与客体之间的辩证结构,使得对语言的研究并非停留于绝对客观的形式结构或者完全主观的心智运动中,打破了物质状态与心理状态、物质事件与心理事件之间全然对立的划分。以实践为核心基础的语言观在主客体之间建立起接连的通道,主体通过实践认识客体并作用于客体,形成主客体相统一的世界观。通过语言的互动关联性可摆脱不可知论的迷雾,人们可以通过实践形成对客体的主观认识,并在一次次从实践到认识再到实践的过程中,不断提升对客观世界的认知和不断接近对客观真理的掌握。

语言实践推动了感性到理性再到感性的循环运动。马克思和恩格斯在《神圣家族》中,阐释了"物体""存在""感性活动"和"知识观念"的相互关系。这种相互关系具体表现在:

首先,它们可被统一在一起,而这个统一的基础取决于现实物中。马克思和恩格斯指出:"如果一方面认为感性世界是一切观念的源泉,而另一方面又硬说一个词的意义不只是一个词,除了我们想象的永远单一的存在物之外,还有某种普遍的存在物,那就矛盾了"①,同样在说明感性活动的物源。这是对观念与存在之间抽象剥离的批判,观念与存在是具有统一性的,观念是人们对具体客观现实存在的思想活动。

其次,知识观念的获取来源于感性世界。马克思和恩格斯还指出:"物体、存在、实体是同一种实在的观念。决不可以把思维同那思维着的物质分开。物质是一切变化的主体。"②普遍存在物的绝对观念,即完全抽离于现实存在的观念是被臆想出来,观念产生和发挥作用都不能够脱离于现实的。

最后,思想观念被插上翅膀正是基于我们对现实世界具有的体验。马克思和恩格斯用了一个很好的例证说明了这一点:"假如'无限的'这个词不表示我们的精神能够无限地添加某一数量,那么这词就毫无意义。"③正是因为我们对现实世界数量关系的感知,我们才会对"无限的"意义表达有充沛的理解。人类智性运动的表现形式最为直接地表现在日常生活的语言之中。

人类在感性运动过程中将对事物的理解上升为语言,语言是有结构和序列规则的,语言符码的出现标志着人类对客观对象感性认知之后形成的理性认知,这就达到了认识的第一步:感性到理性的发展过程;人们在对事

---

① ② ③ 《马克思恩格斯全集》(第 2 卷),人民出版社,1957 年,第 164 页。

物理解之后产生名称、概念和范畴等观念,而观念的形成是有秩序的,语言按照人脑中观念的秩序又输出到外部世界之中,这种语言输出的过程和语言连接的其他人的活动,就预定人类实践活动的目标和取向,这就到达了认识的第二步:理性再到感性的过程。而人类的语言实践活动正是在这种生生不息地从感性到理性再到感性的循环往复之中。马克思和恩格斯实践唯物主义强调人对世界的互动体验之外,还关注了认知加工的问题,也包含了感性到理性再到感性的循环过程,突出语言产生于现实世界同时语言又作用于现实世界,是与现实世界之间密切而动态地联系在一起的。

"结构-文化主义"范式的符号隐喻理论继承和发展了实践唯物主义语言观,从人的实践活动探究语言符号与现实的关系。这一范式对符号隐喻的研究是基于马克思和恩格斯历史唯物主义语言观的前提,从符号学的视角思考资本主义现代性社会的文化景观。他们以意义发生的符号学,包括符号的发生、传送、理解,探究文化与符号、符号与权力、符号与价值认同、符号与社会结构、符号与社会治理等问题。从符号研究层面,挖掘被千姿百态符号包围的人类活动、描述多元符号融合的文化现代性图式、分析以物质价值转向符号价值趋势,以多维度的符号视角揭示现代性社会发展的总体概貌与一般规律。

这一范式的学者面对现代性社会发展的新变化,敏锐地洞察到传统文化秩序处在被资本逻辑破坏的危机中。他们看到,随着物质生产力的发展,新劳动方式出现,非物质劳动成为现代生产的新形式。而非物质劳动生产就主要体现为文化生产。文化生产成为传统物质生产之外现代社会非常重要的生产方式和消费方式。这一范式理论针对现代性社会新生产形式的出现,提出了"作为物质实践的语言符号内涵"①。

一方面,他们强调语言符号的物质属性,认为在现代性社会,语言符号的物质性表现得更为突出,无论是物质形态的,如文本、现代媒体、电影、戏剧、商业广告等,文化载体物质形式的多样化;还是与物质形态相结合的各类文化语言符号,这些物质形态的和与物质形态相结合的语言符号内显在人的生活之中,语言符号与人的日常生活形影不离。语言的物质属性成为现代性社会的突出特征。作为人类思维活动的语言,为了获得完满的语言规则,传统语言学家力图将语言形式与言语事实之间相互剥离,获得了抽象的、形式化的语言理论。这一符号隐喻理论并不将语言与言语作为二元

---

① [英]雷蒙德·威廉斯:《马克思主义与文学》,王尔勃、周莉译,河南大学出版社,2008年,第172页。

对立的概念来研究,而是将物质实践作为语言符号的基本内涵,强调语言符号本身的物质性,认为无论是语言符号生成的物理属性或者生物属性,还是语言符号运作的社会属性都具有典型的物质性。

对语言符号物质性的强调,就清晰地表明了"结构–文化主义"范式的符号隐喻研究与传统符号学和语言哲学的不同,语言符号不能抽象地剥离于现实世界,抽象剥离于现实世界的语言获得只是一种空洞的外壳,只有深入人的具体的社会生活才能真正体悟到语言的本真意义。"语言符号的物质性"不但体现了现代性社会生产的基本特征,而且撼动了传统语言哲学思考语言的方式。威廉斯以历史文化语义学的方式,追踪19世纪工业革命以来体现社会文化变化的关键词。他在《文化与社会》中,展现了19世纪文化的传统景观,细致地分析了不同年代具有代表性思想家之间思想的异同,从而真实地再现某一时代形成传统思想的演进过程。传统思想的形成过程,充满了不同思想家们思想间的对话,汇聚了典型时代特征思想的杂糅。威廉斯将标记社会发展变化的语词,如"五个词语对于绘制这份地图至关重要,它们便是'工业'(industry)、'民主'(democracy)、'阶级'(class)、'艺术'(art)和'文化'(culture)",用来"见证我们在思考公共生活问题时特有思维方式的总体变化"。①语言符号的物质性内涵强有力地实现了语言符号研究回归现实社会的意义。

另一方面,"结构–文化主义"范式的符号隐喻理论强调语言符号的实践性。语言符号在现代性社会由于物质属性的强化,语言符号的现代性物质表征特别容易掉入商品拜物教的陷阱之中。在现代性社会资本生产的系列中,文化符号生产被裹挟于商品生产的洪流中。自工业革命之后,由于现实社会生活经济秩序的变化,导致了威廉斯所称的"工业革命时期的英语思维"②的出现,工业革命对英国社会在思想、文化和情感方面产生了深刻影响。整个19世纪体现出来的文化基调,就是威廉斯笔下的"伯克传统",伯克及伯克传统的继承人,如骚塞、欧文、浪漫主义诗人、穆勒、柯尔律治等思想家,他们思想中充斥着对工业革命给整个英国带来的新氛围的反感与厌恶。整体上看,他们希望回归18世纪相对稳定的"有机社会",倡导"国家精神""文化精神",反对工业体系对民众性格的腐蚀。为此,这些有着伯克精神的继承人希望摆脱工业化的干扰,用一种浪漫主义的方式或者田园诗

---

① [英]雷蒙德·威廉斯:《文化与社会》,高晓玲译,吉林出版集团有限责任公司,2011年,第16页。

② 同上,第2页。

化般的情感依托，救赎现代工业对文化的侵蚀。他们用远离现代工业的方式或者"离析运动"，抽象化文化，为文化披上了"优秀的真正标准""判定真正价值的法庭"①之类神圣化的外衣。在抵制文化工业化的反抗中，这种伯克式的方式使文化愈来愈远离人的生活，愈来愈抽象化人的生活。"结构-文化主义"范式的马克思主义思想家批判性地反思伯克传统文化思想，认为以少数精英主义者操控文化而躲避市场对原有文化的冲击是狭隘且短浅的，它不但解决不了现实的文化变化，而且也阻碍了大众文化发展。为此，这一范式的思想家提倡回归语言符号的实践属性，以此寻求语言符号生成的真正动力。他们以语言实践的生命关怀，调动微观文化群体的实践意识，强调自我文化形成的意义和价值。他们以语言符号的具体实践方式，提升工人阶级的符号隐喻实践能力，使普通人民具有甄别良莠不齐文化产品的能力。作为实践的语言内涵，不但使文化真正内在于人的生活，还可以获得文化价值标识的方法和依据。

威廉斯在《马克思主义与文学》中，通过对中世纪符号概念到现代语言学理论的梳理分析，说明这种"逻各斯""形而上""修辞""符号""工具"式的语言研究，始终将语言置于与现实分离的状态。可以看出，文化马克思主义语言哲学的理论基础是，将语言符号作为人类重要的实践活动，并强调语言符号具有直接参与社会建构的功能。威廉斯探讨了《德意志意识形态》中的语言问题，阐明了语言符号具有物质性，语言符号是实践的和构成性的活动，语言符号是人类自我创造中具有不可分解的要素的意义，语言符号是作为必要因素实践意识的思想。伊格尔顿对语言符号物质性和实践性观点的表达集中在文学理论的思考。他认为："文学是一种特殊的语言组织……它是一种物质事实，我们可以像检查一部机器一样分析它的活动。"②霍加特"采用民族志的研究方法"③，将"日常话语""生活俚语"和"习惯用语"，即那些具有民族风情和生活情节的语言符号作为研究对象，形成对原初生活符号语料的根本遵循，而非被精英主义者筛选的符号形态和符号语料，从而直观人民生活语言的本真样态。"结构-文化主义"范式的马克思主义者不仅把符号生产归为精神生产，更为重要的是，他们强调语言符号的物质属性，分析语言符号以物质形态出现的现代性社会的新生产方式。在现

---

① ［英］雷蒙德·威廉斯：《文化与社会》，高晓玲译，吉林出版集团有限责任公司，2011年，第72页。

② ［英］特雷·伊格尔顿：《二十世纪西方文学理论》，伍晓明译，北京大学出版社，2007年，第3页。

③ 马援：《理查德·霍加特文化实践思想研究》，北京师范大学出版社，2019年，第55页。

代性社会中,作为人类重要表意行为的语言符号还突出呈现出它所承载的声音符号、文字符号和媒介符号并行存在的物质形式,成为构成现代性社会重要的生活方式。"结构-文化主义"范式的符号隐喻理论立足实践唯物主义语言观,进一步强调了语言符号的物质性和实践性,形成了具有鲜明特色的语言哲学,特别是关于符号问题的思想。

在"结构-文化主义"范式马克思主义研究中,"符号(sign)"一词是其贯穿整个研究体系的关键词。他们对符号具有的具体形式、符号物理形式"能指"与所指代东西及关联思想的"所指"之间的联系、符号与社会结构的张力问题作出了一系列富有洞见的思考。以索绪尔思想为代表的传统语言符号学,他们对语言符号的界定是一种语言意义位置的定义。语言符号的意义是语言意义相似性和差异性确定的,是借助语言意义一整套关系体系建立的,借以同义词、近义词和反义词的语言意义之网确立符号意义的过程。这一范式马克思主义关注语言符号产生能指与所指之间相互关系。他们将符号意义看作复杂而运动变化的过程。他们不仅关注符号产生过程中意义之网形成过程中,语词之间的关系结构对符号意义形成的内部语言结构的作用,同时,他们将符号意义的关系之网放置在整个社会结构的历史发展之中进行考察。符号意义的产生是内部生成系统与外部社会结构多重作用力的结果。索绪尔将语言学作为研究符号学的基础范畴和根本概念的预先需要确定的知识范围。符号学除了探究语言所指的意义之外,还需要解释符号在社会生活中所发挥的作用和功能。符号不只是意义与语言之间的关系问题,而是体现了一定社会团体文化中约定俗成有规则组织的编码。符号更加体现了人类社会理念秩序、组织秩序和运行方式的具体再现形式,而是编码的规则和体系,形成了文本符号、话语符号、日常口述语符号和不同文化群体话语符号的不同编码形式,呈现出符号编码的多层次性和社会结构性。

"结构-文化主义"范式的马克思主义符号隐喻研究与传统语言符号学有巨大的差别。传统语言符号学关注语义和分析的概念。这一范式马克思主义对语言符号学的研究已经偏离了传统语言符号学的发展轨道。他们对符号学研究不再完全视为纯粹语言哲学的问题,对符号学采用非单一理论内部的探寻,关注符号生产与社会现实结构的内在关联。他们主张理论之间的发展与替换存在诸多非理性因素的观点。他们关注文化符号在实际的历史文化发展中的演进模式。传统语言符号学借助能够撇开言语事实现象,认为只有对语言规范性的研究,才能一劳永逸地把握其语言发展的规律。这一范式理论者对传统语言哲学探究符号学的方式有所怀疑。他们对传统符号学研究寻找替代方案。

"结构-文化主义"范式的理论者认为在面对同一个对象时,不同的主体之间会产生不同理解对象的方式,不同主体会选择不同的文化表达,并会产生不同的符号系统。人的语言符号不像化石一样,只能从一个方向表达看待世界的一种观点和一种态度,而是聚集了人类认知世界的全部过程。传统符号学在于透过感性、多样而变化的现象,抓住其背后的更加真实的语言实体,将一种严格的符号系统看作天经地义、绝对如此的符号规则。这一范式的理论者反对这种千篇一律的规则。他们认为符号学研究的关键,就在于语言符号能够展示具有不同认识方式、思维方式的不同群体对同一事物会形成不同理解和采用不同形态的语言文化符号。他们借助语言符号学的丰富性和多样性,让人们意识到人类认知对象世界存在着多种的、看待同一事物的不同方式的思想。

"结构-文化主义"范式的符号隐喻研究不同于鲍德里亚符号政治经济学批判的研究,他们不是从符号学视角探究政治经济学的问题,而是以马克思主义语言哲学为基础,以语言哲学的分析方法,通过搭建文化与符号的连接桥梁,将文化作为符号意指形态的聚集地,从而探究符号与文化、符号与社会的内在张力结构,进而通过语言符号系列思想审视现代性社会深层问题。这一理论并不是围绕着经济政治学展开对现代性社会的批判的,不是在于探究物与符号的关系、物的使用价值和符号的交换价值的问题,而是在于阐发现代性社会的符号意义结构,从一般的、宏大的社会结构问题指向具体化、微观化的符号结构研究,以符号意义内在结构的规律性和自主性,反观社会结构的不均衡发展,建构平衡宏观社会结构与微观语言符号之间的互动模式。

"结构-文化主义"范式的马克思主义将语言符号作为意义的共享地图。他们认为语言符号的生成过程蕴含了人的认识、人的理解方式、人的价值取向的过程,在共享意义的形成中结成了群体生活中不言而喻的习俗、规则、礼仪和约定俗成的东西,而这些就构成语言符号的构架过程。这一范式的符号隐喻研究通过文化生产的视角,考察语言符号生产的历史语境、内在规约性和外延性特征,以艺术、传媒和流行文化的研究,显示现代性社会的语言符号特质。

第三节 批判来源:传统逻各斯的语言哲学的突破与超越

语言哲学在 20 世纪被看作西方思想界最具影响力的研究领域。它改变了传统哲学分析和研究的方法,以现代数理逻辑为基础,对语言进行逻辑分析。按照语言哲学的发展演进来看,"语言转向"是"语言哲学"形成固定派别和获得学科归属的分水岭。语言转向标识了 20 世纪哲学关注点的位移,形成了从认识论向语言思考的转变。对语言的思考成为 20 世纪哲学家们集体目光的焦点,正因为如此,不仅出现了弗雷格、罗素和维特根斯坦分析哲学的传统,而且还涌现了胡塞尔、海德格尔和伽达默尔从现象学到解释学的发展, 而这些代表 20 世纪西方哲学的重要学术流派都从不同视角切入对语言的研究。他们将承载"意义"的语言作为连接人的认识与世界的存在、知识与实体之间的中介,语言意义成为通达认识论和本体论的桥梁。这就是为什么语言转向会被称为"20 世纪哲学哥白尼式的革命",因为语言研究此时成为哲学研究的中心。

那么在语言转向之前,难道就没有哲学家去关注语言的问题吗? 其实不然。古希腊哲学、中世纪哲学、近代哲学都存在不同程度对语言问题的思考。例如在古希腊哲学中,赫拉克利特对逻各斯的阐述、柏拉图的多篇对话,都有很多关于语言的讨论;中世纪哲学热衷对《圣经》的诠释,其中"巴别塔"寓意语言的混乱、"通天塔"象征共同语言,这种对基督教神学的痴迷,形成他们对语法、辩论术、修辞学的精通;在近代哲学中,洛克、莱布尼茨、贝克莱、休谟、康德、密尔都有对语言的分析,并对后期的分析哲学有着重要的影响。

然而整体说来,这些不同时代对语言的探讨只能被称为"语言问题",还构不成语言哲学。因为他们对语言的研究,并不是他们对哲学研究的关键和中心。无论是古希腊哲学以"真的科学"对待哲学,还是近代哲学在"自然科学"与"人文科学"分隔过程中所形成的哲学新的归属。他们问题的核心都不在语言问题上,而是语言问题被杂糅在他们所关注的本体论或认识论的范围内。这就是为什么会将古希腊哲学、中世纪哲学以及近代哲学中关于语言的研究称作"语言问题的思考",因为还没有形成系统化的关于语言问题研究的哲学体系。而"语言转向"之后,语言哲学的基本问题、发展脉,以及它与语言学、逻辑学之间的相互关系才被确定了下来。

语言转向之后,哲学家们将目光转向语言问题的研究,形成了借助语言机制达到理解世界的目的,语言哲学由此产生。语言哲学之所以不同于语言学、逻辑学,关键在于三门学科之间存在不同的研究目标。语言学关键在于从经验现象中抽取语言规则,目标在于更为科学化、系统化地阐释语言现象。逻辑学更关注逻辑推论中的形式因素,目的在于求得推论的正确性。而语言哲学的核心目标,还是基于哲学这个大前提的,就是本着对世界具有普遍的、弥散性的理解和认识,达到哲学对世界万物强有力的解释力。这是语言哲学形成稳定学科归属的基本界定。

然而就整个传统语言哲学发展而言,它始终没有跳脱出与语言学、逻辑学的那种依附关系。语言哲学有时会完全陷入语言学研究的问题域中,如索绪尔、维特根斯坦前期思想、日常语言学派、乔姆斯基等,对语言学的研究方法完全浸润在语言哲学中。因此,就很难将索绪尔、乔姆斯基等人完全从语言哲学家的范围中划分出去,而归为纯粹的语言学家之中。而语言哲学对逻辑学的依附性更是如此。语言哲学首先就是从现代逻辑学那里发展起来的,并且弗雷格、罗素、早期维特根斯坦、维也纳学派、艾耶尔、刘易斯、古德曼就代表了语言哲学中的逻辑主义的发展路线。到了 20 世纪后半叶,这种影响继续存在,在美国形成了以皮尔士、詹姆士、杜威为代表的"实用主义"。"语言哲学在 20 世纪后半叶形成的一个突出特点是逻辑实证主义和实用主义的结合,有人称为'逻辑实用主义'。"①语言哲学与逻辑实用主义之间密切关联。

在对语言哲学的形成过程、发展脉络及其与逻辑学、语言学的关系简单回顾后,就会发现语言哲学或者主流的语言哲学,一方面,主要依循语言学对语言内部规律的研究,例如词、句、命题、主词、谓词、成真条件等意义理论的论证;另一方面,特别遵照函式、一阶二阶概念、逻辑原子、描述语理论、图像论等数学公式化和逻辑命题一般的语义推演。主流语言哲学的逻辑秩序,就一直被定格在与语言学、逻辑学密切相关的语言内部封闭的研究之中,以语言内部生成的最小单位、元语言结构、逻辑句法,如音位、音素、词素、主谓-述位关系、句法、话轮转换等之类严密的、公式化的逻辑构造分析语言。语言哲学被包裹在这样一种程式化的哲学研究之中。语言哲学中最为基本的关于"语言"的定义和描述,就取自索绪尔"语言与言语"的二元对立论。之后,很多语言哲学家都延续这样基本的研究模式。

就语言哲学来说,它不同于其他一般意义的语言学和逻辑学,并且能够成为 20 世纪哲学研究的中心, 就在于语言哲学所关涉的问题包含两个方面:一个是语言的意义问题,另一个是语言与世界的关联。当客观评价 20 世纪的主流语言哲学围绕语言意义问题的研究时,无须赘言,其理论体系严谨缜密,对于推动科学地认知人的语言体系和人的思维活动具有重要的意义。然而在语言哲学基本问题的另一个方面,即语言与世界的关联上,更多指向了那种形式化、抽象化的世界,即论证先验存在的、脱离语言经验

---

① 陈嘉映:《语言哲学》,北京大学出版社,2003 年,第 28 页。

和言语事实的充满逻辑秩序的世界。

然而曾被石里克等不少思想家誉为"20世纪哲学的同位语——语言哲学",分析哲学、现象学所经历的"语言转向",曾弥散在整个20世纪人文思潮中的"语言分析",这股围绕着语言研究的热潮在20世纪末至21世纪初正逐渐退散。20世纪六七十年代,很多哲学家削减了对语言研究的热情。

20世纪70年代之后,认知哲学、伦理学、政治哲学粉墨登场,逐渐占据了语言哲学对研究者的吸引力。这究竟是什么原因造成的呢?这很大程度上,就在于语言哲学自形成以来一直没有跳出语言封闭式研究的"囚笼",语言哲学的现实的人文关怀、语言哲学的社会功能维度的延伸、语言研究与社会实践之间的关联,没有形成有效的发展。也就是说,语言哲学的基本问题或者根本性问题,即借用对语言内部规律的分析达到对世界的认识,可以说,主要到了前一半语言内部规则的探究,而后一半借以这些规律寻求对世界的理解还有待进一步展开。在20世纪60年代之后,语言哲学大多都延续着60年代语言哲学传统的样态发展,即按照逻辑语言分析的规则展开研究,没有建立语言哲学社会向度研究实质性的突破。60年代之后,语言哲学的社会维度并没有形成有效的延伸性研究,语言哲学的现实观照没有发挥出来,语言哲学的社会效能和社会价值没有施展出来。这就对语言哲学后期发展造成了巨大的影响。

认知哲学搭建了语言、思维和科学之间的有机联系,这门学科对脑科学和新科技革命的主题关涉,为其自身发展奠定了研究潜力。认知哲学与21世纪新科技革命时代特征相结合的发展,明显取代了语言哲学的拓展前景。认知哲学、伦理学和政治哲学以自身的学科特质,强有力地从各自不同角度与现实世界和人的现实生活密切关联在一起,这种学科研究对社会的指向性,成为它们跻身于当今哲学中心的有力法宝。

20世纪末语言哲学的研究者们也在积极反思语言哲学的发展困境。"语言转向"就此终结了吗?语言转向之所以在整个20世纪如此的重要,是因为它改变了传统哲学研究的思维方式,更加确定和明晰了哲学的研究边界,哲学与实证科学建立区别。现代哲学不再刨根问底式地追问世界的本源、物自体的问题,而是转向了由意义之网编织的世界的问题。这也是语言哲学之所以成为20世纪哲学中心的原因,从传统哲学的本体论和认识论的问题转向了现代哲学的意义或概念的思辨问题。语言转向在完成现代哲学的边界确立和思维方式革命之后,语言哲学就需要回到具体的问题之中,需要与其他学科结合形成跨学科的研究,需要在语言哲学前面附着前缀,形成某一问题或者结合具体领域的语言哲学研究。

　　形成于20世纪中叶的文化马克思主义受到了来自"语言转向"的冲击。然而它的形成与发展不同于一般意义语言哲学的发展逻辑。它是文化马克思主义学者在面对20世纪以来英国社会的主要矛盾，试图借助马克思主义本土化的过程，改变其社会问题的产物。它的形成与发展符合整个西方马克思主义发展和传播的秩序。文化马克思主义遵循西方马克思主义对资本主义社会意识形态批判的核心思想，在立足对英国社会现实的分析基础上，他们意识到语言研究与文化研究交互分析的意义，展开了实践唯物主义维度的语言哲学研究，拓展了现代语言哲学的社会功能，形成了其富有特质的"结构-文化主义"范式的马克思主义符号隐喻理论。这一语言哲学的最突出特点，就是他们将抽象化的语言问题转向对具体生活现实的符号隐喻景观的分析，将传统语言哲学的方法运用于对现实文化符号的分析，将结构主义符号形式的研究与经验主义符号内容的研究双向结合，这是对马克思主义语言哲学当代发展的一大贡献。

　　文化马克思主义关于符号隐喻的研究产生了两个方面的联动效应。一方面，它深化了西方马克思主义文化批判和意识形态批判思想。西方马克思主义不同于其他形式的马克思主义就在于，他们对资本主义社会生活的聚焦，对当代资本主义社会人的状况和人的处境的分析。为此，西方马克思主义展开了文化批评和意识形态批判的研究，形成了人本主义的马克思主义。而"结构-文化主义"范式的符号隐喻理论在西方马克思主义批判理论的基础上，从追溯语词的演进过程、语言变体产生的根源和所引发的系列思维变化、语词关系与社会结构的关联分析，真实地回归本真状态的社会语言结构，从而洞察人的思维活动的变化和各种社会思潮原初的和发展变化的意义，并解析社会深层次的问题和矛盾。这一范式的符号隐喻理论不仅是一种社会批判理论，而且更是一种社会建构理论。它从语言符号的组织形态剖析社会结构，搭建语言符号结构与社会结构之间的关联，从建构语言符号结构的新秩序来构建良性社会秩序的发展。

　　另一方面，"结构-文化主义"范式的符号隐喻理论对现代语言哲学嬗变的推动。传统西方语言哲学一直徘徊于对语言系统封闭式的研究，对语言哲学的社会指向并没有有效关注，也就导致了语言转向20世纪末的衰落。面对这样的情景，语言哲学也试图寻求新的发展契机，渴望走出语言哲学困境的现状。"结构-文化主义"范式的符号隐喻理论以关照社会现实问题的语言符号情景出发，产生对资本逻辑下的符码生产的批判、从语言符号维度对现代社会隐喻景观的分析、建构当代马克思唯物史观的符号隐喻研究和形成社会互动模式的符号实践模型等语言哲学问题的社会向度的思想。这些思想形成了符号、语言、文化与社会之间崭新关系的探究。这一范式理论借助传统西方语言哲学分析方法,切入到政治哲学、社会批判、亚文化、民族问题和女性问题所形成的符号场景中分析。这种宽阔的研究视角,不但为语言哲学研究打开了更加开放的和积极的研究局面,而且对社会学、政治哲学和文化哲学的发展也起到了重要作用。

"结构-文化主义"范式的符号隐喻研究既有语言哲学基本的元理论问题,包括语词的意义、意义的构造、句群逻辑等语言系统内部的研究;又涉及语言符号社会范畴内的语言符号规范性问题、语言符号学和历史文化语义学之类延伸性研究,也就是语言哲学现实功能的研究。这一范式的符号隐喻理论以面向社会的语言景观,开展社会维度的语言符号探究,使符号隐喻研究朝向解决社会现实问题迈出了重要一步,实现了对传统逻各斯"语言哲学"的突破。

第四节 历史积淀:文化传统与当代文学理论的浸润

"结构-文化主义"范式的马克思主义符号隐喻研究一方面受到了来自英国自身内部深厚文化传统的滋养,另一方面它形成于西方现当代文学理论多元化格局之中。可以说,这一范式的符号隐喻理论在英国根基深厚的文学传统与西方多元化文学理论共同的浸润中发展起来的。

英国文学可谓是整个世界文学的重要组成部分,它汇聚了代表西方文化最为灿烂辉煌的文学家和思想家,集合了人类思想文库的经典文学作品,凝结了人类社会发展史上众多珍贵思想。这一范式的符号隐喻理论就是在深厚的英国文学传统的基础上孕育形成的。历史悠久、体系庞大的英国文学传统深度地影响着英国社会普遍的思维习惯和行为方式,在遇到新的历史境遇时,多数受传统浸透的思想家们都习惯接受英国传统的思维方法。

威廉斯和伊格尔顿都喜欢将英国传统对整个社会思想的影响称之为"浸透"。具体来说,《文化与社会》指出"浸透"就是,"经验中所独有的直接性,这种直接性在纵深面上慢慢演化为一种具体的观念,从而逐渐形成了人的整体存在。……一种经验、一种特殊的知识;……最终,单纯的个体经验具有了划时代的意义和价值"①。威廉斯描述了英国伯克传统的形成过

---

① [英]雷蒙德·威廉斯:《文化与社会》,高晓玲译,吉林出版集团有限责任公司,2011年,第30页。

程,这种传统的形成是具有复杂性的,是众多思想之间杂糅和碰撞形成的,而这种经验性的观点和思想在聚焦的过程中,不断地从经验认识和特殊知识稳定地转化为普遍的认知和态度,并恒定地影响着人们的思想活动。这就是"浸透",英国文学深厚的"伯克传统"对英国社会问题的基本立场和平稳思维的深度影响。

伊格尔顿在《二十世纪西方文学理论》中写道:"在这一历史时期,文学这一概念之'浸透价值判断'基本上是不言而喻的。"①英国文学传统在工业革命之后的一段时期内,承担了社会价值判断的重要历史使命。英国文学持有的基调和态度,代表了整个英国思想界在面对刚刚起步的工业社会,对工业社会引起社会新变化感到不满,他们试图重新追寻人们对"理性""自然"和"价值秩序"的基本观念。

"结构-文化主义"范式符号隐喻理论同样被"浸透"在英国社会整个人文环境之中。然而与之不同的是,虽然他们对符号隐喻问题的思考形成于整个"英国传统"所包裹的人文环境中,但是他们的思想并没有被"英国传统"所束缚,他们对坚如磐石的"英国传统"的形成进行了反思与批判。

威廉斯认识到"英国传统"的复杂性,对19世纪到20世纪以来"英国传统"的形成进行了复原。他认为重新阐释"英国传统"是十分必要的,在重新阐释的过程中,可以深入传统形成的内部,而不是泛泛而谈地用一个辞藻来概括整个英国传统,或者孤注一掷地将某一种态度和观点投向英国传统,从而附加给英国传统统一的和一般化的定论。威廉斯以阐释现代"文化观念"的演变过程为主线,将19世纪到20世纪整个"英国传统"形成过程中的关键人物串联在一起,在不同思想家的理论争鸣中,看到"英国传统"的复杂性。威廉斯希望呈现复杂的"英国传统"并不是在于"拾人牙慧",而是"通过历史(正是这段历史把我们带入这个千奇百怪、让人不安又令人兴奋的世界当中)来理解当代社会,采取正当行动"②。

在威廉斯看来,1945年是英国社会历史变化的分水岭,它引发了整个英国社会的信仰危机和归属危机,它形成了大英帝国的衰退,产生了"新""旧"文化的断裂期。威廉斯站在这个历史的拐点,希望在这样一个思想动荡的时期寻找到基本的"立场",而这个"立场"是要让多数人可被接受和认

---

① [英]特雷·伊格尔顿:《二十世纪西方文学理论》,伍晓明译,北京大学出版社,2007年,第15页。

② [英]雷蒙德·威廉斯:《文化与社会》,高晓玲译,吉林出版集团有限责任公司,2011年,第8~9页。

可的立场。他要借助英国早期思想家真知灼见的思想,例如对"社会秩序危机和自然秩序危机密不可分相互关联"①的分析,将众多先进思想汇聚在一起,思考当代社会出现的问题。

威廉斯所代表的文化马克思主义对符号隐喻的研究,最典型的特征就在于,他们都将符号隐喻研究置于英国社会文化生活现实的语义池塘之中。他们对意义的分析,不像传统语言哲学家那样的做法,将意义的确定落在词语间意义的区别上,以意义之间的差别和位置确定意义。"结构–文化主义"范式研究者对意义的分析,始终基于英国文化社会的现实场景中,以社会历史的具体变化,把意义置于流动着的、被人们使用的和不同历史语义的比较中进行研究和思考的。他们不是为了简单地确定意义而研究,而是在通过对流动变化意义的探究,来解释引起社会变化的关键问题,并为现存的社会矛盾寻求出路和解决方案。

与此同时,20世纪初,整个文学理论受到语言转向和结构主义的影响,文学理论出现了俄国形式主义、"布拉格学派"和英美"新批评"的研究样态,主要以结构主义为特征的语言论文学的发展,同时,又出现了以弗洛伊德、荣格、拉康为代表的心理学论文学的兴起,此时多元发展和多学科交融的西方文学理论格局开始形成。这一范式对语言哲学的探讨,最初就源自西方当代文学理论的背景。

在整个20世纪多元格局文学理论思潮的影响下,"结构–文化主义"范式的马克思主义学者着重围绕文学理论开展语言哲学的研究,因为"'文学'强烈地显示着语言的社会性发展的特定形式"②。他们对以利维斯为代表的"文本中心论"和"新批评"的文本"细读"提出挑战,并在"去中心"和"反本质主义"基础上,开辟了"阶级文化""大众文化""亚文化""种族文化"和"边缘群体文化"的多元文化对话模式,实现了文学文本通达生活文本的跨越式研究。这一范式符号隐喻理论的逻辑起点始于文学理论,在文学理论的研究中关涉语言符号问题。他们将语言符号置于文学、文化和意识形态四者关系的多重语境,形成了语言、文学、文化和意识形态相互缠绕关系。

同样,伊格尔顿在《二十世纪西方文学理论》中,从形式主义、结构主义到后结构主义,从现象学、诠释学到接受理论,以20世纪整个西方文学理

---

① [英]雷蒙德·威廉斯:《文化与社会》,高晓玲译,吉林出版集团有限责任公司,2011年,第8页。

② [英]雷蒙德·威廉斯:《马克思主义与文学》,王尔勃、周莉译,河南大学出版社,2008年,第11页。

论为背景,分析了形式主义、结构主义和后结构主义的语言观,并在现象学、诠释学和接受理论的视角中,阐释了意义与语言、先验主体与此在、先验现象学与诠释现象学、封闭文本与接受美学关系之中的"语言"内涵。

本尼特亦是如此,其代表作《形式主义和马克思主义》以"重访形式主义"[①]为视角,阐释了俄国形式主义文学理论的局限性,批判性分析了索绪尔具有还原论和形式主义的语言学,在接受巴赫金历史诗学的语言观的基础上,进一步指出了从美学向政治学意义的语言符号功能。

可以说,正是在英国文化传统、西方现当代文学理论共同营造的英国人文思潮的影响下,文化马克思主义符号隐喻研究者在两种文化氛围的浸透中,对19世纪至20世纪以来英国人文传统进行了批判性反思,并不断地汲取了20世纪整个西方文学理论的新发展,将结构主义语言论文学的新思想与传统英国本土的文学理论相结合,开创性地发展了符号隐喻研究与文化研究的结合,形成了"结构-文化主义"范式的马克思主义符号隐喻理论的发展。这一富有特质的马克思主义符号隐喻研究的产生,与英国人文思潮的整体环境密不可分。

文化批判是西方马克思主义发展的重要理论向度,也是西方马克思主义区别第二国际、第三国际马克思主义不同发展的关键标识。西方马克思主义回归马克思和恩格斯的经典文本,领悟马克思主义的新唯物主义与以往旧唯物主义本质不同,批判第二国际理论家机械地将马克思主义视作经济理论和社会理论,而忽视马克思主义深刻的哲学内涵,以及反对第三国际理论家把马克思主义存在与思维、物质与意识作为一种单线的和绝对的"决定"关系,而将马克思主义哲学停留在了近代哲学非现代哲学的框架。西方马克思主义强调关注马克思主义中"思维与存在的辩证关系""人的本质""人的实践方式"和"人的全面发展"问题,以"总体性""辩证性"和"实践性"开启了马克思主义在西方世界的传播与发展。而其中,"文化"作为西方马克思主义语境中至关重要的关键词,一方面,就在于他们对"文化"相关问题的思考与介入有效展现了上述他们对马克思主义理论发展的研究特质;另一方面,他们面对20世纪以来,特别是后工业时代资本主义发展的新格局,他们以"文化"作为切入对现代性社会批判的着眼点,从马克思主义文化批判视角洞察现实矛盾和解决现实问题,为马克思主义的当代发展注入了重要的思想活力。

文化马克思主义打开了文化批判理论的丰富场域,不仅呈现了不同社

---

① [英]托尼·本尼特:《形式主义和马克思主义》,曾军译,河南大学出版社,2011年,第3页。

会、历史和人文思潮语境下各种姿态的"文化"概念,而且为文化批判走向文学之外提供了以符号学聚焦现实社会问题的实践路径。这为我们深化世界马克思主义当代发展形态的研究具有一定的理论意义,同时,也为我们体系化挖掘"文化"内涵以及文化批判的社会功能提供有意义的借鉴。

第五节 实践路径:文化研究对符号场域的丰富和延展

"文化研究"是文化马克思主义最具标识性的符号。"文化研究"对于文化马克思主义,特别是英国文化马克思主义来说,无论是对其思想内核的概括,还是其学科建制的发展,都是具有代表性的标志。正是因为文化马克思主义对文化研究的开启,以区别于传统形而上学的方式探讨文化的观念和阐释文化的功能,使之文化从"鸽笼式"的"艺术""美学"和"文学"的文化谱系转向"人类学""社会学"和"民族志"研究方式的人本主义的文化研究,关注日常生活、生活世界的文化样态。"文化研究"被认为是"一种新的研究文化(the study of culture)的方式"[1],这对于文化马克思主义形成"结构-文化主义"范式的符号隐喻研究而言起着至关重要的作用,因为只有在这个意义上,马克思主义视域中的"符号"概念才能从文本符号转向人类符号化活动的研究。文化马克思主义在文化研究的基础上,为范式转换而形成符号隐喻观察现实世界奠定了根本基础,为符号学研究丰富和延展提供了更为广泛的视域。

文化研究具有里程碑式的开端以 20 世纪五六十年代理查德·霍加特的《识字的用途》、雷蒙德·威廉斯的《文化与社会》和《漫长的革命》的问世为标志。随之,1964 年霍加特在伯明翰大学成立当代文化研究中心(The Centre for Contemporary Cultural Studies),文化研究以学科建制的方式出现,以区别传统意义上对文化的相关研究,形成多学科交叉和跨学科的研究特色。对于"文化研究"初始阶段来讲,霍加特起了至关重要的作用。霍尔就曾表示:"没有霍加特就没有文化研究中心。"[2]文化研究的最初阶段集中在霍加特、威廉斯和汤普森的思想,体现了经验主义的特征,形成了"作为整体生活方式"的文化符号路径,代表了"文化主义"范式的研究。

---

① [英]鲍尔德温等:《文化研究导论》(修订版),陶东风等译,高等教育出版社,2004 年,第 1 页。

② Stuart Hall,Richard Hoggart,The Uses of Literacy and The Cultural Turn,*Richard Hoggart and Cultural Studies*,Sue Owen(ed.),Palgrave macmillan,2008,p.20.

　　文化研究的第二个阶段,也就是被誉为"文化研究之父"霍尔为代表的时期,可以说这个时期是文化研究的鼎盛时期,因此有时甚至会将"斯图亚特·霍尔的名字作为文化研究的代名词"①。这一时期,在霍尔接任霍加特当代文化研究中心主任的职位之后,将文化研究引向新的发展,与原先霍加特时期关于文化研究的问题和方法已有很大的不同。霍尔将文化研究从经验主义或文化主义的范式转向了科学主义或结构主义的范式,更加积极地推进了符号学视角下的文化研究,在寻找"差异化""异质性"和"他者"的符号场域中,将"作为整体生活方式"的文化符号路径推向了"多元决定论"的文化符号研究。

　　20世纪80年代之后,文化研究迎来了全球播撒期,斯道雷、格罗斯伯格、费斯克等大批学者从伯明翰文化研究中心移居世界各地,为文化研究向世界播撒了学术的种子。尽管伯明翰大学当代文化研究中心在2002年被撤并,但是其引发整个世界学坛对文化研究的热情并没有冷却,包括对中国20世纪90年代文化研究的兴起产生了重要影响。

　　产生这样的结果主要是:一方面在于马克思主义在进入20世纪之后,面对资本主义社会的新变化,有关"文化"的话题不再是社会发展中不起眼的配角,整个人文思潮涌向了对"文化"的关注,形成了"文化转向"的思想潮流。欧陆的马克思主义思想家在对资本主义工业文明的批判中,集结了他们对马克思主义文化理论的思考。另一方面,20世纪50年代一些英国新左翼思想家在对马克思主义本土化的认识和发展中,富有特质地提出了"文化唯物主义"的思想理论,出现了颇有影响力的当代文化研究中心和伯明翰学派,对马克思主义文化理论的发展做出了重要贡献,文化马克思主义最初也主要因英国伯明翰学派闻名而备受关注。

　　文化研究不同发展时期为"结构-文化主义"范式符号隐喻理论提供了思想理论的先决条件。这一范式理论的产生首先就是要回答如何重新理解文化的概念,以及由文化引发的一系列社会相关问题的思考。"文化研究"是文化马克思主义区别英国传统文学理论最具高度概括的语词。文化研究可以说为文化马克思主义的整体发展奠定了坚实的理论基础,为文化马克思主义能够在整个20世纪至21世纪西方马克思主义发展的理论频谱中占据一定的位置发挥了重要作用。"结构-文化主义"范式的符号隐喻理论核心思想的产生与发展,体现了对"文化""语言符号"和"社会结构"张力结构关系的辨析研究,呈现了文化研究与语言哲学研究的密切关系,为当代

---

　　① Helen Davis, *Understanding Hall*, Sage, 2004, p.1.

语言哲学的发展提供了文化研究与语言哲学互动研究的新视野。

"结构-文化主义"范式的符号隐喻理论形成的现实土壤依附于文化研究。文化马克思主义学者将文化研究与符号学作为自成一体的研究体系，因为在他们看来，符号是不能脱离具体文化场景和文化语境的，文化是人的符号化活动的凝合。正是在这个意义上，文化研究中关于"文化"的概念以及相关的"文化"观念，是广义符号学的解释模式。文化研究的思想路线始终贯穿着文化马克思主义以符号学解释"文化"的方式，前期主要体现了人类学、民族志色彩的符号学方法，以历史文化语义学将"文化"作为"整体的生活方式"，以人的符号化活动彰显"文化"的概念和意义；中期主要表现为对符号的结构和形式的探索，以"意义系统"和"意义之网"的符号观察和描述文化的组织和结构，进而对社会进行结构化的处理和研究；中后期以前两种方式的接合，实现经验主义与结构主义的交互，实现内容与形式、事实和结构的融合。这样在一种符号学视角对"文化"的阐释中，文化从经济、政治、文化的排序方式，转变为文化不再是经济和社会的附属物的观念，文化本身作为社会的基本构成，不再是经济基础的体现或者反映，强调文化的能动性和实践性。正如美国人类学家、文化研究者克利福德·格尔兹所言："文化在本质上是一种符号。"①文化马克思主义正是在符号学的视角上进行文化研究的。

反过来说，文化研究的视角为马克思主义符号学也打开了广泛而丰富的场域。只有对"文化"概念和观念的充分认识，作为人的符号化活动才能得到有效的展开。文化马克思主义对符号的界定基础是在人的文化活动中的，这是区别于其他西方符号学的关键之处。在西方现代符号学中，符号通常视为"sign"即记号或是信号，而非"symbol"即具有象征意义的符号。而文化马克思主义对符号的解析是在"symbol"的意义上的，在人类文化活动中，也就是作为象征系统的文化中，把"文化"与具有象征意义的"符号"接连在一起，为丰富地思考"文化"提供源泉，同时也为"符号"在人的现实活动和面向人的现实社会中得以有效展开。

文化与符号相互嵌入的研究，才能对文化作出"自下而上"的阐释，为文化获得人类符号化活动的解释，从而使得文化与经济一样具有构成人类社会结构的基础地位。这是文化马克思主义以文化研究的方式，批判"经济基础-上层建筑"单一决定论的关键通道，批判第二国际、第三国际对马克思和恩格斯生产力与生产关系、基础与上层建筑片面理解的着眼点。同时，

---

① 李宏图：《表象的叙述——新社会文化史》，上海三联书店，2003 年，第 2 页。

文化马克思主义经过对索绪尔人本主义符号学的接受与批判中,将符号从语言符号、文本符号转向人的符号化世界,正是在文化研究的场域中得以实现,使得符号从遵循内部语言的先验法则或抽离于人的现实生活的封闭规则研究符号的方式转向符号化世界为对象的研究。这大大突破了现代西方符号学的研究,为符号学注入了当代马克思主义的视野。

文化研究与符号学的相互嵌入的发展不是一蹴而就的,而是源自以威廉斯、霍尔、伊格尔顿、本尼特等为代表的文化马克思主义者集体努力的发展结果,其核心思想所生发的相关概念取自前期文化研究相关思想概念的逻辑演进。这一符号理论不是静止的理论概念,它的形成有前期的研究储备,有自身理论的核心构成,有理论不断结合新历史语境的演进形态。就"结构-文化主义"范式的符号隐喻理论酝酿的前期形成而言,可以说,20世纪50年的英国文化研究为这一理论的形成营造了适合的环境。

对文化研究来讲,有广义和狭义两方面所指内容:广义而言,就是指代20世纪中叶至21世纪以来自英国文化研究产生对文化相关问题的研究,以及它所带来的世界性的辐射影响,包括对欧洲一些国家、美国、澳大利亚、中国等学界的影响,都可称之为"文化研究";狭义而言,即指"当代文化研究中心"的成立和收编,作为一种研究机构和一门学科归属的理解。这两种理解都具有一定的合理性,在不同的语境下应用的范围不同。

狭义理解的"文化研究"为这一范式的出现奠定了理论存在的现实环境。狭义文化研究主要是,20世纪30年代以来"文化转向"思潮影响下所形成的新学科。它体现了英国高等教育教学计划和学术实践的新方式。当代文化研究中心是文化研究的现实沃土,成为脱离英国传统文学学科,而组建独立研究专业的现实机构。霍加特、威廉斯和汤普森对文化研究纳入当时英国学科体系都做出过重要贡献。威廉斯正是借助当代文化研究所开创的学科氛围,对"文化"概念作出了综合性的定义,这一综合性定义也为他日后提出符号隐喻思想提供了关键基础。

就广义"文化研究"的理解而言,"结构-文化主义"符号隐喻理论改写了文化谱系学的传统,将文化作为与"意义"关联的系统,体现意义的呈现链条,包括意义的共享、意义的组合和意义的争夺,实现了由"表意系统"的文化符号到"被编制意义组成"的文化符号,再到"作为实践意义"的文化符号,这样一系列关于"文化"概念的演进过程。在这样广义文化研究的推演中,这一范式理论关于文化符号的物质性、文化符号的生产性等核心思想能够得到有效彰显。

然而无论是广义还是狭义指称范围的"文化研究",谈论其与"结构-文化主义"范式的马克思主义理论之间的关系,都绕不过符号隐喻研究所涉及的相关问题。这一范式理论的核心问题首先就是要与现存的文化观念划清界限,对"文化"这一概念作彻底澄清。他们在对"文化"这一关键语词的分析时,并没有直接给予概念式的定义,而是将对"文化"概念的确定置于广泛的人类社会生活中,将"文化"所蕴含的丰富语义嵌入人类社会具体的现实语境中,把"文化"形成的观念指向人类对现实社会思考的智性运动。在文化研究的三部奠基性著作:《文化与社会》《识字的用途》和《英国工人阶级的形成》之中,对"文化"概念的考察,都应用了此类历史文化语义学的研究方法,达到了语词语义的发展逻辑与现实社会思维演进运动之间互为关照分析的过程。

在对"文化"这一语词"变化范式"的语义跟踪下,"结构-文化主义"范式的符号隐喻研究者对"文化"概念作出了清晰阐释,基本形成了将文化符号作为"一种被实现的表意系统"的理解。在这一理解中,充分体现了他们处理文化符号问题的基本思路。将文化作为一种表意系统,阐明了"文化"与"意义"之间的相互关系,文化符号是一种系统,是由意义组建的系统,而意义是需要依托文化展现和展开。这一概念已经基本组建了"结构-文化主义"范式符号隐喻理论的基本观点,即意义不能脱离于它所依存的现实母体——文化场景中。这就形成了这一范式理论与传统语言哲学本质的不同:传统语言哲学按照语言与言语、形式与内容、能指与所指之间的区分,来构建其语言哲学理论;而这一范式符号隐喻理论的基础,存在于语言意义与社会历史变化互动关联的分析中,将语言意义的演绎和语言结构的变化范式看作"一幅特殊的地图"①。这张特殊的地图不但展示了意义与文化符号之间的张力结构关系,而且更为重要的是,从语言符号意义的变化中反思相关人类社会生活和思想领域所产生的更为广阔的变迁。文化生活造就意义,意义演进反射人类文化生活的变化。这一思想给符号隐喻研究打开面向人类社会的广角镜。作为体现人类科学思维的符号隐喻研究和作为展现社会关联系统的符号隐喻研究,在这一范式的符号隐喻理论探索中,将两者有机结合,彰显了现代语言哲学的新发展取向。

可以看出,在"结构-文化主义"范式符号隐喻的研究中,语言符号、文化与社会的相互关系是其核心思想的关键表达。正是在文化研究的整体视域下,这些研究者以符号隐喻理论为窗口,将马克思主义植入现实的英国

---

① [英]雷蒙德·威廉斯:《文化与社会》,高晓玲译,吉林出版集团有限责任公司,2011年,第1页。

文化社会之中,以历史唯物主义的基本指向,对英国自 19 世纪以来的文化秩序进行重审视。他们以"文化""文明""艺术""民主"和"阶级"等串联现代社会的关键词为线索,应用历史文化语义学对这些关键词进行语义追踪。在这种语义学的研究中,他们以对资本主义意识形态批判和为普通人民获得文化权力为基本立场,重新为"文化"诠释意义和排列秩序,形成了以"文化与符号"辨析特质的符号隐喻研究新方法。"结构–文化主义"这一范式理论正是在以主旋律文化研究的基础上,深入开展了符号隐喻的探究,以文化研究拓展符号隐喻的研究视野,同时,基于语言哲学的研究重新规范文化研究的秩序,实现两者之间互为补充的有机结合。这种互动式的发展不但形成了符号隐喻研究的历史唯物主义向度的新观念,而且为当代历史唯物主义的发展开创了符号隐喻研究层面的崭新研究视角。

第三章 "结构–文化主义"范式转换中的符号隐喻

　　"结构–文化主义" 范式是文化马克思主义符号学范式演绎的最新形态,而符号隐喻是这一形态聚焦的中心问题。"结构–文化主义"范式的形成离不开两个范式,即"文化主义"范式和"结构主义"范式,在对这两个范式的转换中演绎而成。对文化马克思主义符号学范式演绎的探究,为进一步分析"结构–文化主义"范式的理论体系和理论框架提供思路。

　　文化马克思主义符号学发展有着一条清晰的范式演进线索,即以"文化主义"范式发端对传统语言哲学研究的突破,以"结构主义"范式介入对社会语言进行理性思维模式的分析,最终以两种范式的接合,实现符号形式与符号内容、语言结构与言语事实、社会构型与符号隐喻实践表征之间的综合研究。

　　文化马克思主义符号学的形成和发展不是一蹴而就的,而是在几代思想家不断探索中发展而成,整体呈现出因具体问题的转变和代际思想的差异而产生思维范式转换和思维模式演进的发展过程。大致而言,文化马克思主义的文化批判理论承载了三代思想家的思想,包括第一代英国文化研究的"三驾马车"①:理查德·霍加特、雷蒙德·威廉斯、汤普森,第二代"英国文化研究之父"斯图亚特·霍尔和英语世界显赫的文化理论批判家特里·伊格尔顿、著名马克思主义文学理论家托尼·本尼特,第三代英国黑人文化研究专家保罗·吉尔罗伊、英国文化唯物主义批判领军人物乔纳森·多利莫尔和艾伦·辛菲尔德等。

　　这里主要以"文化主义"范式、"结构主义"范式和"结构–文化主义"范式的更迭和演进路径,展现文化马克思主义文化批判理论的思维模式和发展变化。在范式转换中,分别从代际人物之间思想的联系与差别上,以及从某一位思想家先后思想的变化发展作出分析,体现从"文化主义"到"结构主义"再到"结构–文化主义"范式转换之间既相互关联又相互区别的演进

---

① Richard Hoggart, *The Uses of Literacy：Aspects of Working-class Life*, Chatto & Windus, 1967, p.Ⅺ.

特征。文化马克思主义文化批判范式转换的三个阶段,每个阶段都有其理论发展的阶段特点和发展需求,只有前一阶段的发展才有后一阶段产生的基础。国外学者如美国文化史学家丹尼斯·德沃金、英国新左派的马克思主义玛德琳·戴维斯主张以"英国新马克思主义"①来统称第一代和第二代的英国新左派,从而减轻因代际差异而造成对文化马克思主义文化批判理论整体理解的干扰。

文化马克思主义将对符号的批判从文学文本拓展到了更广泛的社会现实,并体现出了鲜明范式转换的特征:以"文化主义"范式开启"整体生活方式"的符号批判,以"结构主义"范式产生"多元决定论"的符号批判,以"结构-文化主义"范式实现符号化对象的批判。借助对其批判范式转换的分析,形成从"人类学""社会学""文学理论""语言学"和"符号学"不同介入视角所彰显的"文化"意义,并在探究"结构-文化主义"范式中思考社会结构与文化事件的张力关系、内容与结构、事实与形式的交互关系,达到对人的符号化世界的批判路径。

文化马克思主义符号学的范式转换是一个连续且渐进式的发展过程,以经验主义关注人的现实的文化活动,将"文化"概念从形而上学的、抽象的、文学的、美学的"文化",走向普通人民作为文化实践主体的、具象化生活的、具有参与社会变革和构建社会秩序的"文化"观念,实现"文化主义"范式的理论诉求。而"结构主义"范式的转换在于,文化马克思主义认识到仅以经验事实的描述不足以对社会发展加以清晰的认识,缺乏对社会规律科学而系统的准确把握,并且他们作为当代马克思主义理论思潮的参与者,受到来自"语言转向"和"符号转向"的深刻影响,于是这一范式得以开展。值得关注的是,在这一范式转换的过程中,他们同样认识到"结构主义"范式也有其自身理论存在的局限,即仅以结构、形式和形态等地层学意义上考察社会发展,只是对社会结构框架的排列,这是缺乏事实、内容和材料的,是失去人的实践活动和人的主体性的。为此,他们看到了形式与内容、结构与材料、语言构形与"言语活动"之间的辩证张力,形成了"结构主义"与"文化主义"的融合,建构了"结构-文化主义"范式的转换。他们以文化批判范式的转换,在对社会发展结构化、系统化的分析中,并入了具体现实情节和具象化内容,实现了形式与内容互为关联的研究模式。

在"结构-文化主义"范式的演进发展中,也验证了文化马克思主义对

---

① 复旦大学当代国外马克思主义研究中心、复旦大学马克思主义学院、复旦大学哲学学院编:《国外马克思主义研究发展报告(2020)》,天津人民出版社,2021年,第91~92页。

"符号"概念不断探究的过程。"文化主义"范式主要阐释了"作为文化的符号"概念,强调人的感觉经验的文化对形成符号意义的作用,以文化与符号之间的经验事实的交互性隐喻关系,搭建了文化研究与符号隐喻问题研究的通道。文化研究的初始,即采用"文化主义"的研究范式,就是在于强调经验事实对人类社会生活的重要意义,而将"作为文化的符号"的符号概念形成符号隐喻研究作为出发点,就展现了"结构-文化主义"范式的马克思主义对符号隐喻问题经验事实层面的关注。"结构主义"范式主要阐明了"作为语言的符号"概念,强调符号隐喻关系中潜在的结构性问题,以符号隐喻的结构性指征社会的深层结构问题。这一范式强调了"语言"与"符号"之间结构性层面的隐喻关系,强调语言哲学与符号隐喻研究之间的相互推动作用。这一范式的融合体现了"符号内部语言逻辑"与"符号表征文化系统"、"结构式理解符号观念"与"主体式理解符号观念"、"共时性"与"历时性"之间交错的符号隐喻关系,为符号隐喻打开了更大的思考空间,形成了"作为文化的符号"与"作为语言的符号"之间符号隐喻关系的互为补充的研究。

在"结构-文化主义"范式的演绎中,以"文化主义"范式作为发端,形成"作为文化的符号",以文化化的符号展示文化社会中结成的符号体系,包括仪式、风俗、习惯和观念,产生以经验主义、民族志和田野调查沉浸于现实文化社会的符号世界的探寻;以"结构主义"范式的介入,形成"作为语言的符号",以结构化或者形式化的符号揭示文化的科学性,将文化当成意义体系,包括意义体系蕴含着的意识形态,渗透着经济、政治权力关系的问题;以"结构-文化主义"范式的融合,体现符号一体两面的特征,即内容与形式、事实与结构的结合,实现两者相互嵌入和互为补充的研究,达到文化感知与深层结构的系统理解。

第一节 "文化主义"范式:文化化的符号

文化马克思主义自形成以来,在对旧式文化谱系学的分析,即对精英主义文化观批判的同时,进一步针对资本主义所营造的"'无阶级社会'的幻象"①,即对资本逻辑所裹挟的相对主义文化进行了尖锐批判。他们综合思考了资本主义社会秩序所安置的文化存在的两种现实样态:一方面传统学术体系对文化研究进行形而上学化的鸽笼式束缚,另一方面现代资本流向对文化商品化的操控。文化马克思主义力图改变这样的文化序列,以文

---

① 马援:《英国新左派现代性文化批判的政治诉求》,《哲学动态》,2017年第4期。

化批判为利刃,揭露精英主义为维护少数人的文化立场而为"文化"限定道德风向标的目的,同时,破解以资本逻辑刺激文化消费而兴起文化市场的意图。他们在对资本主义社会文化秩序批判的过程中,根据具体的历史文化语境,结合现实场景的文化情境,逐步形成了一整套体系化的思维模式,并在对现实问题的不断解决中,演进和发展着自身理论的思维模式。

"文化主义"范式主要是指将人的实践经验和实践行为纳入文化内涵的理解之中,主张人类经验生活显影而成的文化观,彰显展现人类生存意义的文化功能。"英国新马克思主义在对本国史和世界史的全方位研究中,逐步形成了文化是人的生存和生活本身的基本理念,将文化解放看做是人自身解放的根本力量。"①文化马克思主义第一代学者霍加特、威廉斯、汤普森借助"文化主义"范式,将作用于人感觉经验的文化视为文化研究的真实来源,强调源自生活世界文化观念的价值和作用。他们采用"文化主义"范式,用经验事实对社会生活的直观描摹,回归文化语义的真实场景,力图打破资本主义"自上而下"意识形态操控的文化符号链条,解开资本主义文化符号背后意义关系的幔帐。

"文化主义"范式"赋予文化展现人类生存意义的价值"②,是文化马克思主义冲破传统文化谱系学,批判形而上学文化观的必然阶段。"文化主义"范式的出现是在文化马克思主义接受"结构主义"思想之后,为了体现其代际差异而区别命名的。"事实上,文化主义是一个在此之后(结构主义)的术语,它的精确意义正是因为与结构主义的对比。"③第一代学者沿着马克思和恩格斯历史唯物主义的基本观点,强调历史认识论的重要作用,从人类社会实践的现实场景出发,探究文化生成的真实来源,批判抽象化剥离文化的意义。在传统文化谱系学中,构成文化的词汇意义、编撰方式、语言规则和语体风格被严格地圈定在精英主义"文本自律"的边界中,文化被抽离于现实生活的情境之外,被悬置起来的文化成为形而上学的存在。文化马克思主义关注文化实践主体的能动作用,注重历史现实的文化意义,力图突破精英主义的文化囚笼。

文化马克思主义"着力分析的不是语词的含义或者固定的用法,而是在特定历史文化的语境中构成这一语义或用法的形成过程,从而窥探社会

---

① 乔瑞金:《英国的新马克思主义》(上),人民出版社,2020年,第25页。

② 马援:《文化唯物主义语言哲学思想研究》,经济管理出版社,2019年,第45页。

③ [英]克里斯·巴克:《文化研究——理论与实践》,孔敏译,北京大学出版社,2013年,第14页。

历史发展的总体趋势"①。例如,威廉斯借助历史文化语义学,以词源学与历史语境结合的方式考察了 130 个词语历史流变的意义。《关键词》以非词典编撰的方式,分析了词汇在文化、社会、历史中的形塑过程,同时,逆向追溯词汇的语言变体,以"意义的变异"反观文化与社会之间的密切关联。在威廉斯看来,语义流变暗含着权力关系的张力结构,在探究关键词时,就有意凸显了关键词内部的层级结构,即"'主流'与'非主流'意涵"。例如,他在对"标准化"(standardization)语义流变的分析中溯源其词根,即来自 15 世纪拉丁文词源"标准"(standards)表示具有权威来源的衡量,作为肯定甚至略有褒义的词语来使用。但是这一语词在 19 世纪后期经科学研究与工业生产中"标准化"流入社会文化中使用时,这一"标准化"成为利维斯等精英主义者的口头禅时,如"商品标准化""生活标准""人的标准化",在威廉斯看来,这一词语以所谓的"标准"模糊了"阶级"概念和掩盖了社会真相,"标准"还有"旗帜"的意义,它指向了少数人精英主义者的利益,社会权力和财富仍控制在少数人手中。威廉斯在一个共断面上拉平主流与非主流、精英与底层人民之间展开文化可能对话的有效距离,就在于采用了经验主义原则的"文化主义"范式。

　　除此在外,威廉斯还对"财富"(wealth)、福利(warfare)、"失业"(unemployment)、"民主"(Democracy) 等对现代社会思想观念起着非常重要关键词的语义流变的阐释,而这种词语流变的阐释不是词条式的逐一列举,而是结合词语演进史的关键文献、历史事件和具体情节的探源,如上至溯源词根拉丁文、古法语词源的语义系统,之后进入 17 世纪后成为英文词汇包括文学、艺术、哲学中不同方面的使用状况;下至具体的社会历史事件,如维多利亚时期英国政府提倡所谓经济"自助"、英国二战后《贝弗里奇报告》,以及《文萃月刊》《审查者》等杂志刊物的文献资料,来推演词语语义为什么会产生这样的变化,分析语义流变的具体社会状况。威廉斯将他所提出的"情感结构",以语言生发的感情色彩和隐喻机制,反观影响社会观念的关键语词的流变特征,从而窥探社会历史发展的具体真相和结构规律。实际上,威廉斯这种词项流变的研究,综合了历时层面纵向维度的词项演进史与共时层面横向维度的词项形态的分析,在某种程度上,已经渗透了结构主义和符号学的影响。

　　同样,霍加特以白描式的手法记录了工人阶级的日常生活语言、礼仪

---

①　马援:《语言哲学的现实功能——以英国新左派语言哲学四重奏为例》,《当代国外马克思主义评论》(第 15 辑),人民大学出版社,第 410 页。

风俗习惯和现实社会场景,构成了工人阶级所思所想的真实文化生活的景观。霍加特开创了民族志书写文化的方式,为文化马克思主义文化批判提供了社会学、人类学田野调查式的方法。他以英国贫困小镇工人阶级的童年生活,通过"奖学金男孩"接受高等教育,并跻身成为英国知识分子,以这种身份变化的经历为背景,将自身作为文化叙事的观察者和叙述者,以第一人称的视角让人们感受和体悟文化是什么、工人阶级文化生活的真实样态是什么、现代资本主义又是如何侵蚀工人阶级文化特性的,从而激活工人阶级对自我文化的珍视和捍卫,审视"大众文化""商业文化"对工人阶级文化祛身化和祛灵化的腐蚀。

霍加特所启用的是对真实状态的人的文化活动、文化样态直观而富有情感的刻录。从某种程度上讲,文化是一种可以描述的文本。而霍加特正是将工人阶级的文化以可描述的文本形式,细致入微、淋漓尽致地展现工人阶级文化生活的画卷。以这样一幅生动的工人阶级文化图景展示出区别于精英主义框定的文化单向度的理解。为此,他在提到谁是工人阶级,以及使用"阶级"概念时,并不是在经济关系或者社会结构上讨论和使用这一概念,而是将"阶级"置于经验生活的文化之中,在"我们"与"他们"具有差异性的习俗、礼仪、观点和态度中,也就是在具体的文化生活中而组建的象征关系、信仰系统和观念共识,从而内生出阶级的认同方式以及与其他阶级划分距离的方式。霍加特使用符号学意义上的文化或者人类学、社会学的方式探究文化很重要的原因就在于,他看到了消费社会、文化商品化的现代资本主义社会对工人阶级自我认同方式的蚕食,他重拾工人阶级"旧"秩序,而这种"旧"秩序就是具有辨识度的工人阶级文化生活,如"共同使用的习语""说话的方式""态度""口述传统"等展现工人阶级生活方式的真实特征。同时,他以"新"秩序也就是资本逻辑的文化秩序,以"棉花糖的世界""点唱机男孩""重口味杂志""性与暴力小说"所充斥的新大众艺术的世界,工人阶级从原先具有"他们"与"我们"的边界感、自我"真实"世界的获得感和活在"当下",以及"保持快乐"和"拥有幽默"的富足感,滑落到"新犬儒主义""冷漠主义""无根可寻和焦虑"的状态,这正是因为资本主义商业文化破坏了工人阶级的文化生态。20世纪50年代之后工人阶级"无阶级感"的出现就意味着工人阶级文化的内生系统已失衡,霍加特以经验主义的方式呈现工人阶级文化的"断裂"来说明这一文化现象。

文化马克思主义早期的三部曲正是以资本主义后工业社会为现实来源的创作。文化马克思主义的文化批判不是理论内部抽象化的推演,或以建立某种严格理论规则为目的,而是以文化批判的视角审视资本主义社会的深层矛盾,形成具有现实指向的文化批判理论。被《卫报》誉为"当今英语世界首屈一指的文化批评家——伊格尔顿",对文化批判功能的基本定位是,"现代批评是在反对绝对主义政权的斗争中产生的,除非现在把它定义为反对资产阶级政权的斗争,否则它可能根本没有前途"①。第一代文化马克思主义正是基于对资本主义批判展开文化批判的研究。他们意识到资产阶级通过政治权力,借助自上而下的符号操控,进行巩固、收编和编码资本主义的文化场域,从而形成资产阶级意识形态流。在被资产阶级排序的文化序列中,底层人民的文化形态和文化意识不被接纳,一直处于被排挤和被边缘化的状态。正如伊格尔顿所述:"部分是受到全球资本主义危机的重重压力,部分是受到社会主义内部新主题和力量的影响,文化研究所关注的中心,已从狭隘的纯文本或概念分析转移到了文化产生问题和艺术品在政治中的运用。"②文化马克思主义针对资本主义的现实社会进行文化批判研究,实现了文化理论与文化实践的有机结合,"提出了有关社会主义文化理论与文化实践的关系"③。而这一具有突破性的文化观念变革,最初就源于第一代文化马克思主义学者共同努力而奠定的思想基础,即将文化批判指向现实社会经验的思考范围。下面从文化马克思主义文化批判的三部曲为例,分析他们如何以经验事实为基础的"文化主义"范式中,寻求批判资本主义社会的理论依据。

第一部:1957 年霍加特的《识字的用途》是文化马克思主义文化批判的先锋之作。它选取工人阶级生活文化的语料,打破了精英主义视角的传统文化分析方式,以民族志介入对文化阐释的新替代方案,以贴近生活的文化展示文化存在的意义和价值,"将文学批评的特殊性介入到整体文化研究中"④。这本著作以振聋发聩的声音敲响了对文化传统旧秩序不满的鸣钟,揭示了资本主义文化对工人阶级有机文化生活的侵蚀与破坏。这本对传统文化旧秩序最先发轫之作,对于当时思想界而言是一个不小的冲击。正如安德鲁·古德温所述:"理查德·霍加特的罪过在于:要突破学术规范的边界。《识字的用途》不仅把通俗文化这种发臭的玩意儿当作研究对象,它也毫无羞耻地用社会和政治问题玷污了文学分析的事业。"⑤然而这本被当

---

① [英]特里·伊格尔顿:《批评的功能》,程佳译,西南师范大学出版社,2018 年,第 171 页。

②③ [英]特里·伊格尔顿:《瓦尔特·本雅明或走向革命批评》,郭国良、陆汉臻译,商务印书馆,2015,第Ⅱ页。

④ 马援:《霍加特文化实践思想研究》,北京师范大学出版社,2019 年,第 92 页。

⑤ Richard Hoggart, *The Uses of Literacy:Aspects of Working-class Life*, London, Chatto & Windus, 1967, p.ⅩⅢ.

时学界看成"不守规范"和"冒犯学院专业特性"的作品,却成为后来文化马克思主义文化批判的开山之作。这一著作以带有个人自传性的记叙方式与社会历史和文化批判融合在一起,彰显了普通工人阶级文化生活的可贵之处,并揭示了工人阶级文化"断裂"的根源在于,工人阶级文化被动成为顺从资产阶级文化操控的牺牲品。霍加特在被称为断裂文本——《识字的用途》的第一部分,以充满温情的笔调展示了由"母亲""父亲""邻里"和"'他们'与'我们'"之间所构成的工人阶级人物景观,以"口述传统""没有比较更好的地方""通俗艺术周刊""通俗艺术例证"串联成一幅幅工人阶级"真实"而"富足"的生活世界。这种经验式的描述以存留在现实生活的具体文化样态,以作为生活体验的文化观念,再现了英国工人阶级生活的真实品质,让读者对工人阶级文化生活产生情感共鸣,并生发出对正在消失工人阶级文化的惋惜之情。之所以称为"断裂"就在于,霍加特有意在第二部分全然扭转笔锋,以"失去行动力的弹簧""被棉花糖世界包裹的新大众艺术""自动点唱机男孩""轰鸣刺耳的酒吧",围绕着犯罪、幻想、性爱为主题的"火辣"杂志,这些充满"病态的""不健康的"和"空洞乏味"的大众文化作为题材,用一种强有力的反差与对比关系,使读者自发产生对新大众文化裹挟世界的厌恶,发出对资本主义文化批判的呐喊。

第二部:被称为《识字的用途》姊妹篇的《文化与社会》,也是文化马克思主义文化批判的奠基之作。这本书同样采用了经验主义的研究方式,表达了威廉斯"对工业文明及其文化和思想中已经发生、当时正在发生的事件的感受"[1]。《文化与社会》记录了从 19 世纪到 20 世纪以来,影响英国思想界主要的 25 位思想家所形成的"工业革命期间英语的演变"[2],也就是工业革命以来,以伯克传统为标志的具有实际复杂性的思想演进史。在伯克传统规划和限定的文化发展坐标系中,文化的边界、文化的精神、文化的规约性问题基本上被圈囿在 "国家精神""国民性格""上帝意志""神的指引"和"完美标准"[3]这些理应所在的位置上。威廉斯以切入生活的文化叙述,关注人类社会实践的文化场景,审视伯克传统以来文化格式化的思维进程。威廉斯反思传统的文化程序到底是谁写入的和为谁写入的,提出了"文化

---

① [英]雷蒙德·威廉斯:《文化与社会》,高晓玲译,吉林出版集团有限责任公司,2011 年,第5 页。

② 同上,第 2 页。

③ [英]雷蒙德·威廉斯:《文化与社会》,高晓玲译,吉林出版集团有限责任公司,2011 年,第76~110 页。

即生活""普遍反映共同生活状况变迁的文化观念"①,以及"基于生命存在平等的共同文化"②的思想。而这些文化观念早已离开了伯克传统以来所限定的文化观念的坐标点上。威廉斯以一个多世纪文化观念的演进变化,阐释了文化观念的内涵,即"文化的观念是针对我们共同生活状况所发生的普遍和重大变化所做出的一种普遍反应"③。文化观念的形成并非静止和统一化的,而是复杂而多样的过程,承载了不同文化主体探索各自不同文化生活所作出的努力。威廉斯用这样一种开放式的文化观念,突破了伯克传统以来对文化解释的无限权威,对当时文化观念的形成来源和方法论发起了巨大挑战。

第三部:《英国工人阶级的形成》。虽说这是一部典型历史研究的著作,但同样被视为早期文化马克思主义文化批判三部曲中的一部,其主要原因在于"把阶级经历用文化的方式加以处理,它体现在传统习惯、价值体系、思想观念和组织形式中"④。这种历史与文化杂糅状态的研究,事实上是文化马克思主义运用"文化主义"范式的显影方式。《英国工人阶级的形成》改变了传统以来历史编纂学的记叙方式,将历史叙事呈现于具体历史事件和历史事件的感觉经验之中,而非抽象地陈设于特定的结构之中。汤普森以经验主义分析的方式展现了工业革命时期英国工人阶级的形成过程,一方面,以"单数"而非"复数"呈现"阶级",在于凸显"阶级"历史关系的整体性;另一方面,以"形成"一种动态的呈现过程,突出 "阶级"作为"一种历史现象"⑤诠释的意义。汤普森借助工业革命以来由工人阶级共有的、共同的经历而结成的阶级意识和阶级感,揭示宏观社会结构之下真实而鲜活工人阶级的本真样态。他对工人阶级的描述从劳动到生活,从组织方式到政治活动,从宗教习惯到文化娱乐,以回归生活的和沉淀于生活内部的具体历史事实揭开工人阶级形成的现实场景,从而抛去传统中对工人阶级描述的刻板印象。汤普森细致入微地对"穷苦的织袜工、卢德派的剪绒工、'落伍的'手织工、'乌托邦式'的手艺人……"⑥的描述,就在于烘托工人阶级在工业革命间共同经历而自发生成工人阶级的阶级意识和阶级情感。汤普森正是

①　[英]雷蒙德·威廉斯:《文化与社会》,高晓玲译,吉林出版集团有限责任公司,2011 年,第423 页。

②　同上,第449 页。

③　同上,第425 页。

④　[英]E.P.汤普森:《英国工人阶级的形成》,钱乘旦译,译林出版社,2013 年,第2 页。

⑤　同上,第1 页。

⑥　同上,第11~13 页。

用潜藏在文化中的工人阶级"意识""无意识"和"潜意识",使得工人阶级摆脱盲从,从社会无意识的文化源泉中,获得工人阶级共有的思想观念和革命意识。

文化马克思主义早期三部曲以"文化主义"范式,展示了看待文化问题的多种可能性,不再盲从于传统以来鸽笼式学科定位的文化划分,提供了不同主体对待文化的不同态度和形成不同观念的选择方式,从而使得文化研究成为探究人类真实社会样态的一种重要来源。

"结构-文化主义"两种范式的接合首先经历了"文化主义"范式阶段。这一阶段将"被现实的表意系统"[①]的文化符号内涵作为其符号隐喻研究的核心概念,形成了"作为文化的符号"的符号观,搭建了符号隐喻研究与文化研究之间的桥梁,实现了符号隐喻研究指向现实社会经验的思考范围。

"文化主义"的出现,是在文化马克思主义接受"结构主义"思想之后,为了将其前后两种思想相互区别而被命名。因此,"事实上,文化主义是一个在此之后(结构主义)的术语,它的精确意义正是因为与结构主义的对比"[②]。"文化主义"思想集中体现在第一代文化马克思主义研究学者威廉斯、汤普森和霍加特身上。之所以被称为"文化主义",是因为他们要建立一种新的文化秩序,要与 19 世纪以来所形成的传统文化观告别,与阿诺德、利维斯式的文化观念分道扬镳。那么所谓"文化主义"主要是指将人的实践经验和实践行为纳入文化的内涵之中,主张文化是人类经验生活显影的观点,彰显"作为文化的符号"具有展现人类生存意义的含义。文化主义是文化马克思主义者在面对英国现实社会,接受马克思主义思想,并将马克思主义进行本土化改造,这一过程中初始思想的集中表达。他们反对一直以来脱离于人的现实生活而产生的形而上学化的文化观念,试图通过探究人的经验生活与文化之间的关联,以历史唯物主义思想的基本内核,强调经验生活和实践活动对人类社会的重要作用和价值。

传统文化谱系学传达着对 19 世纪工业革命以来,对人类社会生活产生的负面影响的不满情绪。如威廉斯在《文化与社会》中所分析的那样,自工业革命以来就潜藏着伯克式的文化传统,文化在经历 19 世纪初至 20 世纪中叶漫长的发展中,一直保留着这样的文化传统,并稳定地成为人类思考文化的习惯。伯克式的文化传统是在工业时代对人类文化生活产生威胁

① Williams R., *Culture*, Fontana, 1981, p.209.

② [英]克里斯·巴克:《文化研究——理论与实践》,孔敏译,北京大学出版社,2013 年,第 14 页。

中出现的,这些像伯克、科贝特、柯尔律治和穆勒等人,极力抵制工业文明对人类文化的破坏力,他们建立了现代词语"文化"与"文明"二元对立的符号隐喻关系,贬低文明崇尚文化,"文化"被赋予了如"上帝意志"和"神的指引"①的普遍意义,被披上了"教化""教养"和"国民性格"②的绚丽外衣,被指向了"人类普遍的善""一切社会安排都要服从的上诉法庭"和"完美标准"③之类道德的风向标。文化马克思主义者在 20 世纪初西方马克思主义思潮的影响之下,对马克思主义进行了英国式的发展,以马克思主义对资本主义的批判和对普通人民的解放思想,改变在这样一个被英国社会广泛接受的文化观念,力图建构新的文化符号观念和文化符号秩序,从而为源自普通人民的文化获得正当性和合法性提供理论与实践的依据。

可以说,文化马克思主义所经历的"文化主义"范式是他们冲破传统文化观的必然阶段。他们正是沿着马克思和恩格斯历史唯物主义的基本观点,强调历史认识论的重要作用,从人类社会实践的现实场景,以符号隐喻的方式,探究文化符号生成的真实来源与文化符号存在的本真意义。文化马克思主义认识到,传统文化观将文化符号从其存在的现实基础抽离,就会出现符号隐喻实践主体与文化对象的分离,由此就会产生文化符号表达之物与文化符号所指之物的二元对立,也就形成了语言与言语、形式与内容的分离。这种传统的文化观符合传统语言哲学的发展思路,前者去除历史现实的文化意义,关注"文化"的抽象意义和表达形式,后者看重共时性研究,注重形式与结构;前者漠视文化在现实社会的具体含义,后者忽视语言在现实语境的意义与用法。事实上,传统文化观与传统语言哲学的基本观点如出一辙,只不过两者所关注的对象和方法不同而已,而对待问题的基本态度具有相似性。

文化马克思主义正是看到了传统文化观与传统语言哲学研究的弊端,他们认为解决这一弊端的当务之急,就是要将"文化回归人的现实生活""文化同样是普通人的""文化即生活"④等这样一些文化经验主义定义得到确定。这也是为什么在文化马克思主义的发展初期会有着明显"文化主义"或者"经验主义"痕迹的缘由。这是思想发展的必然选择和解决此时矛盾的

---

① [英]雷蒙德·威廉斯:《文化与社会》,高晓玲译,吉林出版集团有限责任公司,2011 年,第 38 页。

② 同上,第 76、108、106 页。

③ 同上,第 82、107、110 页。

④ 参见[英]雷蒙德·威廉斯:《文化与社会》,高晓玲译,吉林出版集团有限责任公司,2011 年。

最佳选择,也为后期"结构主义"发展,以及"结构主义"与"文化主义"的接合奠定了关键的思想基础。只有"文化主义"的开场,才使得"文化"所具有的人类学和社会学意义在更为宽广的视域中得以彰显,为"文化"自下而上的发展、以多数人共享意义的文化符号展开而得到彻底的变革与发展。文化主义在很多时候被认为因感情色彩浓厚而失去科学性,然而对于撼动当时坚如磐石的文化传统和改变原先的文化符号秩序而言,它具有重要的历史性意义。

　　"文化主义"的研究范式为解决"经济基础-上层建筑"决定论问题迈出了第一步。第二国际的马克思主义,将生产力发展作为衡量社会问题的决定性基础,把文化等社会领域的其他方面归入"上层建筑",经济基础作为一种自主的、自决的和绝对的存在,对上层建筑具有决定性的支配,上层建筑只是经济基础的一种反映。这种经济决定论或称为文化反映论是文化马克思主义所抛弃的。西方马克思主义众多思想家,如卢卡奇、霍克海默、阿多诺、本雅明和葛兰西等人,都曾对经济基础与上层建筑的反映论问题作出过不同角度的分析。对于文化马克思主义而言,他们对这一问题的最初探讨可以归为"文化主义"的思考范式。文化马克思主义者通过人类对文化生活的直观感受,以"文化即生活""作为实践的文化"和"作为整体斗争方式的文化"这些体现经验范畴的文化概念,阐释文化在人类社会的重要作用,强调历史性和实践性的文化符号作为社会发展的关键构成。他们看到二战之后英国社会的主要矛盾不再是物资匮乏的经济矛盾,而更多呈现出了人们思想意识迷茫的文化矛盾。文化符号的物质形态和呈现方式在现代性社会发生了巨变,文化伴随着工业生产的发展,形成了文化符号物质的与非物质的、商业化的与独创性的、虚拟的与现实的、大众媒体的与文献式的各种文化符号呈现形式的杂糅。面对这种现代化的文化景观,文化马克思主义者认识到"文化"成为二战之后资本主义再生产过程的重要组成,文化符号的物质性生产在现代性社会不能够再以回避的方式对待,文化符号的资本化模式是资本主义社会发展的现实存在方式。在解决文化符号生产的问题时,西方马克思主义思想家如霍克海默等,试图消解现代性的文化生产,以消极的方式对待文化的物质性生产。然而就文化马克思主义的定义而言,"它是一种在历史唯物主义语境中强调文化与文学的物质生产之特殊性的理论"①。在文化马克思主义者看来,文化符号物质生产规模的扩

---

① ［英］雷蒙德·威廉斯:《马克思主义与文学》,王尔勃、周莉译,河南大学出版社,2008年,第6页。

大化趋势是社会发展的选择。正如卡西尔所称"人是符号的动物",这句话意味深长,在现代化的社会发展中,人作为社会符号的动物——这一观点更加明显。人类社会的发展并不能阻隔文化符号的物质化和社会化,最终人的全面自由的发展应该体现精神生产与物质生产趋向一致的完美融合。文化马克思主义者看到了文化符号物质性生产的弊端,特别是资本主义社会所操控的文化符号生产。他们以文化符号生产的本真来源,即"将文化符号作为被分享意义的系统"[①]和"各种形式的表意实践"[②]为关键,力图建构健康社会秩序之下的文化生产方式。为此,文化马克思主义者反对将文化和意识作为经济生产力的直接反映,恢复符号隐喻实践在社会历史中的作用,寻求文化符号生产的真正源泉和动力机制。而文化符号生产的真正源泉和动力机制,来自人的现实的文化生活,存在于共享意义的符号隐喻实践之中。

文化马克思主义思想家以文化主义的范式,重新书写了文化符号的基本观念和价值秩序,由此文化获得了经验生活的意义。并且在这样的思维范式中,文化马克思主义对"经济基础-上层建筑"单向度的决定论发起挑战。实际上,文化马克思主义对文化符号的阐释和对决定论的反思,是两个互为补充的问题。在对文化的阐释中,威廉斯这种将"文化符号作为被分享意义的系统"和"文化是人类整体的生活方式"的观点,表达着对文化结构和文化秩序呈现样态的理解。从上面的观点可以推导出下面的逻辑关系,"被分享"和"共享"说明文化马克思主义者以"从下往上看"的方式看待文化,这就形成了与反映论"从上往下看"将"文化"归于"上层建筑"的不同,全然改变了对待文化发展秩序的看法,文化既不是经济关系的派生物,也不是某一类人的专属物,而是内在于整个人类生活的存在。同时,"被分享的"和"共享的"内容指向了"意义"和"整体生活方式",这说明了两种关系:一是"文化符号是意义的系统",指明了文化符号的语言哲学内涵,意义的生成存在于文化符号系统中;二是"文化是整体的生活方式",阐明了文化符号的人类学意义,人类社会生活的凝结体现在文化符号之中。两者之间呈现了文化符号是形式与内容、系统与具体事实的集合,文化符号连接了意义与现实生活,意义的生产存在于现实社会之中。这一思维过程是对"经济基础-上层建筑"反映论的有力驳斥,也是对传统语言哲学将"意义作为纯粹结构差别关系"的激烈挑战。这里潜藏着文化马克思主义对社会结构

① Williams R., *Culture*, *Fontana*, 1981, p.209.

② Williams R., Crisis in English Studies, *In Writing in Society*, Vero, 1984, p.240.

关系的主张,文化符号系统是社会有机体关系之中的重要构成,文化符号系统作为意义的系统,文化符号系统又是整体的生活方式,说明健康有序的意义系统可以完善人的整体的生活方式,进而可以促进社会结构关系的优化。

文化马克思主义在反思文化诸多概念的基础上,阐释了作为文化的符号的意义,从而有效构建了文化研究与符号学的对接,促成了文化研究与符号学的联姻。正如克里福德·格尔兹对文化研究作出的评价一样:"研究文化的任务是运用符号学的方法进入我们的主体栖居的概念世界,以便我们能够在该术语的某种延伸的意义上与主体交谈。"①对现代性社会作出解释、阐释直至"深描"的有效叙事,就在于对充满于社会其中的象征、仪式、事件、历史现象、社会调节和信任方式等符号系统的理解与实践。在悬浮于现代性构成的意义之网中,以符号学的研究寻找表达这种意义的阐释科学。文化马克思主义者在现代性社会的历史语境中,发觉到传统文化谱系学中"文化"概念当代话语的不和谐之音,在重新对"文化"概念作出界定和具体化的阐释中,开创了文化的研究方法和研究价值。这就在于将介入人的社会生活的符号隐喻研究,作为理解现代性社会之网意义的方法和途径。

第二节 "结构主义"范式:形式化的符号

在经历"文化主义"范式的探索中,文化马克思主义受到了结构主义思潮的影响,形成了对"结构主义"的认识和自我转化过程,产生了介入"结构主义"范式思考符号隐喻问题的研究。"结构主义"范式的介入阶段是两种范式实现融合经历的第二个阶段。文化马克思主义对"结构主义"范式的介入,不是对先前"文化主义"范式研究的否定和丢弃,一方面认识到"文化主义"范式研究缺乏科学实证研究的局限性,另一方面警惕脱离事实而纯粹形式主义的研究而掉入抽象结构序列的圈套。他们对"结构主义"的认识,与前面提到的"文化主义"有密切的关联,在对文化批判的研究中,看到了社会结构对意义生成的作用力,认识到仅以经验主义的认识原则探究语言符号问题还远远不够,需要寻求语言与符号、意义与社会结构之间富有张力的隐喻关系,以更加科学理性的方式研究嵌入社会结构的文化问题。他们在提出"作为文化的符号"基础上,又指出了"作为语言的符号"的概念。

---

① Geertz C., *The Interpretation of Cultures:Selected Essays*, Harvard University Press, 1973, p. 24.

此时,他们将关注点聚焦在了"作为语言的符号"的观念上,形成了语言哲学与符号隐喻研究互动问题的关注。至此,文化马克思主义对传统结构主义思潮进行了扬弃,形成了不同于传统结构主义研究的路径,产生了关照"历史事实"和"文化经验"的"结构主义"范式的介入研究。

"文化主义"范式为批判"经济基础-上层建筑"决定论迈出了坚实的基础。文化马克思主义形成文化批判理论的关键之处在于重新看待经济、文化、社会之间的结构关系,反对经济和社会关系对文化的决定关系,批判将文化置于社会和经济的从属地位,强调文化实践的意义和作用。他们认识到第三国际徘徊于马克思主义"思维与存在"关系的对立中,机械地将经济基础与上层建筑简单割裂,忽视了文化的能动性和实践性。第三国际的马克思主义将生产力发展作为衡量社会问题的决定性基础,把文化等社会领域的其他方面归入"上层建筑",经济基础作为一种自主的、自决的和绝对的存在,对上层建筑具有决定性的支配,上层建筑只是经济基础的一种反映。这种经济决定论或称为文化反映论是文化马克思主义所抛弃的。

在"文化主义"的范式中,威廉斯在《马克思主义与文学》中从马克思主义对"文化""语言""文学"和"意识形态"四个概念的运用进行了考察,其中在对马克思主义"文化"概念的分析中归类为两条线索:一条是社会形态观上的"文明"意义,以社会主义必然取代资本主义发展阶段的历史形式,用"批判视野"对资本主义生产方式的批判;另一条是历史唯物主义的"文化"观,强调历史的物质性和客观性,以及人的能动性和创造性在人类社会历史发展中的作用,也就是人的文化属性在社会历史的功能。威廉斯在对马克思和恩格斯文献史研究的基础上,认为马克思和恩格斯并没有严格意义上像从卢梭开始到浪漫主义运动那样形成"文化"与"文明"区分甚至是对立的使用,并且将马克思和恩格斯对"文化"或"文明"概念的使用归类为上述的两条线索。

在威廉斯看来,日后马克思主义者对马克思和恩格斯"文化"或"文明"两条线索或者两种情况使用的理解,成为他们对待和处理文化、经济与社会关系至关重要的方式。就目前马克思主义者对马克思和恩格斯"文化"概念的理解中,威廉斯认为,他们大多数偏向对第一条线索的理解,甚至以进步式或者线性式来理解"文化",以此来强调马克思主义的科学性。"马克思主义对(属于结构性类型的)社会过程的强调受到一种更早的并持续至今的理性主义的限定,它便同那种进步式的线性发展假说发生关联,成为一种关于发现社会的'科学规律'的论述。"①威廉斯指出这是目前马克思主义文化观的整体思想倾向,这样一来,就忽视了马克思和恩格斯在第二条线索中所强调"文化"的意义内涵,即文化的物质性和文化的能动性,而将文化降至于经济派生物的位置。"这样,作为一种创造着独特的、与众不同的'生活方式'的结构性社会过程,文化概念的充分可能性本来应当因强调社会的物质过程而被大大深化,可它却遭受长期忽视,并且实际上总被一种抽象的、直线发展的普世论所取代。与此同时,那种被定义为'精神生活'和'艺术'的取代性的文化概念的深刻意义,也因文化被降为'上层建筑'而连带受损。"②为此,威廉斯试图重新回到马克思和恩格斯原本语义中的"文化"概念,批判"经济基础-上层建筑"单线论对文化的解释模型,复原文化在社会历史发展中的作用和价值。

威廉斯在论述"基础与上层建筑"的关系问题时,分析了这个具有"比喻性"关系的复杂性。在他看来,"基础与上层建筑"之间不是"凝固的、界限分明的空间关系"③,而是充满了"时间'延宕'或'不平衡'"④。为论证这一观点,威廉斯以文献考据的方式,追溯和分析了马克思和恩格斯对"基础""上层建筑"的使用,从《〈政治经济学批判〉序言》《路易·波拿巴的雾月十八日》《费尔巴哈与德国古典哲学的终结》《致布洛赫的信》《资本论》中对"基础""上层建筑"的术语变体,认为马克思和恩格斯对这一对词语的使用不是以概念式而是以隐喻式来使用,因此在理解中要认识到这对词语的复杂隐喻关系,而非简单化、凝固化其意义或者封闭在某种范畴之内。威廉斯指出,马克思历史观的核心命题之一在于,"在实际的发展过程中,一直存在着生产关系方面以及随之而来的社会关系方面的深刻矛盾,因此也存在着这些力量动态演变的持续可能。……只有当我们意识到'基础'(习惯上人们也把'变体'归入其中)本身就是一种动态的、充满内在矛盾的过程——包含着现实人们和由他们构成的阶级所进行的种种具体活动,以及一系列从协作到敌对的活动——的时候,我们才能把自己从这种带有凝固性质的某一'领域'或某一'范畴'的观念中解脱出来,从而推导出'上层建筑'的多变过

---

① [英]雷蒙德·威廉斯:《马克思主义与文学》,王尔勃、周莉译,河南大学出版社,2011年,第17页。

② 同上,第18页。

③ 同上,第80页。

④ 同上,第85页。

程"①。因此,威廉斯反对很多马克思主义者如普列汉诺夫以"五个顺序性因素"对"基础与上层建筑之间关系"的阐释,以一种排序或者序列关系割裂了"因素"之间的不可分性和复杂性。在此基础上,威廉斯进一步对"决定"一词进行语义分析,指明"决定"不是"铁的规律""绝对的客观条件"又或是"抽象客观性",而是"多元决定"、发生在"过程中的"、"由过程整体上的'规律'起作用"和"历史客观性"作用的。威廉斯正在对"基础–上层建筑"关系的澄清过程中,聚焦马克思主义文化理论,形成了文化批判理论的基础,激活"文化"具有相对自主和实践作用的意义。第一代文化马克思主义者,如威廉斯、霍加特、汤普森着眼于"文化主义"范式的文化批判理论,赋予文化展现人类生存意义价值的内涵。他们借助历史文化语义学、二战前后工人阶级语言符号变体、承载社会关键词的语义流变,对经验生活的日常语言、工人阶级的言说方式和普通人民的文化常识,进行了具体经验层面的文化研究。

第二代文化马克思主义者,如霍尔、伊格尔顿、本尼特、威利斯,在延续"文化主义"语言研究的基础上,认识到文化符号意义的复杂性和多层次性,单纯经验主义文化研究缺乏系统理论,展开了文化隐喻关系多维度的思考。"结构主义"范式呈现出"多元决定论"的文化批判,这体现了"文化主义"向"结构主义"范式转换的接连与发展,即对"基础与上层建筑"单一决定论的反思与批判。他们批判性地吸收了结构主义对语言研究的方法,认识到结构主义固然有对语言符号缜密的科学研究方法,但过于强调结构的作用而忽视了结构背后历史主体的价值。这一研究范式对传统结构主义进行扬弃,改变了格式塔般传统语言哲学的现状,从语言符号内部逻辑研究,转向了语言事实和言语内容相结合的研究,强调言语意义与日常生活的密切关联。

他们为了与先前经验主义做法相区别,正如前面所提到的那样,同时命名了"文化主义"与"结构主义",结构主义范式在此介入文化马克思主义符号隐喻研究的分析中。文化马克思主义接受"结构主义"的思想主要大致可分为两种路径:一是以索绪尔为代表的语言深层结构的路径,二是以阿尔都塞为代表的意识形态分析的路径。

---

① ［英］雷蒙德·威廉斯:《马克思主义与文学》,王尔勃、周莉译,河南大学出版社,2011 年,第 88~89 页。

（一）就第一条路径而言，形成了文化马克思主义符号隐喻研究探究符号与语言、意义与内容的入口

索绪尔以语言作为结构性差异的生成系统，将语言与言语、形式与内容之间进行二元划分。他以言语活动的异质性与语言的同质性建立语言与言语的关系，并形成了语言学的一般原则，包括符号、所指和能指的一般关系、能指与所指的联系的任意性、能指的线条特征。①在索绪尔构建的语言体系中，他为语言规则作了加减法的计算，认为，"在言语活动所代表的整个现象中分出两个因素：语言与言语。在我们看来，语言就是言语活动减去言语。它是使一个人能够了解和被人了解的全部语言习惯"②。索绪尔将意义的形成归入双轴线过程中，即"语段"与"聚合体"，认为意义的生成不借助客观外界世界中的实体产生意义，而在于符号之间的区别与联系建立而成的规则和约定。

文化马克思主义受以索绪尔为代表的语言深层结构路径的影响，展开了对现代语言哲学的批判性反思，以马克思和恩格斯实践唯物主义的语言观，形成了他们对语言哲学原命题的系列思想。威廉斯在《马克思主义与文学》中，对语言哲学的基本概念"语言"进行了实践唯物主义立场上的澄清，嫁接了语言与文化符号的内在关联。威廉斯着手分析"语言符号"这一范畴时，回到了逻各斯前苏格拉底学派、柏拉图、中世纪"三艺"、现代西方哲学等语言范畴历史流变的分析中。整体上，他认为语言研究现实状况是，"早期的程序一直受制于这样的事实：某种语言几乎是毫无变化地呈现在以往的特定文本——即完成了的独白形式——之中。实际的言语（甚至还在使用的时候）就被当作派生出来的东西，或是被历史地看作现代本国语，或是被实际地当作言语活动，而这些活动又都不过是对这一语言基本的（文本）形式做出的例证。这样一来，人们几乎很难把语言应用本身看作是能动的、具有构成性的"③。在威廉斯看来，无论是文本类型的语言分析、比较语言学研究，还是结合生物进化论的语言研究，停留在语言的记载和语言材料的考察中，这导致了简约化语言能动性和建构性意义的后果。威廉斯从广义语言发展的历史脉络中，得出了语言研究一直处于简约化过程分析的结

---

① [瑞士]费尔迪南·德·索绪尔：《普通语言学教程》，高名凯译，商务印书馆，2017年，第93~99页。

② 同上，第108页。

③ [英]雷蒙德·威廉斯：《马克思主义与文学》，王尔勃、周莉译，河南大学出版社，2008年，第25页。

论。他认为,存在于社会关系中人类活生生的言语没有被有效地关注。

威廉斯主张语言哲学社会功能的延伸性研究。他特别分析了索绪尔的语言哲学观,认为索绪尔对"语言"与"言语"的区别,是探究语言社会性问题的一种巨大突破。在威廉斯看来,索绪尔的理论与涂尔干的客观主义社会有着密切关联。索绪尔语言哲学体系中的"语言",是一种稳定的系统,具有一般化的社会属性,拥有抽象的结构和规范形式;而"言语"相对于"语言"而言,是具体私人化的,具有特殊性和具象化特征。威廉斯指出:"在索绪尔那里,语言的社会性表现为某种系统 Language[法]'语言',这种系统既是稳定的,独立自主的,又是以规范的同质的形式建立起来的。而它的'言说'[utterances]paroles[法]'言语'于是就被看作是'个人'(有别于作为抽象的'社会'的形式)通过能动的'心理–物理机制'对于'某种特定的语言代码'的使用。"①威廉斯对这种语言分析的做法大为赞赏,是对整个语言研究作了实质性的补充,打开了人们思考"语言活动"与"语言规则"之间分析的途径。

威廉斯在接受索绪尔语言社会性研究的思想后,将这一思想与马克思主义哲学建立联系。他指出,索绪尔的语言哲学理论与马克思主义哲学之间具有一种关联,他把这种关联称为"反讽性的关系"②。这种"反讽关系"表现在马克思主义与索绪尔语言哲学思想的相似性与差异性的对比所产生的关系效果中。

这种相似性表现在:马克思主义对社会系统的分析,呈现出"先是比较性地分析,划分某一社会的各个阶段,然后是发现这些系统性的阶段内部变化的某些基本规律,接下来则是断言某种支配性的'社会'系统(对于有关意愿、智力的'个人'活动来说,这种系统先在地不可接近)"③,马克思主义潜在的系统论思想或结构性思维,与索绪尔语言哲学对语言系统以"一般性结构"(语言)与"具体事实"(言语)分析的路径具有相似性。威廉斯认为:"这种明显的密切关系表明马克思主义与结构主义有融会的意向,这成为 20 世纪中叶一个很有影响的现象。"④威廉斯由此阐明了为什么在 20 世纪会出现马克思主义与结构主义关联性的研究倾向,形成结构主义的马克思主义的研究思潮的缘由。

而两者之间的差异性形成一种"反讽"。以索绪尔为代表的客观唯物主

---

①② ［英]雷蒙德·威廉斯:《马克思主义与文学》,王尔勃、周莉译,河南大学出版社,2008 年,第 26 页。

③④ 同上,第 27 页。

义,将语言的构成性观念建立在先在的语言范畴中,排除历史在语言结构中的作用。威廉斯认为,索绪尔的语言构成论将语言安置在预先设定的框架中,只强调语言的构成性,忽视甚至去除语言的实践性,语言作为结构的反应物。因此,在索绪尔的语言框架中,"'世界'、'现实'或'社会现实'都被范畴化地设定为先在的构成物,而语言仅仅被看作是对这种构成物的反应"①。而威廉斯认为,马克思和恩格斯在《德意志意识形态》中表明,"只有现在,在我们已经考察了原初的历史的关系的四个因素,四个方面之后,我们才发现:人还具有'意识'。但是这种意识并非一开始就是'纯粹的'意识。'精神'从一开始就很倒霉,受到物质的'纠缠',物质在这里表现为振动着的空气层、声音,简言之,即语言。语言和意识具有同样长久的历史;语言是一种实践的、既为别人存在因而也为我自身存在的、现实的意识。语言也和意识一样,只是由于需要,由于和他人交往的迫切需要才产生的"②。威廉斯引用此段正是要说明马克思和恩格斯语言观关注语言概念的物质性和实践性的意义。从而形成马克思主义历史唯物主义与以索绪尔为代表的客观唯物主义之间形成的巨大反差,形成一种具有反讽性的关系。

同时,威廉斯为进一步明晰马克思主义语言哲学,区别了维柯和赫尔德的语言观。维柯与其继承者赫尔德的历史哲学观,强调在多变的历史事实中挖掘不变的历史规律,而历史发展本质和规律存在于自然演化过程中。特别是赫尔德在《论语言的起源》一书中,将语言的起源完全归入历史客观的发展规律,把语言作为自然规律化的演进结果。威廉斯认为:"维柯和赫尔德的思想出现了一种明显的危险:把语言当作'原本的''初始的'事物——这样做并不是在那种认为语言是人类自我创造的多种活动的必然部分的、可接受的意义上,而是在那种认为语言是人性的基础要素。"③这是威廉斯将历史唯物主义植入语言哲学的关键性贡献,是对马克思主义语言哲学区别于其他语言哲学的关键所在,即把人的活动和人的社会历史与自然发展的客观规律有效连接,进一步阐释了特殊与一般、部分与总体的历史唯物主义辩证法。威廉斯指出:"马克思主义者们不能不注意到,首先是历史(就其最明显的特定性、能动性和相互关联性的意义而言)已经从这种把语言作为一种核心性的社会活动的表述中消失了(从理论上一直把历史

---

① ③　[英]雷蒙德·威廉斯:《马克思主义与文学》,王尔勃、周莉译,河南大学出版社,2008 年,第 28 页。

②　同上,第 27 页。

排除在这一趋势之外）。"①这就进一步强调了，人的实践活动在社会历史发展中的重要作用。这阐明了语言与历史的相互关系，语言生成于历史活动中，而历史活动除了客观、一般、总体性的规律之外，更为重要的是充满无穷无尽的具体而特殊的事件，是特殊与一般、总体与局部的总和。这就是语言构成性关系的核心。作为语言的符号实践的辩证法，是威廉斯语言哲学思想内核的关键所在。

威廉斯在回顾以往的语言哲学发展史的过程，阐明了语言哲学的现实状况，认识到索绪尔语言哲学的分析是一种语言结构的自生系统，语言对外部世界的指向是被排除在研究之外的。索绪尔语言哲学完全符合现代西方哲学思想家的研究路径，以对近代西方哲学形而上学的批判，用语言内部逻辑构造哲学，是一种纯哲学内部的研究。威廉斯主张语言符号研究与现实社会的关联思想。威廉斯重温了关于社会维度语言符号研究的代表思想家——维柯和赫尔德的思想，然而他们的思想是一种生物学或者先验论的语言研究，认为语言符号构成性观念形成于人的生物学基础。威廉斯试图以马克思主义哲学，重新对语言符号的构成性观念加以诠释。他以马克思主义的哲学品质为基础，即不同于现代西方哲学对准哲学内部的思考，而是展开了哲学面向现实社会问题的研究。

为此，威廉斯一方面突破索绪尔语言哲学内部结构的研究，将语言构成性的观念伸向了人的活动和现实的人的生活世界；另一方面他区分了先在物理属性的语言符号先在论，强调语言符号生成的实践性，认为语言符号是人类实践活动的重要构成，因而语言符号的构成性观念需要在人的现实世界去考察。威廉斯对语言符号构成性观念的理解具有重要意义：

首先，他为我们展示了马克思主义语言哲学中，"语言""意义""社会""实践"之间的相互关系，"意义"不是特定语言符号结构差异而形成的，意义代表的概念、范畴不存在于先在的构成中，而是人的实践活动形成了人的认知——也就是以实践为基础的马克思主义认识论，语言符号是人类特定的实践活动，作为实践活动的语言符号形成了人对世界的基本认识。"意义"是人的认识的外显方式，是人类实践过程中客观世界在人脑中的反映，是人类对现实世界认识过程的思维活动的产物。"意义"不是人脑抽象的语言符号的逻辑构造，不是"能指"与"所指"的"任意性"关联，"意义"的形成除了人类抽象的理性思维之外，更多融入了人对世界感悟的经验活动，是

---

① ［英］雷蒙德·威廉斯：《马克思主义与文学》，王尔勃、周莉译，河南大学出版社，2008年，第27页。

基于感性活动的理性认知,是对客观世界感性认知和理性思维的综合体现。威廉斯澄清了以实践为基础马克思主义认识论中"符号""语言""意义""社会"和"实践"之间的关联,建立了马克思主义符号隐喻研究的基本思想。

其次,威廉斯从语言符号的构成性观点,进一步充实了历史唯物主义的当代发展,将当代语言哲学与马克思主义历史认识论有机关联。马克思所述:"思想、观念、意识的生产最初是直接与人们的物质活动,与人们的物质交往,与现实生活的语言交织在一起的。表现在某一民族的政治、法律、道德、宗教、形而上学等的语言中的精神生产也是这样。"[①]威廉斯在马克思主义历史认识论的前提下,进一步以符号隐喻研究的方式,将语言符号所包含的政治的、法律的、宗教的、形而上学的意义置于现实的、历史的语言符号场景中,以语言符号意义的历史流变、语言符号变体、历史文化语义学作为社会透视镜一般地反观社会历史的发展变迁,以聚合语词意义的符号微观显现方式,彰显社会历史总体概貌,形成结构与事实、形式与内容、共时与历时交融理解社会现实的方式。

本尼特对索绪尔之后文本自律论的美学原则进行了批判思考。他提出,索绪尔的这种意义与现实之物的关系可运用于美学意义文学批评的分析中,"'文学'指的是一套有特殊意义的虚构性、想象性和创造性写作形式的观念……正是这样一种'文学'观念使得我们发现在美学中所关注的问题"[②]。而这种美学性的文学分析多被英美新批判学者所接受,他们以文本的自律性原则,强调文本内部结构的优先性,以文本陌生化的方式拉开与现实世界之间的距离。在本尼特看来,这种美学意义的文学分析,由于选自不同层次的理论分析和不同层面的自我关注,就会产生形式迥异,甚至是相互抵触的"文学"批评任务。在此情境下,本尼特认为,这就需要有马克思主义角度的文学批评理论的出场,以文学之外的视阈打开对传统文学批评分析固定化的模式。

(二)就第二条路径而言,是以阿尔都塞为代表的意识形态分析的批判路径

文化马克思主义在汲取语言范式之后,受阿尔都塞结构主义马克思主义影响,产生了将马克思主义与结构主义进行融合的新思路。以霍尔为核心的第二代文化马克思主义学者,受到阿尔都塞结构主义的影响,开始了结构主义的马克思主义转向。阿尔都塞以"矛盾与多元决定"的思想,对黑

① 《马克思恩格斯选集》(第一卷),人民出版社,1995年,第72页。
② [英]托尼·本尼特:《形式主义和马克思主义》,曾军译,河南大学出版社,2011年,第5页。

格尔主义的"表现的总体性"进行了批判,认为无论是斯大林主义还是与斯大林针锋相对的人道主义的马克思主义都是黑格尔主义的残留,以科学理论重新建构马克思主义。阿尔都塞的这种思想受到了文化马克思主义学者的关注。在阿尔都塞"多元决定"的思想中,认为"社会总体性包含了不同层级的接合全体……比如,包括经济基础、政治-法律以及意识形态的上层建筑在内"①,"诸如社会形态等有结构的复杂整体的具体演变'被理解'为'复杂的、有结构的、不平衡的规定性'"②。文化马克思主义以阿尔都塞的"多元决定论"看待文化问题,以文化的相对自主性对待文化、经济、政治之间的关系。

正是在多元决定论的影响下,文化马克思主义朝向了文化符号研究场域多元化和多向度的扩展,包括对电视、数字媒体文化、城市文化、青年文化、边缘群体、性别文化等方向的研究。正是他们认识到了文化批判理论的复杂性和多元性,以由不同群体组成的文化集合其内部独特的结构和相对自主的实践形式,来探究文化符号与社会结构之间的具有张力的隐喻关系,从而以文化结构的内部生成变革整个社会结构的动力,从微观结构的变化发出对整个社会结构运行方式的反作用。

文化马克思主义对阿尔都塞思想的接受不是全盘和被动的,主要采纳了其中关于"不同层次的抽象之间的连续而复杂运动"③的思想,然而也看到了多元结构论影响中产生系统阐释的高度形式主义的危险。虽然阿尔都塞结构主义的思想在霍尔所主持开展的文化研究中产生过重要影响,正如格罗斯伯格和斯莱克所强调的"'阿尔都塞要素'在文化研究进入结构主义领域的重要性"④所述,霍尔的"批判范式",即"从内容转向结构或者说从显示意义转向符码层级"⑤也主要受其影响。但是文化马克思主义也看到了这种大量去除历史、高度抽象结构和注重形式的弊端,特别是后结构主义对结构主义的冲击,也影响了文化马克思主义对阿尔都塞结构主义的认识。文化马克思主义认识到阿尔都塞过于强调结构的无主体和结构的连贯性,从而陷入了无行动主体的困局中,并产生了无力解决意识形态冲突和如何

① Althusser L., *Philosophy and the Spontaneous Philosophy of the Scientists*, Verso, 1990, p.6.

② Althusser L., *For Marx*, Vintage Books, 1970, p.209.

③ Ibid., p.210.

④ Grossberg L., and Slack J. D., An Introduction to Stuart Hall's Essay, *Critical Studies in Mass Communication*, No.2, 1985, p.88.

⑤ Hall S., The Rediscovery of 'Ideology': Return of the Repressed in Media Studies, in Michael Gurevitch, et al., ed., *Culture, Society, and the Media*, Methuen, 1982, p.71.

解构意识形态的问题。文化马克思主义逐渐认识到结构主义与文化主义存在的优势与弊端，试图将两种范式进行有效结合。霍尔看来，葛兰西转向有助于结构主义与文化主义的融合，有助于超越文化主义、结构主义的局限。

第三节　"结构–文化主义"范式：双向互联的符号隐喻

"结构–文化主义"范式的融合体现了文化马克思主义理论的最新范式转换的样态，主要体现为以下特征："将'文化'作为接连'语言'与'言语'的桥梁"，"'结构式'理解与'主体式'理解的联合被看作互为补充的解释因素"，"'共时性'与'历时性'的交互影响"，体现出连续性，即"把共时与历时、语义与语用、本义与含义、语言理论与言语事实等二元对立归入虚假对立，将'格式塔'的结构主义与'实体论'的文化主义进行嫁接，变革从共时横断面上对音素、语义、转换生成语法和话语转化的割裂分析，使这些概念置入历史的总体中，形成相应的语言变体、语言符码、语言生成理论和话语实践的连续性，并关注语言连续性的渐变因素"①。

文化马克思主义在看到阿尔都塞结构主义的弊端时，将其目光转向了葛兰西思想，最终实现了"结构主义"与"文化主义"的范式融合。文化马克思主义逐渐认识到，结构主义过于追求结构的抽象化而走向过度的形式主义，绝对去除复杂文化符号场景中的历史事实而无法解决文化符号组织中"无意识""常识"与社会结构组织关系的问题。霍尔在《文化研究：两种范式》一文中，指出葛兰西"为我们提供了一套大量与'无意识'有关的更为精妙的术语，并且以一种更为积极而有机的意识形态形式给出了文化的'常识'范畴，而这具备一种干预常识领域的能力"②。文化马克思主义通过葛兰西对"意识形态""常识""霸权"和"权力"的分析，有效推进了结构主义与文化主义两种范式的接合。在葛兰西看来，意义链的顶端是由制造、维护及再生产这些权威理论和实践规定，即所谓的"霸权"所决定的，但是这种决定不是静态的实体和持续的稳定系统，而是充满着不平衡、冲突、斗争、协调和重新平衡的动态过程。

文化马克思主义看到了符号隐喻实践对于反霸权的积极作用，文化符号被归为具有独立存在意义和实践意义的范畴。"符号隐喻可将符号的'形式''结构''秩序'与符号承载的'内容''文化''意义'，以类别、配对、分离、

---

① 马援：《文化马克思主义语言哲学的新形式思想探讨》，《哲学动态》，2019 年第 9 期。

② Hall S., Cultural Studies: Two Paradigms, *Media, Culture, and Society*, No.2, 1980, p.69.

聚类、迁移和交换等隐喻作用,形成对事物系统化的理解。"①文化符号与意义张力关系的探究,在文化马克思主义的后期研究中得到颇为有效的发展,在具体探究文化中的意义生成时,不仅探讨广泛被接受的"意义图表",更为重要的是,展开了"意义"流通中产生的差异、冲突、认同和利益关系的询问;不仅对观念系统的"意义"或者表征系统的"意义"进行分析,而且更进一步地对实践的"意义"或者功能的"意义"进行了深入研究,更加突出了"结构-文化主义"范式马克思主义符号隐喻研究的特色。

在"结构-文化主义"范式融合中,文化马克思主义以深入社会文化现象的剖析,直击当代社会的核心矛盾,进一步拓宽和发展了马克思主义文化批判理论的视域。伊格尔顿将精神分析与女性主义融入对当代马克思主义批判理论的分析中,在此,他明确指明了研究"性别问题"与"阶级问题"之间关联,指出"(性别)远不是阶级斗争的替代物,而是研究马克思主义的手段"②。这进一步阐明了20世纪末以来对"女性主义""身份政治""边缘群体"和"青年文化"研究的意义,即在后现代语境中阐释不同历史语境中的马克思主义发展的状况。即便在被称为具有后结构主义色彩的《克拉里莎被强暴》中,伊格尔顿始终强调以"总体性"分析捍卫马克思主义立场的意义,以借助拉康的概念——"拒绝替补的逻辑"批判任何以"多元主义""身份政治"替代"阶级"概念等替代方案。伊格尔顿后期关注多视角文化的马克思主义问题,在于将文化批判理论在现实中能够找到其政治实践形式。如同詹姆斯·史密斯对伊格尔顿的评论:"伊格尔顿在于探索什么样的批评可以被新的社会和思想信仰所接纳,以及批判家在发挥社会政治功能时的责任。"③

文化马克思主义面对政治话语的复杂性,新生代或者可称为文化马克思主义的第三代,如本尼特则汲取了福柯关于非单一结构权力的思想,主张对话语的论述不能单纯依靠结构主义方式,而应采用战略性或战术性话语的思想。本尼特这种战略性或战术性的话语主要接受了福柯"知识分子"的思想,并创作了《形式主义与马克思主义》《文学之外》《文化、治理与社会》等系列著作。他试图恢复"真实历史"叙事和减少"文学内部"叙事,强调"知识分子的职能"④,对公共话语、公共教育、公共文化场所开展政策引入

---

① 马援:《符号隐喻视角下的"城市风物"叙事》,《探索与争鸣》,2021年第5期。

② Terry Eagleton, *The Rape of Clarissa: Writing, Sexuality and Class Struggle in Samuel Richard*, Oxford: Blackwell, 1982, p.88.

③ James Smith, *Terry Eagleton: A Critical Introduction*, Cambridge: Polity, 2008, p.2.

④ [英]托尼·本尼特:《文化、治理与社会》,王杰、强东红译,东方出版中心,2016年,第367页。

上的文化治理。保罗·吉尔罗伊从20世纪90年代直至目前,在关于种族文化、文化政治和身份政治方面思想活跃,创作了《黑色大西洋:现代性和双重意识》《身份政治:从表层到小政治》《反对种族:超出肤色界限的想象的政治文化》等著作,发展了文化政治视角对种族问题研究的向度。乔纳森·多里莫尔和艾伦·辛菲尔德主张将文本阅读作为建构人类知识、人类基本观念和意识形态产生的实践活动。他们把文本理解当作参与意识形态和文化生产的重要过程,并力图达到文本与语境、文学与政治之间的无歧义性。

总体来说,第一代文化马克思主义者,如威廉斯、霍加特、汤普森着眼于"文化主义"范式的语言哲学研究,赋予语言符号展现人类生存意义的价值。他们借助历史文化语义学、二战前后工人阶级语言符号变体、承载社会关键词的语义流变,对经验生活的日常语言、工人阶级的言说方式和普通人民的文化常识,进行了具体经验层面的语言研究。这一研究范式改变了格式塔般传统语言哲学的现状,从语言符号内部逻辑研究,转向了语言事实和言语内容相结合的研究,强调言语意义与日常生活的密切关联。第二代文化马克思主义者,如霍尔、伊格尔顿以及新生代思想家本尼特等,在延续"文化主义"语言研究的基础上,认识到语言符号意义的复杂性和多层次性,单纯经验主义语言意义研究缺乏系统理论,展开了符号隐喻关系多维度的思考。他们批判性地吸收了结构主义对语言研究的方法,认识到结构主义固然有对语言符号缜密的科学研究方法,但过于强调结构的作用而忽视了结构背后历史主体的价值。"结构-文化主义"范式一方面强调语言符号结构分析的科学意义,另一方面关注语言符号行动者的实践意义,将"语言结构"与"言语意义"作为探究社会发展互为补充的因素,嫁接了符号的"形式与内容""结构与事实"之间的隐喻关系,实现了两种范式融合的文化批判研究。

马克思主义符号隐喻研究实现了"结构主义-文化主义两种语言范式的连续性"[①],体现了马克思主义符号学的当代发展。马克思主义符号隐喻研究蕴含着一条发展脉络,由"文化主义"语言哲学范式转向"结构主义"范式,达成了作为文化符号的意义与作为语言符号的意义结合方式的研究,最终实现了"结构主义-文化主义"相融合的语言范式,代表了当代马克思主义语言哲学研究的最新研究取向。

在前一节重点介绍了文化马克思主义"结构主义"转向的思想演进过程,着重从以索绪尔为代表的语言深层结构路径进行了分析。在前一节也

---

① 马援:《文化马克思主义语言哲学的新形式思想探讨》,《哲学动态》,2019年第9期。

提到过,文化马克思主义接受"结构主义"思想还存在另一条线索,即以阿尔都塞为代表的意识形态分析的路径。这一节通过对这条线索的分析,进一步展现文化马克思主义是如何最终走向"结构主义"与"文化主义"范式融合的研究。阿尔都塞意识形态分析开启了文化马克思主义对语言标识的社会权力运作的探究,形成语言哲学更为宽广的语言政治哲学的研究道理,产生了意识形态维度的符号隐喻研究。

在整个结构主义对文化马克思主义的影响来看,主要可以呈现出三个历史时期:以索绪尔、列维-斯特劳斯和巴特的"语言学范式",以阿尔都塞结构主义的马克思主义转向,以葛兰西转向实现文化主义与结构主义的超越。这三个阶段也代表着文化马克思主义实现"结构-文化主义"范式融合的演进过程。文化马克思主义达到两种主义的融合范式并不是一蹴而就的,而是在经历了将结构主义原则运用于文化与社会研究过程中,不断尝试、探究、总结和改进中摸索出来的。

文化马克思主义是20世纪面对资本主义社会新变化而产生的国外马克思主义批判理论的重要组成部分,其形成和发展体现了思维模式与范式演进的递推式运动。这主要是由于理论产生之初的历史渊源、针对的现实境遇、接受世界性思维浪潮和面对不同具体问题而产生的必然的思维演进变化的结果。其思维范式与理论发展的思想内核之间有着明确的关联线索,具体表现在:以"文化主义"范式开启对资本主义文化秩序的批判,以"结构主义"范式对传统结构主义路径的批判,以"结构-文化主义"范式的融合实现嵌入社会结构的文化批判的路径。在三层研究范式的演进中,实现了文化马克思主义所面对不同核心解决问题的具体路径,体现了他们始终如一坚守马克思主义理想信念和构建理想社会的政治诉求,这为世界社会主义左翼运动做出了重要的理论贡献。

文化马克思主义思想人物众多,有的是资深的文艺理论家、有的是赫赫有名的历史学家,还有的是颇具社会影响力的政治家和社会学家,体现出了跨学科、跨领域的交叉特点。因为无论对于当代人文学科,还是对于现实社会图景的描述和衡量,都需要有大"文化"的概念和整体而系统符号理论的考察向度,这对于反观经济关系、社会关系和文化关系之间的张力作用,以及从历史事实和文化表征达至看待、解释和探寻社会发展的规律具有重要的理论和现实意义。

在三代思想家的发展中,面对不同的社会焦点问题,以及受到不同学术思潮的影响,他们以"人类学"和"社会学"冲破精英主义鸽笼式的传统文化谱系,以"文学理论""语言学"和"符号学"从文本语言转向人的符号化世界,以"文化政治学"发挥文化的治理功能和社会建构功能,呈现出"文化"概念、内涵、视角和意义的变化,产生了文化批判理论的范式转换。具体表现为:从"文化主义"到"结构主义"再到"结构-文化主义"的转换,而在这一过程中每个阶段都有其理论发展的阶段特点和发展需求,并且彼此之间相互关联和推进发展。

文化马克思主义在经历"文化主义"范式向"结构主义"范式的发展,最终形成"结构-文化主义"范式的演进过程中,体现了他们追求文化批判理论的发展进程,呈现了他们进行文化批判的逻辑线索。第一阶段强调经验事实的"文化主义"范式是他们走出伯克式文化观念体系的关键一步,也是形成其"自下而上"马克思主义文化批判理论的起点;第二阶段关注嵌入社会结构的文化批判理论,从"结构主义"范式强调文化内部结构与社会结构之间的张力关系,进一步显现文化一方面受到既定社会结构的束缚,同时又发挥着文化自主性实践效力对社会结构的反作用;第三阶段融入文化事实与社会结构的相互缠绕的分析,搭建"结构-文化主义"的结合理论,接连了经验与规律、内容与形式、历史主体与总体结构的有机对话,实现了理论范式的确立。

文化马克思主义从"结构-文化主义"范式为这些主题的研究提供了重要的研究视角与方法论贡献。他们从发生学的角度关注这些文化现象是如何生成的,将文化事件与事件背后的结构规律进行一种复合。这种研究一方面避免了结构迂回、抽离现实语境的分析,另一方面可在语言繁复的经验描述中寻求规律,既可以减轻结构分析对文化现象造成的刻板感,又可以将文化的气息和浓郁感在经验的叙述中蔓延开,使得在这样一种双向维度的展开中让人不禁轻呼一声:这就是文化。

文化马克思主义以"结构-文化主义"范式的符号隐喻为文化研究戴上一顶探照灯式的帽子,让我们不仅看到了社会结构之下文化的组织、秩序和规则,同时,还让我们看到了另一番景象,即呈现出不同姿态生机勃勃的文化情境,从而形成组织结构与文化事件之间的张力关系,使得我们更加接近于文化的真实样态,更加贴近于社会生活的内部。文化马克思主义者正是将两种不同的纬线混织在了一起,即横向共时性的结构秩序与纵向历时性的时间序列一同织成了嵌入社会结构之中的文化图景。这样就使得我们同时看到两种维度的文化批判方式:一种"自上而下"的社会制度的反思与批判,另一种"自下而上"的文化自主实践对社会组织秩序的反作用力,为文化批判带来理论与实践的互补效力。

"结构-文化主义"这一思维范式代表了文化马克思主义研究范式的新

转向,也代表了21世纪马克思主义研究的新取向。这一研究范式之所以成为目前马克思主义研究范式的新取向,就在于它积极调动人的感性经验和理性认知之间的有机关联,冲破客观理性研究与感性思维研究之间的壁垒,在有规律的结构中探究人的感性活动,在丰富的文化姿态中寻求社会结构的规律和秩序,形成形式与内容、结构与文化、社会规律与经验事实的有机关联。

第四章 "结构-文化主义"范式马克思主义符号隐喻的辩证体系

一方面,"结构-文化主义"范式提供了展开对符号隐喻的科学研究、建立科学体系的方式,在范式更迭的过程中,组件对符号隐喻研究可参照的坐标系、模式和方法,从而易于我们理解和捕捉符号隐喻的结构、机制和规律。另一方面,符号隐喻也显示了"结构-文化主义"范式的优越性,在这一范式的辩证体系中,重新看待研究的对象,不同于偏向内容的经验主义,也不同于偏向形式的结构主义,而是两者之间具有张力的辩证结构。隐喻正是在这一范式的辩证思维中,才能有效展示其姿态,才能深入其现象与本质、表象与真相、形式与事实镶嵌的人类复杂而多变的文化图景中。

"结构-文化主义"范式的符号隐喻理论不断打破经济基础与上层建筑之间预先给定的文化符号系统的解释,从文化符号的社会实践运作形成意义的建构,作为他们研究社会结构和文化符号系统相互关系的阐释路径。这一理论阐释人类经验生活的符号表达与社会物质条件所构成的社会基本结构之间的相互关系。他们试图改变文化是经济决定论从属关系和依赖关系的产物。他们试图以融合范式重新寻找符号意义之网的社会组织姿态,将符号系统与社会组织关系作为相互嵌入的选择结果。

这一理论立足社会文化和语言符号的多线条关系,探究社会矛盾的深层结构,变革单一社会与经济之间的结构链条。这些研究者将作为物质性社会实践的隐喻符号、具有隐喻姿态的符号变体和属于大他者领域中的符号系统的基本范畴,作为其符号隐喻理论体系的基础,并进一步深入阐释了这一理论体系的核心思想。

"结构-文化主义"范式带动了改变经济决定论对社会结构诊断方式的困窘,带来了连续性思维方式转变的效果。这一理论以思维范式的转变,改变了文化、符号系统与社会结构的理解方式,变革了传统文化谱系学的排序方式。隐喻作为传统修辞学的重要概念,在文本创作和诗歌艺术中作为重要的修辞格被使用。而在这一范式理论看来,隐喻不完全是一种修辞格的手法,更为重要的是一种知识的组织方式。也就是说,隐喻不仅是一种知识,而且是一种重要的思维方式。在人类纷繁复杂的符号系统中,符号之间的分环勾连和符号彼此之间形成的相互构成关系的来源在于符号之间投射关系,也就是符号之间的隐喻关系,有一种形式上和内容上的概念隐喻关系。文化马克思主义将符号之间由隐喻组建的符号系统,即符号隐喻作为认识世界至关重要的一种认识模型。在这一符号隐喻的理论体系中,集中表现为三个方面:第一,由概念隐喻关系组成"形式"与"内容"结合的符号隐喻模式;第二,"共时"与"历时"纵横联合的符号隐喻网;第三,"结构式"理解与"主体式"理解互为补充的符号隐喻系统。

第一节 "形式"与"内容"结合的符号隐喻模式

"结构-文化主义"范式的符号隐喻理论将文化作为各种姿态符号变体的集合体,改变传统语言哲学"形式"与"内容"的二元对立,以文化符号的不可分割性,形成语言规律与言语事实的接合。这一理论将文化符号理解为一系列符号形式、先验图式和意识形态的结构和系统,同时,又将文化符号理解为孕育着共享意义、认同、价值和目标等具体符号内容和符号实践行为的现实表征。这就意味着,文化符号系统既是语言与言语、结构与内容的有机复合体,也是社会结构制度脉络中形成的具体而动态的社会实践过程。正是在这种形式与内容、结构与表征的相互交融中,体现出这一范式符号隐喻模式的思维构成。

首先,"结构-文化主义"范式借助文化作为寻找符号意义的重要地带。在传统符号学的开创者索绪尔那里,尽管将符号放置于"语言在人文事实中的地位"[①],但是索绪尔所谈论的符号学,总体上是按照语言学的规定范畴,"逃避个人的或社会的意志"[②]的符号学特征。也就是说,按照索绪尔概念中的符号学,主要是研究符号的形式和符号系统的结构,符号本身指涉的意义在语言意义的相似性原则中确立的。而这一理论主要借助承载符号意义的重要地带——文化,来探究意义系统组成部分之间的内在一致性。

威廉斯在《文化与社会》中,为充分阐释承载社会关键语言符号的意义演进过程,主要通过对现代文化语境与传统文化语境中关键符号意义的对比分析,在具体的现实语境场景中,实现符号形式与符号内容之间的隐射关系,即以符号隐喻的方式形成形式与内容的关联。符号意义的形成是在

---

① [瑞士]费尔迪南·德·索绪尔:《普通语言学教程》,高名凯译,商务印书馆,2017年,第24页。

② 同上,第25页。

一个复杂而流动的意义系统中不断产生的过程。威廉斯在文化与社会之间的张力关系中,将概念系统的"文化""工业""民主""阶级""艺术"等概念语义,投射于具体工业革命前后的不同社会情境中,以关键的历史事件和不同时代思想家的代表思想之间的对话,展示出历史文化场景秩序之下,这种概念系统的关键词在具体历史事件中和在不同思想家的观念中,所形成的直接与间接的符号隐喻关系。正如威廉斯所采用的"浸透"①或者伊格尔顿使用的"浸透价值判断"②那样,以一种存在于人类思维方法——"浸透"式的隐喻关系中不断推演观念的叠加与更替。威廉斯在对 19 世纪伯克传统的分析中,认为"他所说的不是指那种通常与'感觉'对立的思想,而是经验中所独有的直接性(special immediacy of experience),这种直接性在纵深层面上慢慢演化为一种具体的观念,从而逐渐形成了人的整体存在"③。威廉斯就是以这样一种文化共享系统或符号隐喻系统,"浸透"或渗透于人类对现实的感知之中,形成语言符号结构与现实生活符号的有机联系。

其次,"结构-文化主义"范式以符号隐喻理论,以表征系统的文化符号,不断增强以社会结构的姿态探寻意义踪迹的作用。霍尔认为:"现实世界中的事物并不包含或者给出它们自身的、完整的、单一的、固有的意义。"④也就是说,意义的产生不是完全附着于事物自身之上,意义的确立是在更广泛的社会文化场景中,在文化符号系统中不断生成的。正如霍尔指出的:"这个世界也只是通过语言和符号化被给出意义的,而语言和符号则是意义得以制造的方式。"⑤在达成"结构-文化主义"范式融合的过程中,这些研究者逐渐从文化的内容转向结构层面的文化内涵,实现文化事件与文化结构之间的对接,实现符合隐喻关涉社会问题的重要发展。霍尔指出,媒体研究的批判范式,即"从内容转向结构或者说从显示意义转向符码层级绝对是一大特色"⑥。霍尔认为,语言符号可以帮助我们接近"真实","社会关系唯有借助言说才能获得意义"。⑦只有在特定的社会关系结构中,才能

① ③ [英]雷蒙德·威廉斯:《文化与社会》,高晓玲译,吉林出版集团有限责任公司,2011 年,第 30 页。

② [英]特雷·伊格尔顿:《二十世纪西方文学理论》,伍晓明译,北京大学出版社,2007 年,第 17 页。

④ ⑤ Hall S., The Rediscovery of "Ideology": Return of the Repressed in Media Studies, in Michael Gurevitch, et al. Culture, *Society*, *and the Media*, Metheun, 1982, p.67.

⑥ Ibid., p.71.

⑦ Hall S., Signification, Representation, Ideology: Althusser and the Post-Structuralist Debates, *Critical Studies in Mass Communication*, No.2, 1985, p.98.

真正获取一定语境下特定的符号意义。这就表露了这一范式在探究符号的问题时,不仅仅关注符号实质所指代的概念意义,而且是在形式中或者更大范围的文化结构中,寻觅符号除经验层级之外,符号、符码、组织原则中的意义产生过程。这一理论认为,之所以会产生人与周围世界之间一种意义关系的幔帐,就在于这种意义存在的先在社会结构方式与意义真实社会感觉经验获得之间没有得到有效的衔接。以这一范式理论看来,这一问题的有效解决,就需要通过符号隐喻系统,建立形式与内容的有机关联,形成人们认知世界的有效途径。

再次,"结构-文化主义"范式以"形式"与"内容"结合的符号隐喻模式,连接意义系统与现实之物系统。本尼特在《形式主义和马克思主义》中,从索绪尔语言符号的任意关系引出了关于文学分析的问题。他认为,索绪尔语言符号任意说适用于美学所关涉文学问题的分析。他引用索绪尔能指与所指任意性的观点:"索绪尔的核心看法是,语言是通过赋予概念机体之上的特定的语言结构形式来意指现实的。索绪尔认为,语言的能指——言语的声音结构和书写下来的标记——所表示的并不是真正事物或者真实的关系,而是对有关事物的观念、关系的看法,每个能指所产生的意义及其与其他能指在关系体系内的关系都是由语言自身所确定的。"①索绪尔奠定的语言学在于探究语言系统的规范性和科学性。他将语言系统作为一个内在独立的结构体系,认为意义即语言的能指,是特定语言结构形式意指现实的过程,是通过语言结构内部相似性和差异性关系对相关事物所形成的看法和观念。他指出,意义是生成在语言内部结构之中的,是诸多意义、概念之间相互关系确立的过程。他认为,意义系统也就是语言系统,与语言之外的现实之物所构成的关系系统,彼此之间是平行存在的。意义系统与现实之物系统是两种独立的关系系统,而这两种关系系统的组织结构具有相似性。

最后,"结构-文化主义"范式以符号隐喻搭建语言内在本质与语言表征系统的结合,实现对概念化系统与实践活动之间的一种辩证关系。这一范式理论将符号隐喻系统置于非静态的文化情境中,符号隐喻系统中有着特定的一致性的符号意义系统, 又是一整套现实场景下的符号实践过程,因此符号隐喻所代表的符号与意义之间的关系会随着时间历史而发生变化,会产生符号隐喻新关系的建立,这就形成符号隐喻系统的运动与变化。这种隐喻系统的变化正是遵照了文化主义与结构主义的互动原则模式,以

---

①　[英]托尼·本尼特:《形式主义和马克思主义》,曾军译,河南大学出版社,2011年,第4页。

文化符号的现实指向,打破将符号沉浸在自我封闭、静态、完全一致、不易变化的关系中。符号的运动既受到特定结构的制约,同时符号也充满了引申、变异及转移等变化,体现了符号运动的活力。威廉斯在《关键词》一书中,以意义分析的两大基石,即"指涉"(reference)与"适用性"(application)作分析,进一步而言就是:"(一)关于意义的最大问题往往是存在于日常实际的关系中;(二)在特殊的社会秩序结构里及社会、历史变迁的过程中,意义与关系通常是多样化与多变性的。"①

以"结构-文化主义"范式看来,符号意义不仅是社会历史结构的一种简单映射,而且本身直接参与社会结构的构型。符号的意义、符号的组合、符号新关系的建立本身就是一种已在知识与现存关系的新认知,实现了符号隐喻的运动过程。符号隐喻是人类实现或搭建各种形式的新关系,并维护现有关系的一种有机的方式。威廉斯运用符号隐喻系统的方式,包括"(一) 创造新的语汇;(二) 对旧语词的适应与改变, 甚至有时候是翻转;(三)延伸;或(四)转移"②,实现符合概念化系统与符号实践活动之间的一种辩证关系。

第二节 "共时"与"历时"纵横联合的符号隐喻网

"结构-文化主义"范式的符号隐喻理论以"共时"与"历时"纵横交错的符号隐喻网,显现文化的差异和文化的特质。他们以嵌入社会结构脉络中具有历史特征的文化意义,形成"共时"与"历时"的关联,分析文化结构的符号隐喻链条。这一范式就是在强调语言符号共时性与历时性的交互关系,符号隐喻的形成正是历时性的横坐标与共时性的纵坐标双向运动的合力结果。正是在这种时空二维的构成中,符号隐喻的真实意义才能够显现,才能构成共享的关于社会文化的真实图景。

共时性层面的符号意义,主要在于说明符号系统自身的相对独立性和本身的存在价值。这一方向的符号系统不是借助某一具体场景或者某一具体言语者的言语行为和感觉经验获得的,而是提取了存在于被人们共同享有的符号语言系统的共通性,例如话语符号系统中有序的组织原则。语言系统的共通性或者卷入群体意义生产系统的一般性组织原则,并非来自一般意义的社会结构化,而是本身来自语言符号相对独立的符号系统中。这

---

①② [英]雷蒙德·威廉斯:《关键词——文化与社会的词汇》,刘建基译,生活·读书·新知三联书店,2005 年,第 37 页。

一符号理论认为,多元文化、群体文化、青年亚文化、性别文化和边缘群体文化在符号意义的表达和符号象征方面存在共有的特征,这种共有的特征表现为不同群体为寻求自身独特的文化符号,都是在一种相似方向上作出的努力,是不同符号实践主体在调动相似能力所进行的一种运动。在他们看来,从共时角度看待符号的意义,并非将不同群体的文化生活都还原为符号,而是将这些言说者所进行的符号实践活动看作社会生活不断更新和发展的生机和动力。因此,他们强调恢复工人阶级的符号语言特质,尽可能避免消费社会对工人阶级文化的干扰,恢复工人阶级自身的文化符号系统。

霍加特、威廉斯和汤普森采用民族志的研究方式,还原消费社会之前有机的工人阶级生活。他们不是在复原当时的工人阶级言语符号系统,而是以这样一种方式,让工人阶级意识到自身文化符号系统的价值,将维护和传递标志自身文化独特性的符号作为获得社会性成就和生存价值的重要源泉。霍尔在对多元文化在全球实现身份与归属方面的探讨时指出:"在这些间隙之间存在一种传播本土现代性的可能性。文化并不能从正面抵抗西方现代技术的大潮。可是,它们继续改变、'翻译'其自下而上的规则。它们组成了一种新'地方主义'基础,而该基础的特征就是无法进行自给自足,但是地方主义孕育其中,而不只是一种全球的幻影。这种'地方主义'不只是历史的余响。它是新事物——全球化所附带的阴影。"[1]虽然霍尔不是像霍加特、威廉斯和汤普森对工人阶级群体的文化符号系统作出的分析,但是我们同样可以看到霍尔在对反中心化和反全球化过程中,某一群体或者"地方主义"的文化特质,可以在这种全球化的进程中留出自给自足的地带,这便是群体文化符号相对自主性的作用和价值。

无论是这一理论对工人阶级白描式符号语义的追踪,还是他们对抛离"阶级"概念对不同群体符号层级的分析,都试图在说明这样一种共时层面的相似性运动。尽管文化符号的实践者各不相同,但是他们所做出的文化符号运动,对文化各种方位感的努力是一样的。这对于消解全球化的文化同质化倾向,建构多元化的文化符号叙事有着重要的意义和价值。

历史层面的符号意义,主要在于说明文化符号是内在于社会生活和社会变迁的,文化符号隐喻系统根植于特定历史中的特定的认识论。文化符号的隐喻关系在特定历史的语境中,在不断定义、定序、整合、排斥异类等符

---

[1] Hall S., The multicultural question, In Barnor Hesse, ed., *Un/settled multiculturalisms*: *Diasporas*, *Entanglements*, *Transruptions*, Zed Press, 2000. p.216.

码运动中得以实现。这一范式在接受阿尔都塞结构主义的思想中,认为结构主义过于静态化,他们结合葛兰西的思想,强化符号隐喻系统的历史感,将文化符号看作共享意义的图式,从而实现结构主义与文化主义的接合。

"结构–文化主义"范式从符号隐喻运动中,将结构模式与主体间意义的变化作为符号隐喻双向运动的考察过程。这样就产生了两个作用方向的效果:一方面,符号隐喻被编制在一定的社会关系结构中,包括宏大社会结构中经济、政治、军事、文化之间相互的力量和影响,也就是宏观社会结构对符号隐喻运动的影响;另一方面,符号隐喻运动潜在的文化传统影响,包括常识、不言而喻的习俗、理所当然的规则等。这样的符号隐喻过程一方面连接特定时间或延绵不断时间长河中具有历史性的各种社会文化情节;另一方面牵涉各种社会关系结构之间的相互作用力,实现纵横交错符号隐喻网的网状结构。

在探究底层人民的文化符号隐喻研究时,威廉斯、霍加特和汤普森将经济与社会关系的单一因果关系转移到社会生活中间和微观层级上。他们将宏大社会结构作为一种研究背景,而更多指向具体历史行动者的文化符号形式,关注底层微观实践者的文化组织方式。这就形成了文化符号运动的隐喻关系,不同文化群体所形成的符号隐喻系统,是在总体社会制度的脉络中不同文化实践群体和不同历史行动者通过自身社会实践而产生的。符号隐喻运动受到两个方面的作用力:一方面,取自群体之间达成长期累积而成的赖以建立的历史经验;另一方面,具体符号行动者所获得的先验图式和世界观都是在一定社会结构中的。这种历史经验与先验图式,再加上具体符号行动者与特定符号环境之间相互作用,并产生叠加效应,这样一种符号隐喻运动就由此产生。

汤普森以历史学或者新历史学的方式,探究经济与文化之间存在着历史作用的相互关系,阐明经济与文化之间存在着互为补充的编码隐喻关系。他在对 18 世纪和 19 世纪英国工人阶级的历史的重新阐释中,包括对工匠的收入、农村的工具、面包的价格、新的机器产业中的工资差别,以及对公众期待和社会荣誉等方面的细节描述,来说明经济权力是潜在于文化中的,没有得到文化符号编码的经济活动是无法实施的,也就是说,经济只要在文化符号隐喻关系中才能使得经济活动获得历史性的力量。汤普森认为:"人们以为有可能用'经济的'术语描述一种生产方式,而将规范、文化这些使该生产方式得以组织的关键概念作为次要的(不那么'真实的')东西搁置在一边,我对此持怀疑态度。"①因此,经济与文化在一种无意识的状况下达成彼此的符号隐喻关系,实现了物质符号与文化符号的一种潜移默化的关联,实现了一种历史作用下的符号隐喻关系的序列。

霍加特以民族志的研究方式,深入文化生活的内部世界,分析由嵌入语言之中的意义的符号世界是如何展开的。霍加特将符号隐喻系统深入底层人民的日常生活世界,包括对家庭、学校、工人阶级社区和教会细致入微地描述,以现实场景的代入感与嵌入生活的家训家规、道德纲常、风俗习惯等文化观念的相互结合,使人们感受到物质环境、空间排序和文化观念之间相伴而生的关系。他指出:"在人们共享的日常生活中,不仅大部分的物品可以被分享,同时还包括可供分享的共有的品格。"②霍加特对符号隐喻的研究是一种实证主义的白描式做法,自发打破了物质与符号之间的区分边界。物质与物质所承载的符号之间界限变得模糊。在这个符号的世界中,一部分源自符号在社会关系中所结成的意义,一部分产生物质本身的生产。这种关系就营造了作为物质性社会实践的符号生产的意义,现实的社会生产中很难真正地剥离物质的实际使用价值与物质所包裹的符号意义之间的关系,符号隐藏着物质再生产与物质意义之间隐性的隐喻关系。符号隐喻系统拓展了物质与符号的关系,形成了人造环境的物质特征,加强了时空延展性的社会联系。

第三节 "结构式"理解与"主体式"理解互为补充的符号隐喻系统

"结构-文化主义"范式的符号隐喻理论以社会实践历史行动者的主体意义,形成"结构式"理解与"主体式"理解互为补充的解释因素,阐释符号隐喻的不同场域。这一范式主张符号是所指与能指的有机关联,是语音形态与所指涉意义的结合,寻求社会历史文化发展进程中符号隐喻的具体变化,形成了历史文化语义学、语言变体、语言符码映射关系、编码-解码理论等系列符号隐喻研究方法。这一范式理论在对符号不断动态性考察的过程中,突出"结构式"理解与"主体式"理解互为补充的符号隐喻模式,强调"社

---

① E.P. Thompson, Folklore, Anthropology, and Social History, *Indian Historical Review 3*, No.2 (1977), p.18.

② Hoggart R., *The Uses of Literacy:Aspects of Working-class Life*, Chatto & Windus, 1967, p. 20.

会结构"与"文化关系"两者既相互区别又相互关联的意义。

威廉斯的《关键词》一书,对131个记录社会历史发展的关键词作了历史语义的分析,考察在不同时期意义被演绎和被社会接受与转变的情况。在对这些语词的分析中,他认为这些语词背后是充满情感色彩和隐含动机的。威廉斯指出:"语词与概念的复杂关系;或者是意义与指涉的一般过程;另外是存在于语言本身或社会规范的一般规则——这些规则使意义与指涉成为可能,并且相当程度地主宰它们。"①由符号建立的意义之网,存在文化要素与复合体结构之间相互作用的隐喻关系。这样一种复合"结构式"理解与经验关照的"主体式"理解,构成了解"真实的"意义和获得"真实"意义的理解基础。由此表明,意义的解读构成受两方面的影响。符号隐喻的秩序是解读"意义"和获取完整"意义"的基础,而这一基础正是建立在这种"结构"与"文化"双向互动的理解方式上的。

霍尔在以符号隐喻系统对种族问题的研究中,将符号隐喻系统视为主体间意义与超主体象征符码结构的相互作用。这种符号隐喻关系典型性地呈现了霍尔对自身"英国黑人的杰出理论家"的描述,"我想要将自己从对人们表征的许多责任中解脱出来——我至少肩负三种表征:人们期望我为整个黑人种族辩护,无论是理论的方面,还是批判性的方面的所有问题,有时也期望我谈论有关英国政治,以及文化研究的看法。这就是众所周知的英国黑人知识分子的责任"②。霍尔以自身的黑人文化特征与知识分子的社会责任,这两种聚焦在他身上特有的符号标记,说明主体间意义的认同与超越主体的符号结构在他的身上淋漓尽致地发生了作用。个人身份的确认与认同一方面来自个体生活经历的共同感受,另一方面取决于社会结构所赋予的符号框架。

霍尔以这种总体上"结构式"理解与"主体式"理解互为补充的解释原则,以及他自身的黑人身份,分析了种族身份问题。霍尔在《年轻的英国人》中写道:"种族是一个集体的概念。从本质上讲,种族关系是群体之间的关系,而不是个体之间的关系;在这种关系中,个体之间的互动受到存在于一个群体和另一个群体之间的模式化的观念和信仰的整体所调节和影响……年轻的移民正在试图弥补英国和家乡之间的差距……属于他的部

① [英]雷蒙德·威廉斯:《关键词——文化与社会的词汇》,刘建基译,生活·读书·新知三联书店,2005年,第36页。

② Hall S.,Cultural Studies and its theoretical legacies In David Morley and Kuan-Hsing Chen, ed., *Stuart Hall: Critical Dialogues in Cultural Studies*,Routledge,1996,p.263.

分身份是西印度人、巴基斯坦人或印度人……也有每一段新的经历都想拥有的'年轻的英国人'的身份……他必须学会通过某种方式来处理好他的这两个身份,将它们合二为一。但许多进入更广阔的社会的道路向他封闭了……返回的路也被封锁了,再也找不到前进的路。"①关于霍尔对种族问题的分析,正体现了"主体文化性"与"社会结构"之间的张力关系。黑人想成为新一代的"年轻的英国人",他们试图改变自身的地位和社会结构关系,冲破文化观念的束缚,想以一种新的文化模式获得新的身份和地位。然而现实的资本主义社会结构和社会秩序并没有向他们打开通道,当他们接受这一残酷的事实之后,他们想回到原先的生活,可是原先的文化结构和生活环境也不允许他们回去了。这种结构与文化的对峙,就形成了社会深层的关于种族、亚文化和边缘群体文化的问题。当一个群体失去保留自身文化符号的根的时候,就会成为被混合的文化符号体,就会产生身份的不确定和混沌感。在对待边缘文化、亚文化、种族问题时,霍尔对这些社会深层问题的思考介入了"结构式"理解与"主体式"理解互为补充的分析方式。他对这些文化表征所代表的符号系统的分析,投射出了社会结构与文化经验相互交错的符号隐喻生产场域。

"结构-文化主义"范式的符号隐喻理论不仅将文化符号理解为嵌入个体并由个体体现的,还将其理解为超个体的符号结构。本尼特对沃洛希诺夫语言符号理论的分析中表明,"这里倡导的是一种语言理论,它将解释由符号系统构建的形式和意义的特殊统一体,这种符号建构的语言,与符号系统所依赖的、基于历史并且随着历史变化而变化的语言实践相关"②。在本尼特对文本符号学的阐释中,运用了"结构式"理解与"主体式"理解互为补充的符号隐喻系统,来解释文本符号所产生的特定效果。

例如,本尼特对荷内·巴里巴尔和多米尼科·拉波特作品的分析中,认为文学文本在表现"宫廷的官方语言"与"人民口头语言"的区别时,就将其文学的陈设关系置于一种固定化想象中的社会关系之中。社会化的结构关系延伸在各类文学文本中。"'文学'文本——在这种情况里,意味着哲学的、神学的、历史的以及其他各种的小说写作形式——简单地凭借着被写入的语言,象征并延续语言层面的阶级分化,并且始终作为一种书面语言的结果。"③文学文本的符号系统一方面彰显作者不同语言风格的表达效果,

---

① Hall S., *The Young Englanders*, Community Relations Commission, 1967, pp.194-195.
② [英]托尼·本尼特:《形式主义和马克思主义》,曾军译,河南大学出版社,2011年,第65页。
③ 同上,第131页。

另一方面受到社会结构范畴的制约。本尼特在对文本生产的分析中,就对文本的内部逻辑与文本在社会进程中产生的不同效果作出了比较。他认为,文本内部通过使用不同的标点符号、复杂从句结构、同位语等变化就会产生不同的文学效果。同时,他也指出文本通过社会进程的外部运动,包括使用途径、添加批注、编辑者的书序和封面设计,就会对文本造成不一样的社会效果。

威利斯以伯恩斯坦的"精致型符码"与"限制性符码"的理论体系,探究了工人阶级的符码生产方式。阿尔都塞以"意识形态国家机器"阐释了劳动力再生产的问题,从单一的经济生产指向了劳动再生产中文化或者意识形态的作用。伯恩斯坦对这种意识形态秩序的劳动力再生产进行了进一步划分,由社会结构关系所形成的"精致型符码"与"限制性符码"的区别,这种区别主要表现为,精英阶层处在符码系统中的顶级地位,他们拥有符码编码和符码操作的权力,社会结构系统中的符码生产秩序也是由精英分子组织安排的。而工人阶级处于被限制型的符码关系中,他们是被安置和被排序的人群。阿尔都塞的劳动力再生产理论、伯恩斯坦的两种符码等级的划分理论,都证明了社会结构对符码生产的决定性作用。意识形态或者某种程度上的文化,成为维持社会化大生产秩序的关键因素。在一定程度上讲,在现代化的生产中,除了物质生产的经济成分,由物质生产关系背后连接而成的符码关系是实现现代化组织方式至关重要的构成。然而阿尔多塞和伯恩斯坦只看到了符码系统中秩序、结构和形式的作用力,忽略了符号结构系统内部具体行动者的实践能力和实践作用。

威利斯看到了符码系统中实践主体的能动性因素。他认为,仅从意识形态或文化生产与再生产的过程中说明符码生产问题是不完整和片面的。在他看来,符码生产既受到社会结构的编制与排列,同时也存在一大块阴影部分,而这部分就是不同结构主体在符码实践过程中的自主性,这样才能实现整个符码生产的闭合回路,才能获得符码的真实意义。威利斯在《学做工》中,对工人阶级青年如何子承父业的分析,关注家庭、社区、父辈和同龄人之间的影响,从工人阶级内部的生活经历和礼仪规则,诠释工人阶级的符号生成过程。工人阶级的符号系统不是按照社会结构安排既定的程序化呈现。工人阶级文化符号是活生生的,是色彩斑斓的,是他们对现实生活思想的凝结。

综上可以看出,"结构-文化主义"范式的符号隐喻理论认识到了社会结构与主体能动性之间的张力关系。他们在对社会总体的理解中,将"结构式"理解与"主体式"理解相联合,从而揭示"历史经验"与"社会结构"之间的辩证关系，强调以往被忽视的社会结构之外的历史行动者的意义和价值。这样一种理解方式的结合，有助于考察不同历史时期意义的演进、转化和接受过程，总体性和动态性理解和认识人类社会的现实状况。

第五章 以"实践"为内核的"结构-文化主义"范式马克思主义符号隐喻

"结构-文化主义"范式的马克思主义符号隐喻理论,是随着20世纪中叶结构主义转向之后逐渐展开的,马克思主义符号隐喻研究可以说是马克思主义哲学在当代发展的新研究方向。事实上,马克思主义文化哲学、马克思主义伦理学、马克思主义道德哲学、马克思主义文学理论、马克思主义元理论、马克思主义分析哲学,都从不同角度关注和涉猎符号原理、话语理论、语言语境论、语言历史学、语义学的问题,只是他们没有将符号隐喻作为他们研究的主题,而是将研究语言符号的方法、符号分析的方法运用于他们关注的不同角度的马克思主义理论研究中。

"结构-文化主义"范式理论认为,马克思主义关于语言哲学,尤其是符号隐喻体系需要进一步归纳和分析研究。特别在21世纪世界哲学的发展中,后现代主义、政治身份、后殖民主义、亚文化问题、女性问题和青年文化问题,很多都有明显的符号隐喻研究的倾向,提供了关注符号隐喻研究必要性的现实依据和理论依据。这一范式的符号隐喻研究将马克思主义理论与符号隐喻系统有机结合在一起,更有利于对20世纪至21世纪人类文化思潮的深度分析和对现实问题的有效关注。"结构-文化主义"范式以马克思主义的符号隐喻视角,审视表征人类文化思潮中变化的文化现象和文化问题,以符号隐喻研究的方式构造当代的马克思主义理论研究。这一范式理论研究既有元理论问题,包括符号的基本问题,符号的意义、意义的构造,搭建了符号隐喻内部系统,也就是基于索绪尔传统符号学研究的基本观点;同时,更为重要的是拓展了传统符号学与语言哲学的发展,丰富了以符号隐喻的研究拓展具有社会功能的延伸性研究。从而构成了符号研究的现实功能问题,实现了符号隐喻研究的社会功能的拓展,有效促进了传统语言哲学或者传统符合学的现代转变。

"结构-文化主义"范式的马克思主义符号隐喻理论,不仅以符号隐喻自身的逻辑构造包括类比、配对、关联的方式,形成对意义如何同溯因推理和解释连贯性这两方面进行联系与研究;而且延伸符号隐喻嵌入的现实世界,包括社会结构秩序下符码的编码与解码、符号与社会权力关系、符号与多元文化、符号与文化象征之间社会外显方式呈现的辐射性结果。在这一理论的研究者看来,符号的规范性问题不仅仅是符号内部意义隐喻之间的规范性或意义隐喻之网的规范性,更多涉及了社会层面的意义规范性。"结构-文化主义"范式建立了符号隐喻理论的基础,从历史唯物主义视角探究符号隐喻的规范性问题,以依照社会历史的实现维度寻求隐喻意义的真实来源,并力图建构基于历史唯物主义的符号隐喻系统。在他们看来,符号隐喻的规范性更多指向社会现实问题,包括社会秩序、人的实践活动、社会规定性、法律问题、社会规范问题、社会治理等现实层面的问题,是一种对社会结构、社会秩序、社会体制的有效外显方式。这样一种思考有助于符号隐喻对社会现实关照的有效发展。

第一节　以马克思和恩格斯"实践"概念为基础的符号隐喻系统

"结构-文化主义"范式理论以马克思和恩格斯"实践"概念为基础建构符号隐喻系统。历史唯物主义本身架构了一整套社会规范性的规则。马克思在将劳动作为实践哲学最为重要的概念时,就打破了原先对"实践"概念这一语词规范性的框架范围。变革了"实践"的概念意义,从而变革了劳动的范畴、实践的范畴,体现了人类劳动和实践活动的重要价值。实践哲学的价值问题本身也是一个语言哲学问题。价值问题不是实在的问题,而是应然的问题。"实践"语词的价值判断,涉及了哲学范畴、概念的价值判断。因此,实践唯物主义在现实层面探究了"实践"的现实指涉问题,然而就哲学层面而言,它更多地探讨的是语言哲学的问题。整个"实践"范畴意义改变了自康德、黑格尔以来的哲学观,构建了马克思主义哲学。哲学中的范畴、概念、规定性和规范性问题首先都是语言哲学研究的问题。语言哲学是探究其他哲学思想的前提和基础。只有构建出一整套语言范畴体系,才能建构出一种哲学思想。语言研究是哲学思想的元哲学。

对实践哲学内部研究本身来讲,关于其理论中的术语、形式和逻辑都是语言分析的问题。马克思"实践"术语的范畴和意义,不再是亚里士多德对"实践"概念的理解,而是融入了"劳动"的意义。亚里士多德将"实践"的规范性定义排除了劳动意义的范畴。他将人的活动分为理论的、实践的、创制的三种,将从事这三种活动的人分为"理论者"阶级、"实践者"阶级、"劳动者"阶级,这种划分对后世有着旷日持久的影响。"劳动者"阶级无论在物质生产还是在精神生活都只是处于目的性活动的手段而已,从事着最低等意义的活动。马克思通过劳动的实践，将亚里士多德三分法中的实践与创制进行了根本性的改造，将劳动作为目的性活动，使劳动者阶级不再作为目的性活动的工具而存在，强调劳动者阶级是生产活动实践的主体。

马克思和恩格斯实践哲学对认识论具有重要意义。正如，马克思和恩格斯所述，不是从观念出发来解释实践，而是从物质实践出发来解释观念的形成。这就奠定了马克思主义认识论的基础，认识来源于实践。西方语言哲学产生之初，就是在于以语言的规则、语言的逻辑、语言的结构试图认识世界，以语言分析作为科学认知世界的基础。这样两者就出现了认识来源的矛盾问题，也就产生了不同的认识论基础。可能恰恰就是这两种哲学，即马克思主义哲学、西方语言哲学之间认识论的本质区别，使得马克思主义理论很难被展开语言哲学层面的研究。传统观念认为，马克思主义认识论是实践的问题，实践的问题就不能离开现实的人的活动，很重要的一点就是人的语言行为的问题，具体的言语事实的问题。因此，马克思主义理论很重要的一方面就是历史唯物主义，任何"真"的都离不开现实，不研究抽离现实的虚无。而传统语言哲学在于摆脱语言与言语之间关系，排斥言语的研究，像索绪尔就认为言语没有规律，不值得研究，言语只是语言的重复的堆积。这就在于传统语言哲学以语言意义、意义之网建构世界，建构人的认识。传统语言哲学就在于区别能指与所指之间的关系。他们看重的是语言意义的位置与结构，意义的生成不是在于现实的所指是什么，一个词语意义的确定在于与另一个语词意义的不同而构建起来的，也就像前维特根斯坦研究的语言的家族相似性。

这就产生了另一个问题，马克思主义哲学如何与语言哲学建立有效关系。是两种完全不同的哲学体系吗？其实不然。在现当代语言哲学发展的过程中，如果始终坚持语言抽象的研究就无法研究下去。语言研究如果只在研究语词逻辑无疑在故步自封。语言哲学的当代发展就在于走出语言抽象化的研究方式，逐步进入对现实问题的观照。他们解开语言抽象研究之绳索，发展了语言社会学、语言符号学研究。但是其理论基础，还是保留了语言哲学内部解释和阐释问题的基础。

马克思和恩格斯所创立的实践唯物主义为当代语言哲学研究打开了一扇大门。以实践为核心范畴的认识论，建构了语言生成的实践来源。恩格斯在《劳动在从猿到人的转变中的作用》中很详细地说明了劳动与语言的关系。马克思主义认识论发展的今天，我们在实践的认识论意义上理解和创造世界，语言同样是人类实践的重要方式，语言生成源自实践。

因此，在实践认识论的基础上，"结构–文化主义"范式理论以作为物质性社会实践的隐喻符号、具有隐喻姿态的符号变体和属于大他者的符号隐喻系统为基本范畴与构思逻辑，发展了马克思主义实践认识论基础上的符号隐喻研究。现代性世界在物质生产力水平发展到一定阶段之后，人的劳动也发生了重要改变，很多人都在从事精神劳动，也就是非物质劳动的生产。文化符号生产成为经济生产之外一种现代性社会非常重要的生产方式和消费方式。文化符号生产实际上包含了很重要的语言活动和语言行为，如文本样态、多媒体样态、商业广告、戏剧、电影都离不开语言生产的环节。语言生产比较抽象，但现实生活中它的形态多姿多彩。

在这种情境之下，论证马克思主义语言哲学规范性问题就更为重要和迫切了。语言哲学作为一种科学的认识论，有科学认识世界的理论基础。我们需要借助语言哲学系统化和理论化的规则，服务于对现实世界的认识。在马克思主义实践认识论的范畴中，重新规定和规范语言的内涵和意义至关重要。语言哲学让我们更为清晰地认识人类思维活动的科学性，人类思想活动的逻辑规则。我们在现实的实践维度和抽象的语言逻辑维度，可以更好地理解和解释人的思维运转方式，可以更好地理解人的世界和人的行为。

"结构-文化主义"范式理论将符号隐喻浮现的规则，浸润在现实的日常生活实践中。他们不像传统语言符号学家通过语言的方式将现实世界与语言意义进行分割，或者将语言符号系统切分为若干个独立部分，如音位、音素、词素、变体、句法结构等，而是借助隐喻将符号关系中的情景与语态、言语事实与语言符号、阐释者与倾听者之间形成勾连，建立彼此相互关联的意义世界。在这种符号隐喻关系的组建中，这一范式理论将"实践"作为符号隐喻机体的关键动能。在实践的过程中，实践主体在自我认知的框架中，通过符号隐喻实践，将配对物、类比物和对比物之间产生关联。

例如，如果在符号逻辑的框架下，理解莎士比亚的"朱丽叶是太阳"会产生匪夷所思的感觉。然而当我们走进莎士比亚的剧本，形成阅读者对剧本情景和人物关系的理解时，也就是产生阅读者行为实践活动时，真实的语义世界才能展现在阅读者眼前，才能真正明白"朱丽叶是太阳"这句话的意思。

"结构-文化主义"范式理论就是要调动符号实践者积极的能动力，以具有主体能动性的符号实践，搭建实践主体的符号隐喻陈述，说明隐喻的真值条件或隐喻本质源自人的现实的实践活动中。霍尔将符号隐喻实践的过程表述为"接合"过程："接合（articulation）一词有一个很好的双重意义，因为'接合'意味着说出、发言提出、清晰的。它承载有语言的意义、表达的意义,等等,但是,我们也说一个'链接的'(articulated)货车(卡车):一辆货车前面的(驾驶室)和后面的(拖车)可以但不一定被互相连接。这两部分相互连接,然而是通过一种具体的、可以被打破的结合。因此,接合可以使两个不同的部分在一定条件下形成统一体。这是一种对于所有时间并不一定必要、确定、绝对和本质的连接。你不得不问,在什么情况下一种接合可以被打造或制造?所谓的话语'统一体'确实是差异的、不同要素的接合,它们可以用不同的方式被重新连接,因为它们没有本质的'归属性'。'统一性'是表达话语和社会力量之间的联系,它可以在一定的历史条件下,但不一定必须被连接"①。这种接合正体现了隐喻中本体与喻体之间的关系,这种关系是一种接合关系,在不同的历史语境中、不同的社会关系中、不同的实践主体中,这种接合关系就会发生一定的变化,就会发生不一样的结果。正是因为这种接合的符号隐喻关系,导致隐喻关系的非稳定性或者非统一性,所以霍尔总是会在个体身份、社会结构和文化中,谈论意义的隐喻关系。

伊格尔顿以符号理性空间内部与符号文化实践具体场景的对比关系,调度了字面符号与符号活动之间的张力关系,阐明符号实践或言语行为过程中主体的能动性作用。他认为:"在这个理性空间内部,口头或书面的东西,都对阶级和阶层的礼仪细节予以充分尊重;但言说行为,即相对于表述的表述行为,用本身的形式勾画出一种平等,即与它的阶级内容相抵触的自主和互惠。"②这里就表达了实践对于符号结构的重要作用。

从言语行为理论探讨语言规范性问题时,需要涉及言语行为理论的一些基本思想。在关于言语行为理论的讨论中,奥斯丁、塞尔、哈贝马斯对此都有过深入的研究,具体来说就是言语行为的本质和内部逻辑构造。言语行为是意义和人类交流的最小单位,有三种类型:语谓行为,即用词来表达某种思想;语旨行为,即说出的语句带有某种力量;语效行为,即利用说出一个语句来产生一定效果。要完成一个语旨行为必须通过完成一个语谓行为,因此语旨行为和语谓行为既交织在一起,又存在着界限,因为许多语谓行为并不同时起着语旨行为的作用。语旨行为和语效行为亦有明显区别,前者产生的效果是劝说性的,后者产生的效果是强制性的。塞尔在奥斯丁的基础上对言语行为理论作了进一步发展。塞尔对言语行为有了深入的探讨,参考实施言外行为的恰当条件(准备条件、诚意条件、命题内容条件、根

① Hall S.,On Postmodernism and Articulation:An Interview with Stuart Hall,In D. Morley and D.-K. Chen. eds.,*Stuart Hall*,Routledge,1996,p.141.

② [英]特里·伊格尔顿:《批评的功能》,程佳译,西南师范大学出版社,2018年,第16页。

本条件)对言语行为间接指令进行分类。对实施间接指令的各种方式即"指令"这一行为所涉及的几个因素出发考虑:说话人(发出指令者)、听话人(指令对象)和说话人想要听话人去做的动作。可以看出言语行为理论,着力关注言语行为,包括言内、言外和言后的行为活动。研究的范围多数发生在话语对话的内部,对一些具体原子句、词和话轮转换的研究,对言语行为背后的社会文化语境的结合研究是匮乏的。对于哈贝马斯的话语伦理学来说,在吸纳言语行为理论的基础上,形成了语言的语用意义,实现向伦理道德问题的转向。哈贝马斯从话语理论维度研究伦理问题,为马克思主义伦理道德研究提供了新视角。

"结构-文化主义"范式的符号隐喻理论关注社会层级的言语行为理论,以现实社会作为语言规范问题与言语行为理论相互关系考察的基础。他们以语义与语用关系问题,解释认识与意志之间的关系。语义在传统语言学是非常具有局限性的,一个语词的意义是由区别于另一个语词的意义建立的。语义的建立是像字典编撰学一样,固定化的语义是意义之间的区别。语言学就有非常强烈的结构主义特征,意义的确立是由意义之网的位置决定的。而传统语言学在走出语义学的限定之后,突破了语用学的发展,认识到言语行为、语言实践活动和语言用途的重要性。但可以说,语言学的发展还是非常遵循语言本身内部结构和语言用法的,对社会更广范围的研究有待开展。而这一范式理论则从语言的用途中意志的关键性问题介入,将语言的语义问题,拓展到对意志问题的探讨。由此开展了语言认识论向语言价值论的发展。而意志的问题,就涉及了商谈、交流和协商的问题,实现了语言的语义问题与语用问题的关联。

伊格尔顿从符号隐喻的关系层面,探讨了言语行为与言论的合法性问题。他认为:"言说这一行为本身披露了一个准先验性的主体社会理性交流的一种通用模式,后者威胁要它驳斥它所谈及的等级和排外主义。"①也就是说,当言语者处于共同的符号隐喻的现实场景中,那些捆绑在言语者身上的文化象征符号,在言说的过程中,在符号实践的那一刹那,所有禁锢其思维活动的先验准则,由于主体性实践的运作,这些符号象征和先验准则都随即被打开,一个现实的隐喻关系实践的场域打开了符号实践主体的想象。

在伊格尔顿看来,隐喻符号实践是实现改变资产阶级公共领域,从抽象虚假的自由主义转化实际权利体系的过程。因此,他认为:"言论的合法

---

① ［英］特里·伊格尔顿:《批评的功能》,程佳译,西南师范大学出版社,2018 年,第 16 页。

性既不是源于作为信息的言论本身,也不是源于言说者的社会头衔,而是因为它作为一个陈述,符合某种铭刻在言说这一活动之中的理性范式。"①符号隐喻主体的自主性和能动性的实践活动,实现符号隐喻的商谈合理性,以此强调社会规范性的基础不是单纯的经济关系或生产关系,而是在符号隐喻实践的过程中形成的社会规范。

在伊格尔顿看来,在符号隐喻实践过程中,符号行为者的身份和社会头衔不是预先给定的,而是在参与言语活动本身而形成的。他认为,在符号隐喻实践中是预先确立实践主体,然后才会形成彼此之间订立契约的关系。伊格尔顿强调符号隐喻实践的关键作用,就是在于符号隐喻实践可以"调节个人陈述和作为一个整体的话语结构之间的关系"②,实现公共领域合作而非竞争的关系。"这个社会无限可用、完全用之不竭的商品,正是话语本身,它公平交换的话语领域,没有支配的交换才有可能发生,因为说服并非主宰,有意见更多是一种合作而非竞争。"③

在"结构-文化主义"范式的马克思主义者看来,伦理道德问题必然连接着人类公共价值达成一致和遵循共同约定俗成的过程。而公共价值、常识和礼仪规范必然符合语言系统的发展规律。这样就有了广泛意义的语言符号规范性存在的基础,不只是语言符号内部体系的规则,而且是交融于人类日常生活之中符号的实践机制。社会体系是一个多面向的发展体系,语言本身就是社会体系发展中的有机构成,语言符号直接参与社会秩序建立的发展。语言符号不能脱离社会之外,反之亦然,社会运作体系也不能离开语言符号。这是社会发展过程中必然呈现的发展规律。社会规范的建立需要通过语言规范性制约。伦理道德的形成是人们使用语言和进行言语活动获得共识的基础。这样一来就使得伦理学除了一般价值论研究的维度,也为知识论研究带来了生机。从语言符号实践论的认识基础出发,言语行为理论的规范性以对话式的商谈理论,有效达成更多人一致的价值观、态度和看法,从而可以构建多数人赞成的社会秩序体系。

"结构-文化主义"范式的隐喻理论以历史唯物主义的认识论基础,强调符号隐喻过程中实践的关键作用,以实践作为隐喻体系始源对象与目标对象关联的方式,形成有机的符号隐喻过程。这一研究扩展了符号隐喻修辞学的意义,将符号隐喻作为人类思维活动、生产活动和交往活动的重要

---

① ［英］特里·伊格尔顿:《批评的功能》,程佳译,西南师范大学出版社,2018年,第17页。

② 同上,第18页。

③ 同上,第19页。

实践行为,延伸了传统符号学的目标函数关系,将作为隐喻的符号与社会现实场景有机关联在一起,形成了马克思主义实践认识论基础上的符号隐喻的新视域。

第二节 作为物质性社会实践的隐喻符号

"结构-文化主义"范式的马克思主义坚持实践唯物主义语言观,"其一,它强调语言是活动;其二,它强调语言有历史"①。在此基础上,他们关注语言符号的物质性,提出了作为物质性社会实践的隐喻符号内涵。

威廉斯在《马克思主义与文学》中,提出了作为物质性社会实践的隐喻符号内涵,分析了语言符号与现实分离的状态,诠释了前苏格拉底学派、柏拉图的语言观,直至语言研究三大分支的形成——逻辑、语法和修辞,基本产生了语言符号与现实根本区分的分离状态。

威廉斯明确符号隐喻生成的现实物质基础,指出语言符号并非形式上、观念上和思想上的主观臆想,而是人类特有的物质性实践活动。他认为:"符号表意行为这种通过运用形式符号进行的、有意义的社会创造,便是一种实践性的物质活动。它是一种生产方式。它是实践意识的一种特殊形式,而这种实践意识又同所有的社会物质活动密不可分。"②语言符号不仅是人类认知世界的地图和提供看待事物的方式,而且是人类的思想本身和实践本身。威廉斯对语言生成过程的分析,奠定了"结构-文化主义"范式对马克思主义符号隐喻内涵的基本观点,形成了这一范式符号隐喻研究关于"符号"这一核心范畴的基本观念。

"结构-文化主义"范式的马克思主义者认为文化作为一个相对独立的系统,可形成对完整"符号隐喻""意义"呈现的合理化方式。按照伊格尔顿所述:"'文化'在功能上是一个灵活多变的术语。如果人们将文化看作是赋予生活价值的事物,而非用来维持生活运转的事物,那么文化就尤其灵活多变。"③文化的灵活多变性,就体现在嵌入日常生活中的符号隐喻实践活动之中。符号隐喻实践是获得意义和达到完整意义的现实途径。符号隐喻实践推动实践主体在不同的历史语境中和不同的文化场景中,形成"意义"

---

① [英]雷蒙德·威廉斯:《马克思主义与文学》,王尔勃、周莉译,河南大学出版社,2008年,第19页。
② 同上,第40页。
③ [英]特里·伊格尔顿:《论文化》,张舒语译,中信出版社,2018年,第56页。

符合主体身份的合理性表达。伊格尔顿在分析文化与非文化时指出："对于我们现代人来说,交换礼物或许是一种文化实践,但是在一些前现代社会的秩序中,这可能关系到经济的必然要求。饮酒是一件关乎文化的事,但如果饮酒是唯一一种结束饥渴难耐的方式,它就不再关乎文化。……在卡塔尔地区,穿戴头巾既可以是为了标志你的文化身份,又可以是为了预防中暑。"①由上面的例证可以看到,文化实践实现了意义在场的呈现关系,体现了能指与所指所展开的意义之网的丰富性。在现代社会中,往往是文化与非文化的双向结合,即呈现物质一般使用价值的功能,但更多地展现出文化所承载更多丰富多彩的生活意义。作为物质性社会实践的隐喻符号内涵,正体现出语言文化符号与物质载体之间的现实关联。

从某种意义上讲,现代符号学一直以来没有能得到英美分析哲学的充分接受,主要在于英美分析哲学将符号所构成的体系作为一个自给自足的系统,按照语言哲学的基本范畴和研究范式把符号作为语言分析的内部构造,按照音素、音位和原子句等语言内在规定性结构对其加以研究。符号的语用功能和社会功能并没有得到有效开展。而现代符号学之所以成为20世纪末到21世纪以来的显学,一方面,在于分析哲学对语言符号内部系统封闭式的研究遇到了理论屏障,很多语言的意义和指向无法用分析哲学的方法言说,迫使语言哲学需要进行现代理论的嬗变;另一方面,在于马克思主义符号理论的崛起,马克思主义坚持历史唯物主义语言观,以自身历史性和实践性的优势,将符号作为人类语言范畴的活动和行为,强调符号的实践意义和社会功能。

因此,现代符号学常有的实践性和社会性特征,更有利于与马克思主义哲学相结合,彼此之间的理论基础和基本观点有很多契合之处。威廉斯对符号学的研究开始于他对马克思主义文学理论研究的框架之中。在《马克思主义与文学》的关于"符号与标写""审美情境与其他情境""从媒体到社会实践""惯例""体裁""形式""创作实践"的章节中,探究了符号与意义关系、符号系统、符号形式与符号实践等问题。

首先,威廉斯基于"结构-文化主义"范式的马克思主义符号隐喻理论,阐释了意义复杂性。他认为:"语言不再是一种媒介,而成为物质性社会实践的构成因素……因为语言总既是一种物质实践,又是一种过程——在这种过程中,许多显然物质性并不是很强的复杂活动(从传递信息到互动,从表达到想象,从抽象思维到直接的情感表达)都能具体地实现。实际上语言

---

① [英]特里·伊格尔顿:《论文化》,张舒语译,中信出版社,2018年,第56页。

就变成了一种特殊的物质实践,即人类的一种社会实践。"①威廉斯以隐喻符号的物质性和实践性,建立了"结构-文化主义"范式的马克思主义符号隐喻理论的思想前提,即基于历史唯物主义的语言观的符号学思想。他对隐喻符号物质性社会实践内涵的拓展,对历史唯物主义的当代发展具有重要贡献。他将经济关系的物质实践引向了社会隐喻符号关系的物质实践,把隐喻符号作为人类物质实践的重要形式。他指出:"如果还是把物质实践仅仅局限在对客体对象的生产上,或者把社会实践看成是排斥或对立于个人实践的,那么,以其现实形式语言呈现出来的语言就可能变得令人无法辨认。"②可以看出,威廉斯将物质实践从原先一般意义的生产活动,即主要针对客体对象的一般性的生产和改造过程,引申为融入社会实践的,包括人的言语行为、文化交往和个体行为与社会行为相一致的,更为广泛意义的人的活动。隐喻符号是搭建个人实践和社会实践的有机物质实践的基础。

　　其次,威廉斯对表现主义与形式主义的符号理论进行了批判。在他看来,形式主义对语言理论或者文学手法进行了一种形式化的或者符合化的扭曲。他指出:"(某些人)在尚未认清语言本质的情况下,便把这些片面表述从关于语言的其他表述中挑选出来,去充当他们选择的那类文学理论的基础。在我们的文化中,主要存在着两类被择定的文学理论:一类是'表现主义',它们或简单地呈现为'心理现实主义'或'个人经验'写作,或隐蔽地呈现为自然主义与单纯现实主义(即所谓真实地表现所观察到的情境或事件);另一类是'形式主义',它们强调的是形式步骤的种种变化,文学手法的种种组合,或通过'符号系统'构成的种种'文本'。"③威廉斯这里所指的"符号系统"是形式主义采用的抽象化和结构形式化的研究体系,它在于去除历史内容,以纯粹逻辑的和程序的方案处理语言。威廉斯用"符号"这个词,在于说明形式主义的语言理论分析与索绪尔符号学思想的相同之处,即仅把语言作为符号形式的理解,而把语言符号的意义丢失了。实际上,符号在于表意。而形式主义以形式取代内容,偏离了符号原本的意义和用途。因此,威廉斯批判了这种形式主义的符号学。他对形式主义文学分析加以说明:"形式主义把我们的注意力引到了那些写作中明显存在但又极易被忽略的东西——即对多种多样(从最普通到最有特色)文学形式的。"④形式

---

①②③　[英]雷蒙德·威廉斯:《马克思主义与文学》,王尔勃、周莉译,河南大学出版社,2008年,第172页。

④　同上,第173页。

主义瞄准的是文学结构的一般形式,对文学中的正规意义和价值不列入思考范围。这样一来,它将文学结构作为文学生产的主要来源,强调文学的生产性和结构化的意义。威廉斯分析了文学理论两种反向的谬论:一种是表现主义的谬论,另一种是形式主义的谬论。这两种是文学理论分析的两种极端。

表现主义用一种自然主义的方式,以经验形式和现实化呈现文学,认为文学内容是被呈现和表现出来的。因此,"它不承受一项事实:意义总是生产出来的,而绝不仅仅是被表现出来的"①。就此,威廉斯论述了意义生产的问题:"在意义的生产方式上存在着许多重要的变异形式:既有对已有确立的意义和意义关系的相对的完全依赖,又有对已有意义的相对的完全重构以及对新的意义结合方式的发现。"②文学文本不是对现有意义的简单呈现,不是表现主义的文学阐释方式。在这样一个观点的建立中,威廉斯为"结构-文化主义"范式的马克思主义符号隐喻理论作出了预案,他以隐喻符号的实践性、社会性和复杂性,强调了符号意义生产的现实语境。

具体而言,威廉斯的符号观主要有:①语言并不是一种纯粹的媒介,②语言是一种社会性的共享互惠活动,③语言已置身于能动的关系之中,④人作出某种表述总是在或隐或显地引发或试图建立某种关系,⑤不应该将这种复杂关系化约为某种范畴性的或普遍性的因素。这就驳斥了表现主义或自然主义对语言符号一般呈现过程简单化约论的分析。语言符号不仅仅是一种经验层级的现有描述,而本身就介入了主体的内在自我与外在自我的结合。语言符号外显的过程,是意义生产的过程,建立在包括物质性和非物质性、个体和社会、社会规范和个体能动性的复杂关系中。

而相反的是,形式主义强调语言符号的生产,而这种生产只是结构形式的演进生产,不涉及语言内容或言语事件的范围。他们认为任何语言符号的背后都是即在程序的样式。威廉斯认为:"一种更激进的形式主义则反对那些认为语言和表达都是'自然的'的观点,它把整个过程化约为它认为是其基本构成成分的那些东西,化约为'符号',其后又化约为'符号系统',这些概念都是它向某种语言学理论借用来的。"③威廉斯为突出形式主义对语言结构和形式的偏执分析,用"符号"和"符号系统"进行阐释,而这里的符号和符号系统指的是形式的符号和符号系统,并不是后来他所主张的马

---

①② ［英］雷蒙德·威廉斯:《马克思主义与文学》,王尔勃、周莉译,河南大学出版社,2008 年,
　　第 173 页。

③　同上,第 175 页。

克思主义意义上的符号学或符号系统,就是在说明索绪尔以来语言学的符号形式。他进一步区分了"形式上的符号"和"符号形式的组织"之间的差别。在威廉斯看来,人和事物都需要由某一具有标示性的符号来指定,符号隐喻的作用就在于生产意义,指示和说明人和事物。形式主义所关注的不是符号形式的指向意义,而是符号形式的语词。这就产生一种结果,即语词与意义的对立。在形式主义那里,语词就是符号的形式,而分析语词的关键不在于语词所传达的意义。形式主义关照的是符号形式上的组织,也就是如何让语词形成规则的部分,是对语词组合方式、组成形式和组织过程的分析与研究。因此,威廉斯就说:"它(形式主义)总是要依赖于那些由字词而不是人或事物所构成的形式性的符号的,总是要依赖于这些符号在形式上的组织的。"①

在此基础上,威廉斯进一步对语言学的符号思想进行了分析批判。索绪尔符号学将语言符号的性质放置在符号、所指和能指之间的关系问题中。他把语言符号作为一种心理实体,认为"语言符号连接的不是事物和名称,而是概念和音响形象","概念和音响形象的结合叫做符号",并进一步"用所指和能指分别代替概念和音响形象"。②这些基本上形成了索绪尔对符号概念的界定。他进一步提出了语言符号的两个原则:符号的任意性和能指的线条特征。威廉斯对索绪尔符号的任意性原则进行了反驳。他用"疏离""社会距离"来驳斥"符号任意性"的观点。威廉斯认为:"对于'符号'是'任意性'的这一点,只能从自觉或不自觉发生的疏离的角度去看。符号所表现出的任意性是一种社会距离,其本身体现的是一种关系。"③他认为符号任意性是相对的,仅仅是原有和现在存在关系的疏离事件。事实上,那些看似具有任意性的语言符号不能完全抽象化和肢解化地从原有现实社会语言中脱离出来,而必然与现实社会语言有着天然的纽带关系。只不过这种纽带关系是一种可变的距离,这种现实社会语言对每一种符号选择的约束力是有着不同程度作用力和影响力的。威廉斯指出:"词语作为'符号'的那些可以作精确观察的形式特征之所以被视为'任意性的',是因为它们已先在地被人们从那些曾经存在和现在存在的关系中抽取出来。"因此,语言符号的抽取不是任意性抽取的,是原有特定社会生活具体化的抽取和选

①③　[英]雷蒙德·威廉斯:《马克思主义与文学》,王尔勃、周莉译,河南大学出版社,2008年,第175页。

②　[瑞士]费尔迪南·德·索绪尔:《普通语言学教程》,高名凯译,商务印书馆,2017年,第95页。

择,是人类文明历程的当下选择。这种抽取和选择必须符合人类社会发展的运行规律,关联着语言选择系统存在的本族语和原生文化。

值得注意的是,威廉斯进一步对"任意性的'符号'"如何实现进行了两种情况的分析:第一种分析是实现了的疏离。这一点要想实现的话,是语言观察者和语言学家出于科学分析的目的,而形成有意所为的抽象化态度。第二种分析是未实现的疏离。这一点是特权群体为操纵社会和社会形式,用"所编构的'任意性的'符号和'代码'被看成是资产阶级社会的形式"①,现实"疏离的异化"。资产阶级就在于通过操控符码,以"任意性符号"掩盖资产阶级意识形态霸权的真实目的。因此,"任意性的符号"原则在威廉斯看来是带有意识形态性的,要不就是语言学家为达到抽象化的语言规则,而采取远离经验事实层面的做法。而实际上,任何脱离具体社会语境的语言符号分析,也就是能指与所指以任意原则下的关联,即全然都是自然符号是不存在的。索绪尔任意性的符号原则,是一种唯心主义的语言观,认为能指与所指只是自然状态人的心理实体。另一方面符号的任意性是被资产阶级利用的,他们用一种虚假的能指与所指的任意性关系打造隐藏包括资本主义意识形态在内的话语符号系统,以符号化的方式增强资本主义的意识形态化。资本主义正是利用这种"疏离的普遍化",形成"出自某种密切相关的资产阶级唯心主义构形的态度"。②

另外,威廉斯对"符号系统"只有内在的形式规则也进行了批判性分析。他批判形式主义简单地将符号系统作为一个内在自给自足的系统,将符号系统作为脱离社会结构的内部规定性分析。形式主义将"符号系统"作为"编纂",就排斥了语言使用者和语言主体的能动性和实践性。他们以排序方式或者逻辑形式,推演符号系统的内在规则,就排斥了语言结构之下主体的作用。威廉斯指出:"如果'符号系统'只有内在形式规则,那么,从历史或社会学的角度来说,就不可能有具体的社会构形去设立、变动或更改这种(社会)实践,说到底,也就不可能有任何全面的社会实践了。"③威廉斯在这里清楚地阐明了符号系统承载了重要人类社会实践活动的观点,强调了符号系统中符号实践活动的重要性,并且指出符号实践是人类全面的社会实践。他进一步说明:"这一把语言的能动实践描述为'编纂'的说法,在其看似指向那些曾被那种'自然'表现的说法所遮蔽的关系和指涉的时候,

---

① [英]雷蒙德·威廉斯:《马克思主义与文学》,王尔勃、周莉译,河南大学出版社,2008年,第175页。

②③ 同上,第176页。

却又以其自身的方式再度遮蔽了它们——这种方式就是,放弃对于某种持续而又变化的物质性社会实践的关注,并把所有的各种实践都看作是形式问题。"①这就将符号学引向了威廉斯所开创的"符号"的基本概念,即符号学是关于意义实践活动的研究,它不是编撰学或者逻辑学,而是具体发生在特定的历史语境中,是具有物质性社会实践意义的符号研究,不是形式化的问题,而是符号意义在人类社会历史发展中的重要作用和实践价值的探寻。

　　威廉斯认为疏离化、异化的符号模式是对社会真实情景的遮掩。虽然社会结构是一个非常庞杂的体系,但是不同实践主体都可以以自身的方式,寻求观察社会结构和改变自身所处关系的可能性。威廉斯指出:"在这种社会情境中,特定的构形以及特定的个体(包括解码者)都在以极其不同但又可以觉察的方式使用着、提供着、检验着、修正并改变着这种关乎他们自身的物质关系和社会关系的、十分重要的、实实在在的因素。"②再次重申了威廉斯对待语言符号学的态度,语言符号是社会结构的显影,从语言符号的分析中可以提供对观察者理解世界的途径与方法。不仅如此,还可以从符号的观察者变成符号的拥有者和改变者,通过符号理解和认识社会结构关系的基础上,从被动的接受者转换成主动的实践者,从接受方转变成施动方。主体在以有意识的方式观察、使用、检验和修正符号的过程中,加入了历史行动者能动性的作用,借助符号的使用变革主体在社会关系中的位置,将符号学研究推向了变革社会秩序和社会结构的意义和功能上来。

第三节　以实践活动作为分析符号隐喻配对物的对应关系

　　在人类依存的符号世界中,包括符号生产、符号使用、符号交往等各类符号活动,蕴含着符号背后的组织关系和象征秩序,而这种由符号结成的关系,在"结构-文化主义"范式理论的研究者看来,是一种符号隐喻关系。符号隐喻关系不仅是社会既定结构的次生物,而且是包含符号使用主体能动性的实践行为。

　　"结构-文化主义"范式的符号隐喻理论在具体的文化符号现实场景中,探究作为人类思维重要方式的符号隐喻系统,分析它是如何通过对比、

---

① [英]雷蒙德·威廉斯:《马克思主义与文学》,王尔勃、周莉译,河南大学出版社,2008年,第176页。
② 同上,第177页。

配对、聚类和类比的方式达成已知项与未知项之间的接连;并将符号作为先验图式与共享意义的复合体,发挥符号隐喻在意义与形式、结构与内容之间穿针引线的作用,并进一步彰显这一研究范式的符号隐喻具有赋予形式以意义,注入结构以内容的不可分割的意义。"结构-文化主义"范式的马克思主义符号隐喻理论,从现代语言哲学的视角出发,认为社会结构与人的主观经验关联的外部显影可呈现于社会的符号模式中,符号模式从组织方式、情境安排、解释方式到实践过程,存在着隐喻性的策略。他们在遵循历史唯物主义语言观的基础上,将意义的主导观点引向意义的使用和意义与生活接连问题的讨论,把隐喻关系作为意义附着的符号间以及符号与外界世界间分环勾连的通道, 以符号隐喻的方式调动日常语言与抽象思维、文化现象与社会深层结构、主体经验与主体嵌入的组织形式之间的关联,让隐喻不只存在于观念中,而是将隐喻作为理解世界和改变世界的方式。

在"结构-文化主义"范式的符号理论看来,我们的世界是被符号隐喻包裹的世界,符号隐喻包裹的世界是一个充满多样性和复杂性的世界。在这种不断寻求和调用观念世界、现象世界、真实世界和虚拟世界接连的隐喻关系中,隐喻的可靠性来源就成为至关重要的问题。隐喻真理性判断是保证人类运用此类方法获取知识、获得认识、形成判断和产生行动的关键,是产生人类各项行为活动的前提和基础。因此,隐喻的真值需要在纷繁复杂的隐喻世界中作出检验。这些学者认为,隐喻的真值和隐喻的检验最终要落脚于马克思主义实践认识论的基础上。他们试图完成马克思主义实践认识论基础上的符号隐喻理论与实践的模型。这一范式展开了不同类型配对物对应关系的符号隐喻实践研究。

一、文本类型的符号隐喻实践

"结构-文化主义"范式的马克思主义思想家,如威廉斯、霍加特、伊格尔顿和本尼特, 从文本层面剖析了符号隐喻关系中配对物的对应关系,而这种对应关系是源自实践认识论的基础。这里所说的文本不仅指代文学文本,而且指向了广义层面的文本样式,包括电影等大众媒体传播的新形式,还有口头文本和面向日常生活的生活文本。

(一)文学文本不仅呈现了隐喻修辞学的丰富意义,而且包含了文学文本当中理念模式与历史描述所形成的配对表达过程中的对应关系

伊格尔顿的《批评的功能》一书,其中重要的一部分包括对文本类型的符号隐喻实践作出了系统的分析。他首先对古希腊表征德雅兼蓄之学的"paideia"一词作了分析,表达了他对批评的态度和批评功能的基本观点。

伊格尔顿指出:"paideia,不仅仅是一个符号名称,更是代表着这个词所展现出来的历史主题。……唯有当我们阅读其历史,并跟随其脚步孜孜不倦地观察它如何实现自身,我们才能理解这个词的完整内容和含义。"①伊格尔顿对文本符号的理解,认为语词的理解,特别是关涉人类思想活动的关键词,不能仅仅停留在语词的字面意义上,更为重要的是需要在人类历史实践的过程中去分析语词的意义与内涵。伊格尔顿认为,文学符号隐喻存在的状况总会在"理念模式和历史描述之间游移不定"②,一方面,文学受到社会现实结构的制约,另一方面,文学具有自身强大的灵活性和相对自主性。伊格尔顿主要分析了文学符号隐喻的系统,进一步阐明这种类型符号隐喻的实质性社会功能。

本尼特认为,对文本研究要关注语言符号分析过程本身,需要形成对符号语言理解与文学批评话语之间有机的关联。在文学文本的意指关系中,涉及文化是一种意指实践还是一种仅仅对现实反映的不同理解。在本尼特看来,以传统语言学的发展逻辑来看,语言是通过赋予概念机体之上的特定语言结构形式来意指现实的。"索绪尔认为,语言的能指——言语的声音结构和书写下来的标记——所表示的并不是真正的事物或者真实的关系,而是对有关事物的观念、关系的看法,每个能指所产生的意义及其与其他能指在关系体系内的关系都是由语言自身所确定的。语言所言说的'对象'并不是外在于语言的'真实事物',而是完全内在于语言的'观念性对象'。"③按照传统语言学的思路,是语言赋予现实以意义和概念,是对现实的意指。而在第二国际、第三国际的马克思主义者看来,这恰恰相反,他们以经济关系的生产链条,将观念之物作为对现实之物的机械反映论的认识,认为语言符号只不过是对现实之物的镜像反映。然而在本尼特看来,语言符号既不像传统语言学认为的那样,作为先在之物存在或是作为对现实的任意性意指;也不像第二国际、第三国际反映论的认识,将语言符号作为被动的反映之物的存在。他们看到了语言符号与现实之物之间相互的作用关系,以历史唯物主义的认识原则,即基于认识主体对认识对象富有能动性的实践活动为依据,将语言符号运动作为一种有意识的意指实践过程。

本尼特对文学作为经济决定论一种附属物存在的批判,变革文学的所

---

① [英]特里·伊格尔顿:《批评的功能》,程佳译,西南师范大学出版社,2018年,导言。

② 同上,第8页。

③ [英]托尼·本尼特:《形式主义和马克思主义》,曾军译,河南大学出版社,2011年,第6页。

属地位,发挥文学所具有的真正社会力量的作用,形成对马克思主义文学的新构建。他分析了 1920 年前后,形式主义与马克思主义批判学派之间相互关系。本尼特认为,1920 年之前因为没有明确地确定马克思主义文学批评的正统方向,马克思主义批判学派暂时以包容的方式接受了形式主义的存在。然而 1920 年之后,随着"反映论"观念的支配作用,马克思主义批判学派以是否能够以"反映论"的逻辑记录历史发展作为衡量的标准。这样一来,形式主义追求"文学形式都视为平等且必然的对现实的意指"①的想法,则背离了"反映论"的基本逻辑,即文学只是"经济基础-上层建筑"之间关系链条的被反映的存在,没有相对自主性存在的位置。"反映论"主导的马克思主义批判学派要求形式主义改变他们对"反映论"的消极评价。自 20世纪 20 年代之后直至五六十年代,形式主义一直受到这种"反映论"马克思主义批判学派的压制。

形成于 20 世纪 50 年代末的文化马克思主义正是对"经济基础-上层建筑"反映论的批判,反对第二国际的马克思主义者对马克思思想"决定论"的偏执理解。威廉斯、霍尔、本尼特采用不同的方式对马克思主义"经济决定论"进行分析,以霍尔的话讲,即"陈旧隐喻关系"的埋葬。他们认为"经济基础"与"上层建筑"之间不是一种简单的决定与被决定的关系,社会结构是经济、政治、文化和社会相互交融的复杂构成,批判将经济摆在中心位置而忽视文化在社会结构中相对独立的作用。本尼特对这种单一决定论的批判,主要体现在他对俄国形式主义与"反映论"的马克思主义批判学派之间思想冲突的分析中。他指出:"如果说马克思主义批评有一个共同的信念的话,即是他们坚信,文学作品只有在置于它们所产生的经济、社会和政治关系之中才能得以充分理解。形式主义则恰恰相反,倾向于坚持文学的自主性,认为批判的适当工作仅仅是对文学文本的形式特征的分析。"②

本尼特认为这两种文学批判形式都有其局限性,都过于偏执地站在了两个对立点上,马克思主义批判学派过于强调"反映论"逻辑对文学的操控而去除了文学的相对自主性,然而形式主义文学批评又过于将文学置于"陌生化"之中,失去了文学的政治立场。这就启发他试图在"形式主义"与"传统马克思主义批评理论"之间谋求接合点,形成对文学内部形式与文学外部功能之间的双向作用。并且本尼特指出:"文学内部研究文学的结构主义和符号学观念,都倾向于强调俄国形式主义与当代结构主义批评之间的连续

① [英]托尼·本尼特:《形式主义和马克思主义》,曾军译,河南大学出版社,2011 年,第 21 页。
② 同上,第 22 页。

性。"①他认为,俄国形式主义与当代结构主义批判之间有一定的联系性。

本尼特与伊格尔顿对文学批评的态度基本一致的。在文学表达中有一定的语言符号结构的理念模式,同时,文学作品通过对历史事实或历史材料审美角度的重新塑造,形成文学样式的叙事方式。因此,在对文学批评分析时,"结构-文化主义"范式的马克思主义者强调符号隐喻的运动分析,主张文学文本当中理念模式与历史描述所形成的配对表达过程中的对应关系。

"结构-文化主义"范式的马克思主义符号隐喻理论对 20 世纪 70 年代以来的马克思主义文艺理论有着重要贡献。他们对马克思主义文学分析的研究,起始于对 1917 年俄国十月革命之后十年间具有极大影响力文学批评家思想的分析。这一理论认为,马克思主义文学理论研究应该关注俄国形式主义文学理论的研究,在对形式主义文学分析的批判过程中,辩证看待文本内部结构分析与文学置于外部社会结构研究之间的相互关联,从而进一步确立马克思主义文学理论研究的内在实质。马克思主义文学理论实现了"一种新的'文学'观念",即"将从美学地带转向其所属的政治领域"。②马克思主义文学理论以自身关注社会现实的文本分析,实现了马克思主义文学批判与传统美学维度的文学批判之间相互区别界限的形成。

(二)文学文本视为文化实践中的一个离散系统,代表着在特定的社会关系和文化关系中建成

本尼特认为文学除了美学意义之外,文本中作为文本的客观物质存在也不能被忽视。文本由于其特殊性的表达方式,往往通常会对其建构的对象和概念采用隐藏或者隐喻的方式,将"文本被'放置'到另一个与之相关的他/她的独立话语之中。因此,这样的批评对自己及其对象均实现了'归化'(naturalizes)"。文本作者实际上在组建文本的过程中,无意识地将真实世界的镜像反映已经植入文本中,或者被称为归化的方式已经浸润在文本中,这也就是文学隐喻的方式。这种文学类型的隐喻方式或者隐喻组建模式,被本尼特认为是除审美之外,还存在作为认知特殊形式的文学功能。因此,他有意发展马克思主义理论中的文学理论,非审美意义的文学组织形式。

威廉斯同样认为,文学的非审美问题,包括虚构性写作的形式压缩为"文学"概念的组织关系,反映了文本作为文化实践中的一个离散系统,呈

---

① [英]托尼·本尼特:《形式主义和马克思主义》,曾军译,河南大学出版社,2011 年,第 22 页。
② 同上,第 3 页。

现相关文本及其与文化实践相邻关系的历史的和文化的各种关系。威廉斯在探讨"文学"概念时认为，"不过，决定性的理论突破是：人们已经认识到了'文学'是一种特殊的社会范畴和历史范畴。有一点越来越清楚，那就是这种认识并没有降低文学的重要性。正是由于文学具有历史性（这是一种涉及文化主要阶段的关键概念），文学才成为强烈显示着语言的社会性发展的特定形式。而又正是在这种前提范围内，杰出的和具有永久重要地位的文学才能在特定的社会关系和文化关系中建成"①。这就形成了非审美意义或修辞学意义的隐喻关系在文学文本中形成，这种隐喻关系呈现了写作实践过程中所形成的建立在社会和历史上，与客观物质存在相对应的配对物对应关系。

　　"结构–文化主义"范式的符号隐喻理论强调文学文本外部的社会文化运动的因素，将文学组织构成的一部分原因看作是意识形态生产方式和文化实践过程作用的结果。本尼特指出，有必要在马克思主义理论中对"文学"概念进行一种定义，文本需要在马克思主义的文学理论框架中得到文本内部分析之外政治影响力的分析。威廉斯在《马克思主义与文学》中，从现代文化的层面对文学范畴和美学范畴进行了区分对照。他认为："理论上的难题出现在那深深根植于现代文化的两种强有力的区分方式之中。这两种方式就是那似乎已明确划分了的'文学'范畴和'美学'范畴。"②威廉斯认为随着现代文化概念的展开，文学与美学范畴的区分更加明显。文学不再简单地附属于美学理论之中，它有其展开过程中来自自身文本结构和外部历史文化发展的双向作用。单纯从美学意义探讨文学是一种片面性的分析。他强调文化关系和社会关系对文学的重要构形作用。传统美学意义的文化研究，将文本置于文学批判的固定模式之中，所形成的不同文本的批判都简约地归化在一种结构之中，去除文本特定存在的历史文化关系，对文学批评进行了人为现实社会生活的剥离。传统美学意义的文化研究认为："以历史比较的方法来审视包含'文学'概念的文化是无益的和过时的。"③"结构–文化主义"的符号隐喻理论重塑历史形态对文学的重要影响。他们认为，文学中的某些虚拟性的写作形式和被压缩的文本组织形式，实际上反映了文本在形成过程中与文本产生的历史关系和意识形态生产方

---

① ［英］雷蒙德·威廉斯：《马克思主义与文学》，王尔勃、周莉译，河南大学出版社，2008 年，第 56~57 页。

② 同上，第 151 页。

③ 同上，第 9 页。

式有密切相关性。

（三）"结构–文化主义"的符号隐喻理论批判形式主义的"陌生化"的手法或者"为艺术而艺术"的学说，提倡回归指涉现实的具体文本实践方式，实现文学隐喻与社会现实表达一致的有意义对话

陌生化主要来自19世纪80年代的俄国形式主义。文化马克思主义学者关于语言符号的研究，基本上都绕不开俄国形式主义对文学批判的研究。诸如威廉斯的《马克思主义与文学》、伊格尔顿的《二十世纪西方文学理论》、本尼特的《形式主义与马克思主义》、克里斯·巴克的《文化研究——理论与实践》等著作，都涉及了文学符号与俄国形式主义之间的相关性。"结构–文化主义"范式理论对语言符号学外延式的研究，主要体现了对形式主义符号学的批判，在批判性地汲取了形式主义对文学作品结构性的分析后，对形式主义文学批评中的一些方法进行了实质性的改造，将符号与意义之间的结构关系延伸到整个社会语言文化符号的思考之中。俄国形式主义文学批评理论对"结构–文化主义"范式的符号隐喻理论具有一定的影响作用。

本尼特认为，一直以来，形式主义坚持从文学内部研究文学的结构主义和符号观念，形式主义对文学所具有的政治社会因素采取中立态度，不关注文学所持的政治立场，只是从文学产生的"陌生化"角度考察文学的美学效应。马克思主义文学批评分析文学产生的社会历史成因及其所具有的政治倾向性。形式主义与马克思主义进行有效对话，开始于巴赫金小组，包括哈伊尔·巴赫金、V.沃洛希诺夫、罗兰·巴特的思想。本尼特认为，托洛茨基有条件地接受了形式主义的观点，指出他在《文学与革命》中指明了艺术的现实意义，艺术是根据艺术的特殊规律产生的关于现实的折射、变态和变形。托洛茨基改变了刻板的形式主义文学分析的方法，主张分析文本形式是对社会历史现实呈现的观点，并将文学批评编入了对文本写作实践过程的分析。本尼特在综合分析形式主义与马克思主义文学的关系中，试图通过对形式主义的批判，重新建构马克思主义文学批评理论。

本尼特分析了俄国形式主义的文学理论，包括对雅各布森的研究。他认为，雅各布森为实现诗语的审美功能，往往会将审美功能放置在超越交际功能的地位之上，用不断生成的言外之意或者摆弄各种语言技巧，让文学语言超越世俗化的用法，远离实际生活中的日常语言习惯，形成文学的陌生化策略。在本尼特看来，这种形式主义的文学理论造成了对真实世界意义理解的干扰。他主张文学具备一种象征实践的功能，强调文学在一种自治性的社会实践层面具有的作用和影响。本尼特指出："诚然，文学仍然

被视为一种特殊类型的知识,通过典型化手段以产生一种拟态的、诗意的、具体的关于历史发展动态趋势的表象。然而,对其的评价并非根据其独特的组织特征的效果,而是根据其与由马克思主义所提出的现实模型的一致性程度。"①文学组织形式和组建方式不是一种抽象化、陌生化的过程,即便存在一种美学意义上或者美学手段上而形成对现实关系的折射、变态和变形的呈现,但是整体上文学不是有意形成对现实的"陌生化"或者抛去现实仅"为艺术而艺术",而是由于为了更好地表达某种社会关系或更加深刻地揭示某种社会问题,而采用一种文学特殊的表达方式。

虽然本尼特深刻批判了俄国形式主义陌生化的思想,但是他看到了陌生化效果中的积极方法。他从俄国形式主义的历史渊源和思想演进,整体分析了俄国形式主义文学批评的主要思想内核,对俄国形式主义进行了理论透视。本尼特认为形式主义的一些文学批评理论值得进一步深入思考,辩证看待形式主义文学批评的观点,会对马克思主义文学批评理论具有一定的启示作用。形式主义文学批评中关于"具体形式与语言特性""文本结构的相对自主性"等思想,触发本尼特萌动对马克思主义文学批评进行重新构建的思想。本尼特对马克思主义文学批评的重构主要有两个方面:

方面一:本尼特借助形式主义文学的"陌生化""扭曲方式""反理性语言",反观特定时代的叙述成规。本尼特在分析形式主义"陌生化"的文学批评观时,并不一味地谴责形式主义陌生化的策略,而是看到了这种方法中蕴含的积极作用。他对形式主义将文学视为特殊的、符号学意义上被组织起来的意义,即文学不能成为现实的反映,持批判态度。然而他认为形式主义中,通过"使之变得陌生"的手法干扰人们对世界的习惯性看法是有一定积极作用的。形式主义认为,文学陌生化可以产生如堂吉诃德、哈克等人物形象,并借助这些人物形象的塑造和符号隐喻的张力结构,形成对现实社会制度的批判,从而挑战那些对人类思想意识和价值观念产生束缚的思想。

本尼特认为,这种陌生化的机制形成文本代码与现实匹配物之间的对照,形成"扭曲"化的相互关系,从而暴露特定时代的叙述成规所存在的问题。这就形成了"文学"作为一种具有相对自主性语言符码的意义。本尼特对俄国形式主义作了这样的评价:"形式主义认为文学应该被视为通过各种多样性的形式手段来为已被接受的思想及其表达的范畴进行转变的实践。通过颠覆由日常语言范畴和主流意识形态形式或其他文学作品的代码强加于现实的思想或知觉的特殊模式,文学因而被视为对这些形式的陌生

---

① [英]托尼·本尼特:《形式主义和马克思主义》,曾军译,河南大学出版社,2011年,第33页。

化,这样以便削弱它们对我们认知世界方式的控制。"①本尼特认为,文学创造了人类认识世界和表达世界的一种特殊"洞见"。他指出:"文学并非像科学一样,用概念来组织世界,而是通过展示这个世界新的意想不到的方面来撕开裂缝,瓦解这个世界被习惯性接受的形式。"②

本尼特不同于形式主义完全沉迷于文学结构内部形式的分析,即不考虑其他社会因素对文学作品的影响作用。事实上,完全脱离现实社会结构纯文本形式结构的布局完全是不存在的,文学陌生化的产生也是基于对现实社会的陌生化。本尼特看到了形式主义陌生化机制的局限性,他只是希望借助这种陌生化的方式形成人类反思现实社会的批判视角。

方面二:本尼特通过对未来主义与形式主义、阿尔都塞结构主义与形式主义之间相似性的比较分析,指出形式主义"陌生化"的文学理论中间存在灰色地带,指明了形式主义与马克思主义之间可以形成有效对话。本尼特分析了俄国形式主义与未来主义之间的关系,并说明了形式主义在各种文学批评的不同思潮中,也发生着自身思想的变化。形式主义对文学中性化的政治立场,在整个文学理论思潮,即文学理论与政治的密切关系的涌动中发生着转折,他们再也不能以"陌生化"的态度完全冷漠化文学与社会现实的关联。本尼特在分析俄国形式主义与未来主义之间的关联时,指出形式主义提供了切实有效的文学分析的方法,即文学陌生化的技术手段实现文学相对独立性地保持文学自身内部的观点和思想;而未来主义提出了文学的政治功能,即瓦解习以为常的观看方式。两者从技术手段和主导思想之间达成一致。形式主义也从未来主义中汲取了思想,改变了他们原先对于文学的中立态度。

然而在本尼特看来,形式主义指向"文学的历史和社会意义"只是作出了一小步的让步而已。他认为形式主义对文学的主要态度是,"文学作品的组织特征不能被简化为经济、社会和历史因素",因此形式主义文学陌生化的意义在于,"文学作品的唯一的区别性特征要被正确理解的话,这就有了仅仅关注文学文本形式特征的独立的理论层面的需要"。③这正是探究形式主义陌生化文学的真正意义,即保持文学的相对自主性。

伊格尔顿对资产阶级权力运作的符号隐喻结构进行了深刻的批判与揭露。他认为对资本主义的批判,对于现代性社会而言,更重要的需要从符号隐喻或者话语模式层面对其资本主义社会进行批判,这样更能集中揭示

---

①②　[英]托尼·本尼特:《形式主义和马克思主义》,曾军译,河南大学出版社,2011年,第20页。
③　同上,第28页。

出资本主义社会目前的深层矛盾和突出问题。伊格尔顿认为,资本主义在对公共领域进行社会权力的符号隐喻和话语重组时,将资本主义意识形态植入现代性社会符号生产的过程,形成被资本主义意识形态裹挟的符号操作。为此,他分析了符号隐喻与社会权力结构的相互关系,也就是通过"结构-文化主义"的融合范式,揭示资本主义符号操控系统。他指出:"文化话语领域和社会权力领域密切相关,但并不同源:前者涉及后者区别于其他东西的特性,并将这些特性悬置起来,从而解构后者并用一种新的形式重构它,暂时把它'垂直的'渐变层次转置到一个'水平的'层面。"①这就呈现出了社会权力与文化符号之间的一种结构关系。而文化自主性的彰显方式或者符合隐喻实践的自主方式,可以产生于被伊格尔顿称为的"公共团体"中,例如阅读社团、俱乐部之类,可以将身份地位暂时搁置的地方。伊格尔顿认为,以咖啡馆、俱乐部之类相对自主的文化集结点,在某种意义上可以促成一种新的文化形态,在这里无论标志怎样的文化符号特征的群体,甚至是完全异质的群体,他们在共同谈论某一本小说或杂志时,就可以暂时消除自身的社会特性,文化符号不同阶层群体通过文本阅读展开的交互性对话,以这种新文化自主性的方式改变资本主义社会对文化符号权力结构的微观抵抗。

"结构-文化主义"范式的马克思主义将符号隐喻研究中社会历史不可简单"通约性",作为文学批判的重要思想。他们认为,文学批评没有一体化、泛审美化、普遍永恒的审美规定性。文学批评是一种实践过程。就文本形成的写作过程来说,它必然会受到其产生的历史条件、物质形态和思想观念的制约和限制。他们认为文本之间的本质区别不是审美层面或美学性质的区别,而是社会历史结构与文本结构方式之间的张力关系。

二、不同文化场景中的符号隐喻实践

"结构-文化主义"的符号隐喻理论始于文化研究,而这种文化研究更容易使这些理论家接受和发展现代意义的符号学理论。很重要的原因在于,他们在面对 20 世纪以来的现代性文化危机时,以敏锐的洞察力、以文化作为现代化社会的突破口,从现代性社会发展的内在规律和对人类整体生活考量的意义层面,重新诠释"文化"概念和本真意义。

这一范式理论赋予"文化"崭新的内涵,变革束之高阁的精英主义文化旧秩序,建立提升以广大人民群众为文化主体能力的新文化秩序。以"文

---

① [英]特里·伊格尔顿:《批评的功能》,程佳译,西南师范大学出版社,2018 年,第 13 页。

化"内涵和外延的秩序变革为基础,才能使得现代符号学获得真正意义的展开。因为只有文化理论基础获得从理论范畴、内在规定、基本思想和研究范式的革新,现代性的各种符号隐喻表征才能在以人类整体方式的文化理论的语境下获得出场和实现。如果按照传统文化的概念,即被约束在形而上的、抽象化的或者美学意义的"文化"概念,所获得的符号意义只能是自上而下的、文化精英主义者的或者文化霸权意义上意识形态化的大写"符号"。现代符号学之所以能够将林林总总、各式各样的符号隐喻姿态作为其研究对象,并呈现出对不同符号主体、符号表现形式和符号意义的研究内容,就在于现代符号学所面向的文化对象、文化内涵、文化内在规定和文化价值是一种不同于传统意义的文化系统。这种现代符号学是以自下而上的文化研究路向、以普通人民为文化主体、以整体的文化历史进程和对未来社会发展规律为研究旨趣,整体上呈现出具有总体性社会研究意义的学科。

"结构-文化主义"的符号隐喻理论让人们在习以为常的日常生活和事物中,体会包罗万象的符号隐喻具有的社会意义和历史意义。文化研究需要借助学科归属实现它具体承载的问题域。在对文化研究的过程中,我们会发现文化很难将其归为某一类学科之中,因此并没有"文化学"这样的学科存在。就有人认为,文化仅仅存在于思想中。然而这样的文化定义还停留在传统旧式的文化理解方式。

现代社会愈来愈展示出文化丰富的内涵,文化被认为是一种复合体,是包括知识、信仰、艺术、法律、道德、风俗等立体的存在。当文化依托于一种具体学科时,它的聚焦内容就会明显和直观。英国文化马克思主义在进行文化研究时,总体上体现出从文学向人类学,人类学向语言学,语言学再向符号学的学科移动。这种学科移动的取向和趋势也表现了文化研究一次一次华丽转身。从文学向人类学的转身,阐释了文化文学化向人类总体方式研究的转变;从人类学向语言学转身,解释了人本主义文化研究与理性主义语言学嫁接的必要性;从语言学向符号学转身,阐明了符号学作为形式与内容、能指与所指的复合体诠释现代社会和后现代社会的意义。

如果按照现代符号学的定义,即符号学就是意义学,意义的发生、传送、理解是符号学的基础,那么从某种程度上可以说,英国文化研究所涉及的内容可归为现代符号学研究的一部分。《语言符号学》一书有关文化的定义,就认为文化就是一个社会所有意义活动的总集合。从某种程度上可以说,符号学在于研究意义,而意义的集合是文化,那么符号学的主要研究对象就是文化。"结构-文化主义"的符号隐喻理论正是借助了现代意义的符号学,对文化进行了概念、范畴、原理、理论和方法具有学科性的系统分析与总体阐释。他们使主题具有模糊性的文化研究,按照现代符号学理论对文化研究形成了明确的研究对象、研究范围和研究方法。他们从现代符号学理论中,开创性地汲取元素和积极借鉴其理论方法,从而彰显现代性社会文化的特质和进一步分析现代性社会文化背后所承载的意义,从而深入现代社会深层结构的分析和探析。

"结构-文化主义"的符号隐喻理论是现代符号学理论发展的前沿研究,是对符号学理论和当代马克思主义理论的丰富发展,同时,它面对的话题和问题又是具有全局性的,是对现代性社会结构和发展秩序的一种新角度的探寻。因此,对这一范式马克思主义符号学研究既具有理论意义,也具有一定的现实意义,让我们在符号的世界中更好地认识具有内在自我的人类自己,更好地理解他人的符号构成,让标记不同符号的个体在全人类文化共同体的背景之下,以对话式的表意模式相互理解和有效沟通,通达良性发展的社会语言符号秩序。

"结构-文化主义"的符号隐喻理论在面对层出不穷符号隐喻组合的现代性社会,他们既看到了人类符号化社会的趋势,无论是数量上前所未有的符号裹挟着人们的社会生活,还是质量上多样化和多元化符号的复杂存在状态;又看到了复杂符号化社会之中的权力关系、商品符号化特征、多元文化的符号象征、符号秩序和符号的社会认同、冲突与融合等,探究符号、文化和社会结构之间的张力结构问题。这一范式符号学研究涵盖了经典的符号学理论和提出了具有自身内在特质的符号学思想,又涉足了当代社会文化思潮和思想演化中的核心问题,诸如结构主义、后殖民主义、后结构主义、女性主义和生态主义等重大人文思潮不同的流动方向,并形成了语言符号学维度的微观政治学发展。

"结构-文化主义"范式的符号隐喻理论并不是一种"中立态度"的学术研究,而是带有政治主张和理想社会预设的马克思主义符号学研究。他们对语言符号学研究的立足点就基于马克思主义人民群众观的核心观点上,为广大人民群众获得辨识符号隐喻的自主意识,增强广大人民群众表达自我语言符号的自主能力,同时建构马克思共产主义理想社会具有自觉、自省和自我创造能力的自由人的联合体。他们在对资本主义操纵的符码系统和按照资本逻辑驱动的符码生产的批判中,对语言符号进行了本真意义来源的探析,以工人阶级的日常文化生活、奖学金男孩的文化经历、边缘群体的文化特质、种族文化的民族特性、身份认同的文化方式和性别文化的表达形式,立体化和多角度地展现现代化图景中符号的复杂性和多元化格局,从而对"中心主义""帝国主义""殖民主义"和"数字资本主义"的符号同一化和同质化进行具有实质内容的分析与批判。

对于"结构–文化主义"的符号隐喻理论所遵循的首要条件是,符号是有意义的和可辨识的。符号不是空洞的外壳,一方面有其存在的具体形式,即符号的物理形式"能指";另一方面有其指代意义,即符号所指代的东西及与相关联的思想"所指",是能指与所指的结合。符号不是一种形式化的漂浮能指,而是具有深层意义和指代性作用的。根据现代符号学基本范畴的内容,"信息"(message)被认为是最小符号形式。作为符号学最小形式的信息,应该具有明确的所指对象,存在于一定社会语境之中,并承担一定的社会目的。

这一范式更关注于符号活动的研究。如果仅仅分析符号学的概念组成、基本范畴和内部规范时,所获得的只是一种静止状态、单一化的符号形式,只有将符号所指示的意义放置在具体的社会情境之中,通过社会性的操作进行构建与交流,才能产生符号活动。符号的最小构成单位信息,它不同于一般意义的词素、语词等语言学表达意义的最小单位。任何词素和语词是可以在字典中找到相对应的意义和解释的。但是信息则不同,它是在具体的符号运动中发生的。信息与信息的交互和关联是通过世界具体实施的再现与重构产生的。符号活动不是信息的堆砌,而是信息在符号参与者之间穿梭往返的运动。

"结构–文化主义"的符号隐喻理论强调符号运动或符号活动的作用。传统符号学对符号采取抽象结构化的研究,针对文学作品如小说、诗歌、戏剧等作为文化结果化的分析,避开社会发展、社会变化对符号研究的影响,只是作为静态的、事实化的呈现和描述。而这一范式强调符号在具体社会历史中的运动,分析不同文化主体在符号使用和操作的特质,彰显不同文化主体拥有自身语言符号的实践方式,认为符号是刻录不同主体的文化建构史最为直接的表现方式。这样一来就打破了传统静态的符号处理方式。"结构–文化主义"范式将文学文本的研究推向了语言符号的研究,这就是他们为什么要将"文化研究"作为一种不同于传统文学研究,而另设一种新研究类型的缘由。文化研究本质上就区别于一般意义的文本分析和文学研究,而是以社会文化的语境展开对现实文本的语义追踪和语言符号运动的研究。

威廉斯的早期著作《文化与社会》就是这样一种新符号学研究的经典案例,产生了文学文本向文化研究的一种实质性变革。他通过对18世纪中叶到20世纪中叶四十位英国思想界和文学界的知名学者的作品及其文化贡献作出编年史般的排序与分析。年代序列的排序体现了交替时代文化气质和文化精神的不同浮现方式和不同关涉内容。威廉斯以符号变迁作为审视更广大社会生活与思想变革的窗口。他对历史文化语义学、语言符号变体的分析可以反观思想文化变迁连续变化的图式。从"关键词"的变化可以看到人类社会、政治和经济结构的变化,可以看到社会发展变化的关键时刻。

威廉斯关于符号隐喻思想的创建源自马克思历史唯物主义思想。他曾引用马克思的著名论述:"人们在自己生活的社会生产中发生了一定的、必然的、不以他们的意志为转移的关系,即同他们的物质生产力的一定发展阶段相适应的生产关系。这些生产关系的总和构成社会的经济结构,即有法律和政治的上层建筑竖立其上并有一定的社会意识形态与之相适应的现实基础。物质生活的生产方式决定着整个社会生活、政治生活和精神生活的过程。不是人们的意识决定人们的存在,相反,是人们的社会存在决定人们的意识。……随着经济基础的变革,全部庞大的上层建筑也或慢或快地发生变革。在考察这些变革时,必须时刻把下面两者区别开来:一种是生产的经济条件方面所发生的物质的、可以用自然科学的精确性指明的变革,一种是人们借以意识到这种种冲突并力求把它克服的那些法律的、政治的、宗教的、美学的或哲学的,简而言之即意识形态的形式。"①威廉斯指出了现代性社会"文化"概念的不确定性和考察过程中社会结构层面分析的意义。他指出:"我本想紧扣'文化'本身,但是,我越紧扣文化加以考察,所涉及的范围就必须逐渐扩大,因为我在这个词的历史渊源及其意义结构中,看到的是一场广大而普遍的思想与感觉运动。"②文化不再是抽象化的某种道德的风向标或者剥离于社会历史语境的文本书学分析,而是遵照社会历史现实,对社会历史发展起重要作用和有现实指向的文化意义与文化功能的探索。

在不同文化场景中会出现不同的隐喻关系,实际上,是由于在不同文化场景中隐喻关系产生了结构化的调整,也就是隐喻关系的优先权会发生变化,从而导致这一结果产生。文化场景与隐喻结构关系之间存在相伴变化的关系。伊格尔顿在分析赫尔德的语言观时,表明虽然语言符号在表达的过程中往往会呈现混杂、片段化和残余物构成的样态,但是他认为言语模式的整体性反映了一个国家的整体性。符号隐喻与社会关系结构是具有

① [英]雷蒙德·威廉斯:《马克思主义与文学》,王尔勃、周莉译,河南大学出版社,2008年,第81页。

② [英]雷蒙德·威廉斯:《文化与社会》,高晓玲译,吉林出版集团有限责任公司,2011年,第20页。

连贯性的。伊格尔顿指出："语言内部有着丰富的文化多样性,但是每一种语言都最好被看作一个整体。"①在对不同的文化场景中出现不同的隐喻关系进行分析时,伊格尔顿倡导以一种整体的文化结构或者文化群体整体的文化构成,看待不同语境下生成的隐喻关系,分析隐喻关系与整体文化构成之间的连贯性。因此,伊格尔顿认为:"内在的复数性通常是不被期待的。"②也就是说,当一个民族或者一个文化群体在面临纷繁复杂的文化空间隐喻结构关系时,需要保持自身文化结构的特质,以接连自身的文化结构特点去隐喻性地理解新事物、新观念和新思想,从而建立具有自身文化特征的符号隐喻系统。伊格尔顿对文化符号隐喻关系的研究和引向方式,总是在调动乡土文化与崭新隐喻关系的接连。

"结构–文化主义"范式的马克思主义诸多思想家亦是如此,如霍加特强调工人阶级文化实践的自主性,汤普森以新历史学的发展逻辑分析真实的英国工人阶级生活,威廉斯对大众文化合理性发展的重塑,本尼特对文化与社会治理的分析,总体上彰显了文化特质、符号隐喻和社会结构之间密切的关联,以群体自身的文化特质彰显结合文化特质的符号隐喻关系,以具有自主性的符号隐喻显示文化群体在社会结构中的位置和价值。

三、共识共享中的共同体符号隐喻实践

"结构–文化主义"的符号隐喻理论一方面批判商业化资本逻辑的符号生产,另一方面批判中心化、精英化的符号操控,他们以"共同文化"和"文化共同体"的理念,打造共识、共享的符号隐喻关系,建立和谐发展的符号隐喻新秩序。

"结构–文化主义"的符号隐喻理论以共享的情景结构,展开共识、共享的符号隐喻关系。威廉斯以文化的"感情结构"来分享记录共享的情景结构,从而达成共享的价值观和世界观。在威廉斯对"文化概念"的分析中,将文化研究定义为"对一个整体生活方式各元素之间的关系的研究"③。这种整体生活方式各元素之间的相互关系是需要隐喻建构的。在文化隐喻建构的模型中,威廉斯提出了文化三种隐喻建构关系:"我们需要区分文化的三个层次,即使在它最普遍的定义中。有一个特定的时间和地点的生活文化,只有那些在这个时间和地点生活的人能够进入。被记录的文化,每一个种类,从艺术到最日常的事实:这一时期的文化。还有,作为生活文化和阶段

---

① ② [英]特里·伊格尔顿:《论文化》,张舒语译,中信出版社,2018 年,第 89 页。

③ Williams R., *The Long Revolution*, Chatto and Windus, 1961, p.63.

文化的连接因素的,有选择性传统的文化。"①这就体现了由于情景结构的不同而产生不同情景观照下的符号隐喻结构。在这里包括了特定生活的文化符号隐喻关系、记录不同种类文化的符号隐喻关系和有选择性传统文化的符号隐喻关系。在威廉斯看来,文化所承载的"感觉结构"或者文化最深层的价值观与文化符号隐喻结构是一致的。在我们文化隐喻关系的结构中,包括对空间结构的逻辑次序、表达结构的序列层次和类别关系的排序方式,都体现了一定文化中隐喻关系的秩序。而这种隐喻秩序关系必然扎根于文化价值观念中,两者之间必然会形成一定或相近的配对关系。

威廉斯在形成对共同体符号隐喻实践思想的过程中,首先对目前工业革命以来"大众"一词带来的语义新变化,以及这种新变化所带来的文化情绪进行了分析。在《文化与社会》一书中,威廉斯提出了工业革命后精英文化与大众文化之间的对立,技术革新打破了少数人对艺术和文化的垄断,精英阶层为维护自身利益对大众文化进行抵制和排斥,同时把大众与"群氓"等同起来,认为大众文化是低俗卑劣的。威廉斯通过对19世纪以来文化概念的演进过程进行阐释,批判了保守主义精英文化的倾向,通过重构"大众"的概念,提出了共同文化和感觉结构来打破精英文化和大众文化的绝对割裂,建立一个人人平等,自由参与的乌托邦式的理想文化结构。

19世纪英国的文化是一种带有浓厚保守主义色彩的传统,精英阶层和少数人掌握着对于文化的话语权。威廉斯在分析浪漫主义时论述了自工业革命后的浪漫主义辩证离析运动,生产力的迅速发展和城镇化扩张,以及工人阶级队伍的壮大和大众传媒的发展,带来了文化观念的变化,打破了现有的平衡,形成了大众文化与精英文化的二元对立。在观念变化上其中一个反映就是,"在对待公众方面,正在形成一种不同的习惯态度……过去作家当然也经常表达对'公众'的不满情绪,但是到19世纪初,这种情绪变得尖锐而且普遍"②。浪漫主义艺术家们认为大众是没有审美旨趣、没有教养的,作为特殊群体的艺术家们才是文化的生产者。

卡莱尔在现代艺术家观念形成方面起了重要作用,他在强调贵族和工业巨头的领袖作用的同时,强调"精神贵族",即那些教养良好、富有责任心的少数人,他们为社会定下最高价值目标,并将这些目标传递给社会大众。柯尔律治提出只有通过少数"有教养的人"来发扬文化,才能持久存在和发

---

① Williams R., *The Long Revolution*, Chatto and Windus, 1961, p.66.
② [英]雷蒙德·威廉斯:《文化与社会》,高晓玲译,吉林出版集团有限责任公司,2011年,第70页。

展进步。基于"文化与文明之间的恒久差别和偶尔对立",他考察国家政体,倡议由国家资助一个专门致力于维护并发扬文化的阶层。柯尔律治没有对大众文化进行批判,但是可以看出他思想中精英主义的思想萌芽,为之后精英主义思想的发展埋下种子。

之后,以阿诺德、艾略特和利维斯为代表的上层阶级的精英主义思想家们,从其自身阶级利益出发,贬低和排斥大众文化。阿诺德在他"追求完美"思想的基础上论述了他的国家教育观念,他认为国家是"光明和权威的核心""最优秀自我的代表"。对于如何构建这个核心,考察了社会各阶层后,阿诺德认为现有阶层并不能满足组织权威的要求,他强调需要依赖那些超越阶层的残余分子,他们通过教育、诗歌和批评来唤醒潜伏在人们心中那些被阶级意识形态和习惯的缺陷所蒙蔽的"最优秀自我"。阿诺德对大众的贬低态度可以在他的《文化与无政府状态》中看出,"认为实业的兴起和机械工业的发展制造出大批悲惨、沉沦、无知的人群,这些人的存在阻碍了我们国家的发展和文化的进步"。他划分的第三大阶层——群氓,是他眼中被放大了的粗人,甚至工人阶级的组织被他描述为"撒欢的巨人"。威廉斯这么评价他对大众的态度:"偏见战胜了健全理智;一种深刻的恐惧心理遮蔽了光明。"①

艾略特创造性地把文化看作"一种整体的生活方式",虽然他在列举时把文化和生活方式结合起来,扩充了文化的概念,但是他对于文化活动范围的界定局限在了英国中上层社会的休闲生活。他对文化作了分级,认为更高层级的人"本身有责任去维护社会整体中与其相关的那部分文化","维护某个文化层次不仅对于这个阶层有利,对于整个社会都是有利的。意识到这一点,我们就不会以为上流阶级的文化对于社会或者大部分人来说是多余的事情,也不会以为社会所有阶级成员都应该平等享有这些上流阶层的文化"。②他反对文化向大众传播,因为文化在向大众传播的过程中不可避免地"掺假",这必然会导致文化的衰落。

利维斯是典型的精英文化和传统主义的代表人物,在前人的基础上提出少数派在根本上是维持文学传统和最优秀语言能力的那些文学少数派。在《大众文明与少数人文化》开篇便可以看出其立场:"在任何时代,对于艺术和文学的敏锐鉴赏都要依赖于极少数人:只有极少数人能够进行独立

---

① [英]雷蒙德·威廉斯:《文化与社会》,高晓玲译,吉林出版集团有限责任公司,2011年,第195页。

② 同上,第349页。

的、第一手的评判(除了个别简单和熟悉的作品以外)。"利维斯批判工业革命,并认为工业革命带来了有教养的少数派和"反创造"的大众对立起来。只有依靠文学少数派,一个社会的文化才能完整连续的发展。

工业革命的发展使得大众文化扩张,从而促使英国精英主义思想的兴盛,形成了精英文化和大众文化的二元对立。浪漫主义和精英主义者们从自身利益出发,表达了对工业革命的不满,抬高少数派的地位而贬低大众,将文化定义为少数精英阶层的特权。威廉斯结合英国社会发展现实,对精英主义文化进行深刻批判,重塑了大众和文化的概念。威廉斯提出了"文化是一种整体的生活方式"这一基本立场,认为文化涵盖日常生活的方方面面,从而打破了精英主义者语言和文学可以代表文化的观点,文化自然而然也就不是少数派知识分子的专利了,为文化是民主的提供了辩护。

威廉斯重构大众和大众文化概念,在他看来,"事实上没有所谓的群众:有的只是把人视为大众的观察方式。在城市的工业社会中,有许多机会让人们产生此类看法。问题不是重申客观条件,而是考虑这些观察方式对我们的个体思维和集体思维所造成的影响。事实是,一种观察他人的方式已经变成了我们这个社会的特征,并充分用于政治剥削或文化剥削活动"①。他把群众看作一种观察他人的生活方式,根据某种共识将人划分成群进行诠释。他认为这是一种公式,通过这种公式,将同胞中的大多数人变成群众。因为群众保留群氓的传统词义,因此带有"容易上当、反复无常、带有群体偏见、品味习惯低下等等"特征,这对文化构成了持久的威胁。但是威廉斯并不认可群众这样的概念,认为"群众=多数人"不能随随便便地与"群众=群氓"等同起来。他批判精英阶层为维护自身利益而把人划分成群进行诠释,强调"我们应该真正检验的,不是群众,而是这个公式。如果我们记住一点,我们自己也一直被其他人划分成群,这将会有助于我们进行这种检验。只要我们发现这个公式不足以诠释我们自己,我们也会推己及人,承认这种做法用在陌生人身上也是欠妥的"②。

对于大众文化的理解,是伴随着工业革命兴起的,通过大众传媒而进行传播的一种文化。大众文化的消极方面在于:现在有大量低劣的艺术、低劣的娱乐、低劣的新闻媒体、低劣的广告、低劣的说法。精英主义者们把阅读当作主要活动,他们自己从阅读中获得了相当比例的思想和情感,所以

---

① [英]雷蒙德·威廉斯:《文化与社会》,高晓玲译,吉林出版集团有限责任公司,2011年,第430页。
② 同上,第430~431页。

他会错误地推断多数人的思想和情感也是通过同样的方式获取。实际上并不是,"许多受过高等教育的人们实际上都是埋头苦读,把阅读当成根深蒂固的习惯,因而忽略了其他技巧性的、智性的和创造性的活动:不仅包括戏剧、音乐会、画廊等同质形式,而且还包括了一般技术的一切活动,从园艺、金属制造和木工到现行政治等等"。学问高深的人作为观察者由于自身的局限对于这些活动充满不屑,忽略了这些普及广泛的活动作为当代社会生活品质的证据。而且群众作为文化的被动接受者,被文化的创造者定义,从而创造那些所谓低劣的作品去迎合他们的口味。"多数社会中都存在这样一种诱惑:通过利益人们愚昧无知或缺乏经验而牟取暴利。在我们这个社会中,因为强大的媒体的存在,这些媒体对受众又是劝导说服又是暗示提醒,让这种诱惑变得难以抗拒。"①这些作品只是以观察公众而作出的选择,并不是严格意义上的大众文化。对以上问题的探讨,使威廉斯把目光转向大众传播媒介,传播成了一种渗透大众的思想、影响大众思维的科学。"从根本上说,大众传播的整个理论都取决于少数人以某种方式对多数人进行剥削。"②

在阐述了大众文化相关理论后,威廉斯看到了工人阶级文化中的集体性和社会性,看到团结平等的文化观念,在其基础上提出如何构建一种共建、共享、共用的共同文化,并阐述了共同文化的构建特征、原则和观念等理论问题。希望通过教育和大众传媒来实现共同文化。综合威廉斯在《文化与社会》中的论述,共同文化的含义可理解为是社会成员共同创造、共同发展、不考虑阶级差异等非平等因素而为社会成员所平等地共享的文化。

首先,"结构-文化主义"范式理论以共识共享的符号隐喻实践,实现和而不同、和谐共生的文化共同体样态。所谓文化共同体绝非发展同一的或同质的文化,而是不同文化之间和谐共存的状态。文化的多样性、丰富性就在于不断打破现实世界的某种垄断,尊重文化的差异性,使人们在各自不同的文化生活中确定自我存在感和阶级意识。这一范式理论所建构的文化共同体不同于政治层面僵化的组织形式,也不同于市场经济下的交换形式,而是将文化从本质上看作人的实践过程,探讨人的基本生存状态,以及人与世界、人与社会的基本关系。文化实践代表文化共同体的栖息地,是多样性文化发展得以保障的动力源泉。"结构-文化主义"的符号隐喻理论提

---

① [英]雷蒙德·威廉斯:《文化与社会》,高晓玲译,吉林出版集团有限责任公司,2011年,第442页。
② 同上,第445页。

出了文化共同体的目标,人类通过文化建立共同体,有共同的文化标准、文化追求,从而达到公平、有序、合理的社会,实现"类"意义整体的解放。

符号隐喻实践不仅是人的文化存在的基石,而且是现存文化世界的存在方式,是改变现存文化世界,消除使人异化的文化的现实途径。马克思主义哲学的关怀在于实现人的全面自由的解放,使人从"与物的异化""与劳动行为的异化""与人的类本质的异化""与人之间的异化"中获得解放,从而"确立有个性的人","使各人在自己的联合中并通过这种联合获得自己的自由"。马克思主义符号隐喻实践的目标在于建立文化的"联合体"——文化共同体,实现人身体和精神并存的全面自由。通过文化实践,可以实现文化实践主体与文化共同体的一致性,实现现实的人与自由发展的人的统一,实现对人的现实关怀与终极关怀的统一。文化实践使一个个"孤立的人"、一个个"虚幻的共同体"和"不过是管理整个资产阶级的共同事务的委员会"①的国家,变革成"一个开放的、动态的……是一种自由的、参与的和共同对意义和价值体系不断丰富的……是所有成员在集体性的社会实践中持续创造和重新定义的……"②的文化共同体。

其次,"结构–文化主义"范式理论以共识共享的符号隐喻实践,形成理想社会共同目标的核心价值。他们倡导理想社会的文化核心价值在于创造出一个共同体,建立一个具有内在特质的共同体文化。而文化共同体"是一种兼容了诸多'不同'的共同,是一种异质的和谐共存状态,绝非一种同质的同一状态"③。霍加特倡导文化是平常人的观念,就是要打破精英文化与普通人民文化的界限,提倡精英文化与大众文化共存,使一切文明成果为人们共同享有、共同创造,最终建立文化的共同体,实现人的全面解放。霍加特认为和谐的社会关系,不仅要引导人们善解人意、与邻为善,而且充实和丰富着人们的社会存在感,拓宽人与人之间交流的范围,从而为建立深层意义的社会共同体提供基础。在人们共享的日常生活中,"不仅大部分的物品可被分享,同时还包含了共同的品格"④。日常文化实践呈现出一幅幅充满温情的日常生活的图景,彰显出普通人民正直、诚实、努力、勤奋的特点,激发人们共同关注人类美好的精神家园。

霍加特将微观文化主体的自我解放、自我发展作为目的,并提出与威

---

①　《马克思恩格斯全集》(第 1 卷),人民出版社,1960 年,274 页。

②　乔瑞金:《英国新左派的社会主义政治至善思想》,《中国社会科学》,2014 年第 9 期。

③　乔瑞金:《英国的新马克思主义》,人民出版社,2013 年,第 38 页。

④　Hoggart R.,*The Uses of Literacy:Aspects of Working–class Life*,Chatto & Windus,1967,p.20.

廉斯相一致的共同体文化的思想,而共同文化在于"社会逐步迈向分享共同的价值和目标"①。在面对文化价值的问题时,霍加特与威廉斯一样最终指向了共建文化共同体的目标,在建构文化共同发展的过程中,如何实现和而不同的共同文化之路,如何在追求不同文化特质和寻求文化共同发展的基础上找到一种平衡关系。在文化实践的过程中,微观文化主体真实感知现存的文化世界,使主体情感移置于日常生活对象,从而形成共同的价值判断。霍加特共同体文化的思想建立在文化实践所实现的"亲仁善邻""与邻为善"的基础之上,是通往共同文化的方法和途径,是一种兼容了诸多"不同"的共同,是一种异质的和谐共存状态,绝非一种同质的同一状态。共同体文化在平等、互惠、共赢的基础上,以开放共享的心态,共筑文化合力,共同建构人类文化成果。

　　共同体文化具有以下三个基本特征:其一,互惠性文化的共同体文化。这种互惠性原则,并不是商品等价关系的交换原则。正如霍加特提倡工人阶级"与邻为善""睦邻友好",并非在于建立在等价交换的意义上,而是基于"我们同在一起""团结就是力量""乐于助人""随时效劳"②的共同价值准则之上。"我之所以为你服务,并不是因为我能够得到的回报,而是因为你需要我的服务,而且你因为同样的原因来为我服务。"③其二,意味着生命平等的共同体文化。霍加特文化实践就是要打破文化上的不平等,以人的存在方式理解文化,超越精英文化主义者建造的文化藩篱,将文化的丰富性和多样性理解为不同文化实践者不同生活经历、不同生活方式的凝结。其三,必须在社会主义实践中不断丰富和完善的共同体文化。

　　最后,"结构-文化主义"范式理论以共识共享的符号隐喻实践,强调民主化的文化发展路径。他们在要求识字民主和阅读民主的基础上,主张教育民主、知识话语民主和公共权力的民主,推行民主化的文化发展,最终实现真正民主的社会。而在这一民主化的发展进程中,实践是关键,是推行文化民主的最为根本的基础。同时,符号隐喻实践思想所面向的实践主体是普通人民,探究的实践客体是日常生活世界,通过微观符号隐喻实践者的话语特征和社会关联,呼唤在探索人民的真实世界中,发挥普通人民的主体作用和实践精神,依靠自己的力量救赎自己的世界,使普通人民成为具

---

①　Corner J.,Studying Cultural:Reflections and Assessments:An Interview with Richard Hoggart,Media,Culture and Society,Chatto & Windus,1991,pp.363-364.

②　Hoggart R.,The Uses of Literacy:Aspects of Working-class Life,Chatto & Windus,1967,p.54.

③　乔瑞金:《英国新左派的社会主义政治至善思想》,《中国社会科学》,2014年第9期。

有独立人格和内在文化精神的社会主义实践者。

第四节 提升符号隐喻实践主体能力的运作机制

"结构-文化主义"范式的符号隐喻理论以调动和提升文化实践主体的能动性为基础,以隐喻实践的方式赋予形式以意义。他们从文本阅读到大众文化传播,直至文化共同体的建构,都彰显了隐喻符号系统中主体实践积极展开的关键作用,并由此形成了具有一定启发性的提升符号隐喻实践主体能力的运作机制。在他们看来,提升符号隐喻实践主体能力的运作机制,主要包括以下两方面内容:复原符号隐喻实践主体的隐喻来源、符号隐喻主体形成概念场的聚类与使用。

一、复原符号隐喻实践主体的隐喻来源

"结构-文化主义"范式的符号隐喻生成系统,提升符号隐喻实践主体能力的运作机制。他们认为,在这一运作机制中,首要条件是需要复原符号隐喻实践主体的隐喻来源。

首先,在文化隐喻实践过程中,加强与民族特质文化的关联,形成符号实践主体根植于民族文化特质的隐喻连贯性活动。伊格尔顿在对符号隐喻与民族文化的关联分析中, 借用托马斯·戴维斯的一段话:"将一种语言强加给另一个民族,就是让他们的历史漏洞百出的翻译中漂泊。这是要全方位地粉碎他们的身份,要用任意的符号取代生动的、有内涵的名称,要割断感受的纽带并使他们和祖辈之间产生巨大的鸿沟。"[①]伊格尔顿认为一个民族或一个文化群体内部的符号隐喻链条是持续的和具有连贯性的,需要持续不断地内生保持一个民族或一个文化群体自身文化的民族精神或文化品格,需要搭建传统与现代、过去与未来、历史与当代之间,具有时空传递与继承的文化空间隐喻的勾连。

符号隐喻作为一种特殊的文化标记, 它在物质层面有一定具体的形态,同时又承载着意义系统,是物质形态与文化精神的双向结合。符号隐喻通过文化符号实践者相对自主的文化活动,加强了文化平等、开放互见和稳定发展。这种符号隐喻不仅是一种隐喻性思维,还包含了类比、配对,甚至是还原的过程。"结构-文化主义"范式理论强调作为物质性社会实践的符号隐喻内涵,也就是每个群体现实的物质文化符号表征,包括语言符号、

----

① [英]特里·伊格尔顿:《论文化》,张舒语译,中信出版社,2018年,第90页。

日常生活物质载体的符号、传达风俗礼仪的符号和被约定俗成的符号等，都表达了现实使用符号与群体文化或整个民族特定文化的有机关联。

"结构-文化主义"范式理论以符号隐喻作为人类文化实践方式的重要来源，一方面，在于强调符号使用者在符号隐喻实践中处在相对平等的联结中，群体与群体之间、民族与民族之间、社区与社区之间，可以像哈贝马斯"公共领域"模型中一样，这里是通过符号使用者的平等关系建立一种共享机制的符号隐喻系统；另一方面，在于强调符号隐喻或者符合实践过程中，自发性地展开民族文化的传递和在民族文化的浸润中展现新隐喻关系的正当性。正如伊格尔顿强调的那样："语言和文化是一个民族的精神历程的精华，这个民族一旦不再具有独特的风格，它的语言和文化就会变得脆弱。"[①]一次符号隐喻的发生，需要"本体"与"喻体"的对接、配对和类比，而这种可能关系的产生或者更为准确而有效地形成隐喻连接，生成于特定群体历史文化发展的脉络中。

其次，形成嵌入文化生活的符号隐喻主体积极的实践活动。在现实的文化生活中，我们被构型的隐喻世界，如同"因陀罗网"描述的那样，这个忉利天王的法器是一张由珠玉连接而成的无限大的网，这些玉珠像多面的镜子一样反射其他宝石的图像，相互隐射而无穷尽。人类日常生活的世界处处被这张隐喻世界的网所覆盖着，正如乔治·莱考夫和马克·约翰逊的著作《我们赖以生存的隐喻》所写的那样，我们的生活沉浸在隐喻的空间中。现实的符号隐喻世界是多重隐喻关系的叠加，在一个符号标识物上可能代表着多个或者相互缠绕的符号关系。如何在现实世界中寻觅真实的隐喻符号关系，并且让隐喻在我们理解世界和创造世界中发挥作用。在这一范式的学者眼中，隐喻缘起于现实的文化世界，而复杂多变的隐喻关系必然遵循现实文化发展的规律和秩序。当我们试图寻找隐喻背后的真实意义时，有必要返回和重新认识现实空间，这样有助于我们对某种符号隐喻关系的想象。

再次，"结构-文化主义"范式理论以日常语言符号与社会语言符号合力作用的现代性社会文化景观，探究符号隐喻实践的生成逻辑。现代性社会文化图景的展开，体现出日常语言符号与社会语言符号合力运动发展变化所呈现的复杂样态。现代社会意义之网的形成受到来自日常语言符号生成的逻辑秩序和整体社会语言符号逻辑秩序的双重规约作用。意义的产生和意义之间的相互作用是复杂而多变的。如何在社会意义之网中，结成和

---

① ［英］特里·伊格尔顿：《论文化》，张舒语译，中信出版社，2018年，第90页。

编织具有主体能动性的观念之网,是这一范式符号隐喻理论所关注问题的核心。为此,他们探究了语言符号生成的真实来源,强调日常文化实践对本真意义生成和元语言符号生成的作用力。在探究元语言符号生成的过程中,他们进一步分析了社会语言符号形成的复杂结构,即受到来自社会运行方式、社会权力结构、社会关系不同程度作用的影响。"结构–文化主义"范式理论跳脱了传统符号内部规范性问题的研究,将规范性假设中人为设计的条件和规则置于现实的历史场景中,以现实的意义真实场景替代传统符号学内部规范性问题的预设基础,真正展开了以现代性社会真实文化图景为研究对象的意义之网形成的研究。

最后,日常概念的形成通常是由隐喻关系建构的,而每一项隐喻关系都是以深厚文化前提为基础的经验实践获得的。威廉斯在《文化与社会》中对19世纪工业小说进行了分析,以《玛丽·巴顿》《南方与北方》《艰难时世》《西比尔》《奥尔顿·洛克》《费立克斯·霍尔特》小说产生的共同特征为例,分析了工业时代小说家对动荡不安工业场景描述的共生情感结构的来源。这种工业小说塑造的文学隐喻关系,在威廉斯看来,就来源于文学作品对19世纪40年代工业苦难感人至深的社会现实的反映。这些作家如盖世凯尔夫人、狄更斯、迪斯雷利、金斯利和艾略特,以独特语言风格深刻有力地记录劳工阶层的日常生活感受,就在于他们源自生活的对这一时代的切身感受。威廉斯在对这些作品的分析中认为,这些作家多数采用了纪实手法,在调动空间布置、空间陈设和空间迁移中,展示由空间变化带来的人物命运的变化。威廉斯把握盖世凯尔夫人在《玛丽·巴顿》对主人公方言运用、茶会描写和客体家具的表述中,形成乡野与工业都市对比与反差,从而透露出一种"疏离效果",形成空间位移效果而产生的隐喻对比。空间的移动代表着新与旧、工业与传统、过去与现代所产生二元对立的冲突,而编织在其中的主人公们生活在这些相互冲突的摩擦点上。威廉斯感受到工业时代小说家正是通过小说艺术的感染力,调遣符号隐喻的情感结构,用高密度的空间压缩方式,将人物情感投射于一种典型空间结构中,形成文学空间隐喻的实现。在威廉斯的分析中,表达了无论是小说中的主人公,还是现实中的小说家,对符号隐喻的使用和建立都源自对生活的真实感受,源自对场景的种种独特体验。

正如威廉斯所述:"放在一起读的话,这些小说似乎很清楚地阐明了对工业主义的共同批判,并且也逐渐建立了这样一个传统;同时这些小说也阐明了当时人们共有的情感框架,而这个框架也同样具有决定性影响。一方面他们承认社会丑恶,另一方面又害怕卷入。同情未转化为行动,而是转为退缩。"①这就分析了为什么此类工业小说会呈现出非常类似的结果。整体上说，这些小说首先都会将对工业时代导致整体文化衰败的忧伤作为切入点。然后，小说会将人物安设在一定的工业社会剧场版的社会结构中，描述小说中人物之间的相互关系。接着，小说以空间的位移与重置，像《南方与北方》《西比尔，或两国记》以空间对比形成视觉冲突，包括空间的转场、空间的扭曲、空间画面的分隔，产生现代与传统的剥离与隔离，由此形成小说的高潮。最后，这些小说整体会掉入一个乌托邦的结局，因为这些小说家也是这一工业时代的剧中人，他们无法跳脱这个工业化的时代，对这个时代的未来无法给予合理的预想。因此，在威廉斯看来，无论是《玛丽·巴顿》的加拿大，还是《南方与北方》的遗产；或者无论是《艰难时世》的马戏团，还是《西比尔》的女贵族；又或是《奥尔顿·洛克》的转变信仰，还是《费立克斯·霍尔特》的霍尔特，最终因为这些作家对此问题共有的情感结构，他们无力改变工业时代的现状，而倾向于投放一个空想的乌托邦式的结局。这种小说隐喻布置的结局，被威廉斯认为是以深厚文化前提为基础的经验实践获得的必然结果。

"结构–文化主义"范式的符号隐喻理论强调文化延续性对符号隐喻生成的作用，回归文化生活的符号隐喻源泉。他们复原符号隐喻实践主体的隐喻来源，即现实的文化生活，其目的在于使得符号实践主体能够珍视源自自我文化的宝贵之处，让符号实践主体在受到各种符号冲击的现代社会中，能够具有辨识各种被编码符号的能力，用自己的文化根基和真实的日常生活图式解码各种文化符号，并积极搭建源自生活内部不断生成的新隐喻关联，建立与外在世界正向关联的具有自主实践能力的符号隐喻系统。从"结构–文化主义"范式理论对复原符号实践主体的隐喻来源问题的探讨中可以看出，他们以"结构主义"与"非结构主义"相互结合的文化分析方法，将符号隐喻过程作为文化嵌入社会关系的分析，探究符号隐喻体系中结构与意义之间的张力关系。

二、符号隐喻主体形成概念场的聚类与使用

在"结构–文化主义"范式的马克思主义符号隐喻理论中，将符号作为隐喻关系的载体，就在于他们对隐喻问题的研究不仅局限于语言隐喻，而且还涉及文化生活中各种隐喻关系的图谱，例如图形隐喻、视觉隐喻等。他

---

① [英]雷蒙德·威廉斯：《文化与社会》，高晓玲译，吉林出版集团有限责任公司，2011年，第172页。

们将这些生活中的各种隐喻关系集中聚焦于符号,因为符号不仅包含了语言层面的部分,还包含了物质层面的关系,例如图形关系、视觉关系等调动人类可感世界的各类符号。

由符号聚集了人类认识世界和改造世界的巨大意义场域,而在这一庞杂的符号意义场中,对概念的分类和意义的划分,一方面取决于符号原生的基本意义,另一方面符号之间由原生意义展开的各种隐喻关联主要是由符号实践主体进行调拨、聚类、使用和创造的。这样一来,就形成了具有符号实践隐喻主体参与的符号隐喻系统的产生。在这样有主体实践活动的意义场域中,意义才能够更加明晰,符号才能更加鲜活,隐喻关系才能更加明确。这样才能使得看似混沌不清的意义世界,以主体介入的方式在符号隐喻的世界中,将各种隐喻概念结合不同的文化特质,聚类概念和梳理关系,才能把握纷繁复杂符号的基本秩序和组织方式。

"概念场就是一个高密度地被聚焦在一起的概念系统。"①"结构-文化主义"符号隐喻理论以结构主义与文化主义相互融合的方式,关注符号原生意义的结构序列,同时,更为重要的是他们在现实的文化场景中以不同文化实践主体的文化组织原则作为概念隐喻系统聚类的根本来源,并对不同符号实践主体的概念场进行聚类,强调符号实践主体在概念场的能动作用。在这一符号隐喻理解中,符号隐喻的生成和实现是由于现实经验而获得的可类比场的概念组合而成的。他们根据不同可感世界的经验,将不同符号实践群体以可类比场的层级关系和排列秩序,作为不同群体符号隐喻系统结构分析的途径。"结构-文化主义"符号隐喻理论著作,嵌入社会深层结构的文化生活是符号隐喻概念场的形成和实践的聚集地,在文化中所结成的礼仪、风俗、习惯、约定俗成的东西是高密度概念系统的本真来源。

在威廉斯看来,一个真实的、可感的和富有活力的隐喻世界,就在于它能调动符号实践者对生活世界的激情,不断生发实践主体对可感世界的自我理解和自我实践,促进符号实践主体积极实践自我与可感世界的有机关联。在这样一个接连个体与可感世界有机关联的符号隐喻系统中,可为整个社会文化建设注入符号实践主体参与的有效共识,同时,也能为符号实践主体提供提升主体能力的巨大空间。正如威廉斯所述:"尽管一种文化是鲜活的,但它总在一定程度上是未知的且未实现的。一个社会的形成总是一个探索的过程,因为意识不能先于创造物而存在,世界上不存在关于未

---

① [美]埃里克·查尔斯·斯坦哈特:《隐喻的逻辑——可能世界之可类比部分》,兰忠平译,商务印书馆,2019年,第110页。

知经验的准则。因此,一个良好的社会、一种鲜活的文化需要给予一切能够促进意识进步的人和物所需的发展空间,并积极地鼓励它们的存在,这种意识的进步是一种普遍的需求……我们需要全身心投入地思考每一种依附、每一种价值,因为我们不知道未来会是怎样的,我们也许永远也不能确定什么将丰富我们的未来。"①威廉斯的这番话,包含了对文化宽容的理解,以一种对文化开放的态度,对待各种姿态的文化样式,也因这种积极、开放和包容的文化理念,未来社会才会更加充满可能性,才会更加使人有所期待。

符号隐喻主体形成概念场的聚类与使用,这一思想同样体现了文化作为构成社会秩序的黏合剂的意义。符号隐喻实践主体通过自身的文化特质,将共有的可类比的概念聚类,形成具有自身文化特征的社会秩序。因此,在这一理论的马克思主义者看来,社会秩序不是自上而下的既定编制的顺序,而是通过文化符号实践群体,在对概念和可感世界之间进行隐喻聚类和使用的过程中,逐渐形成社会单元自身的组织和排序。

"结构–文化主义"范式的符号隐喻理论,并没有沉浸在符号隐喻主体所处的结构单元的分析,同时,他们关注到了社会整体结构,特别是当社会结构发生巨大变化时,整个社会结构变化对社会结构单元的巨大作用。在相对稳定的社会结构中,社会单元会在一定的社会构型中展示自身的符号主体的自主实践力量,并产生对社会不平衡关系的微观抵抗力量。然而当社会思潮发生重大变革时,即原有的社会结构框架发生变形时,原有社会结构单元的实践主体同样会招致整个社会思想变化的冲击,引起社会群体单元隐喻概念聚类的变化。

伊格尔顿分析了19世纪工业革命以来文化的衰退,揭示了工业时代外在秩序对内在秩序的破坏,原有形成符号概念的聚类与使用被新的外在秩序所改变和重构。他指出:"现代主义反映了整个文明的崩溃。……自由主义、民主、个人主义、科学探索、历史进步、理性的最高权威——而现在都处于危机之中。技术上的突飞猛进与普遍的政治动乱相伴而行。要相信这个世界有着内在的秩序,也变得逐渐困难。相反,我们在世界上所发现的秩序,是我们自己安放上去的。"②19世纪工业革命的兴起改变了以往的物质生产活动,人类文化结构也随之发生了重大的改变。文艺复兴以来的文化形式在现代主义的发展中筋疲力尽,这使现代社会的文化组织形式发生了

---

① Williams R.,*Culture and Society 1780–1950*,Harmondsworth:Penguin,1958,p.334.

② [英]特里·伊格尔顿:《理论之后》,商正译,商务印书馆,2009年,第63页。

重大变化。社会结构的变化引发原先社会隐喻概念的基本结构的重大变化,促使一些基本隐喻概念聚类方式发生语义的改变。这就会产生原有依存的隐喻聚类方式与现有社会结构引发隐喻新聚类方式的冲突。

然而人思维结构的变化并不会像工业革命那样,会随着机器大工业的流水线机械般地改造人的头脑,人的思维方式是具有隐喻连续性的。这就会造成原有隐喻概念聚类与新隐喻概念聚类方式的冲突与摩擦。这种冲突与摩擦不仅表现为整个社会语境隐喻概念意义的变化,以及随之产生隐喻概念聚类的变化;而且还会造成文化结构单元主体间意义流动方式的改变。"结构-文化主义"范式的马克思主义者对隐喻概念聚类分析的两种视角:一是整体社会结构的隐喻概念聚类分析,二是社会结构单元中的隐喻聚类分析。

视角之一:整体社会结构隐喻概念聚类的分析。具体而言,对在社会结构发生变化而引发整个人类思维活动变化的影响性分析中,最具代表性的著作可谓是威廉斯的《文化与社会》一书。他以自18世纪以来工业革命所引发的文化观念现代用法的演进过程作为研究对象,深刻分析了以"文化"一词为中心,并连接"工业""民主""阶级"和"艺术"等关键词,一共绘制彰显现代意义隐喻概念聚类的变化,从而进一步分析与这些隐喻概念聚类变化明显相关的生活和思想领域所发生的更为广阔的变迁。威廉斯对19世纪伯克传统以来,包括"伯克、科贝特、浪漫主义艺术家、边沁、穆勒、柯勒律治、卡莱尔和工业小说家"等思想家所关注的"文化"观念的隐喻聚类项,与中间时期"马洛克、萧伯纳和休姆"等思想家,以及20世纪的观念,包括"劳伦斯、托尼、艾略特、奥威尔"等思想家所涉及的"文化"观念隐喻聚类项的对比与分析,展现文化观念与英国整个社会思想的关联,以文化的演变过程和现代用法,展现文化的扩展性意义和扩张性文化概念所牵引的概念聚类项的意义。

威廉斯认为,在18世纪的伯克传统中,"文化"概念的隐喻聚类项,主要集中为"国家文化""国家精神""国民精神""艺术"和"天才"之类的聚类项中。无论是伯克在抨击民主的过程中强调文化的"国家精神",还是科贝特以乡民身份反思文化,抑或湖畔派骚塞对文化"教化"功能的崇尚,还是撒旦派雪莱、布莱克以诗人的离析运动拯救被市场化的文化;无论是穆勒对功利主义植入文化进行折中主义的改造,还是柯尔律治"国家资产"与"国家教会"层级的文化目标;无论是卡莱尔心存虔敬地呼吁"走向完美"社会的文化功能,这些汇聚了整个19世纪重要人文领域思想家对"文化"观念的理解,整体上呈现出"文化"具有强大的国家功能和教化功能,他们希望借助文化的国家功能和教化功能,拯救工业时代以来文化的没落。在他们眼中,文化是"高级真实而又具有超级力量"、文化属于"天才和有特殊禀赋的人""艺术等同于文化""诗人是捍卫人类天性的磐石"等,将文化置于所有概念隐喻关系聚类项的最高层级,普通大众没有权利和没有天赋接近或靠近文化。文化成为19世纪伯克传统以来被营造的人类圣坛。

到了20世纪以及包括19世纪向20世纪迈进的中间阶段,"文化"这座人类世界的圣坛、"文化"代表人类隐喻概念世界最高层级的地位,慢慢在被撼动。文化的聚类项出现了新的变化,可表现在"一种整体的生活方式"文化观念的呼之欲出。无论是劳伦斯从社会价值层面思考"共同体本能"的文化,还是托尼以宗教与资本主义的兴起层面思考文化的平等问题;无论是T.S.艾略特以基督教社会观念出发提出"一种整体的生活方式"的文化观,还是文学批评家瑞恰兹和利维斯从人口增长与大众文明层面谈论文化问题,尽管他们的思想仍然受到19世纪伯克传统根深蒂固的影响,但是从他们的思想中已经萌生"文化"隐喻概念聚类项层级关系的变化,从一种至高无上的、无法动摇的、神一般的存在,逐渐开始指向人的现实生活。现代意义"文化"概念的演进变化和隐喻概念聚类项的变化,也为"结构–文化主义"范式的符号隐喻理论出场和形成创造了一种发展环境。

视角之二:社会结构单元中的隐喻聚类分析。相比于威廉斯社会整体结构隐喻聚类的分析而言,霍加特主要从社会结构单元的内部,特别是工人阶级生活结构的内部进行分析。威廉斯以19世纪工业革命对整个社会思潮影响的变化,分析承载社会思想观念的五个关键词隐喻聚类的变化,并揭示由社会结构变化引起概念隐喻聚类变化的作用。可以看出,社会概念隐喻聚类的变化是渐进式的发展。当社会结构发生一定变化时,如工业革命首先带来的是经济结构秩序的变化,经济结构秩序的变化会逐渐牵动整个社会结构的调整,直至以适应经济方式所产生的外力作用下文化秩序的变化。文化秩序一方面受制于社会结构秩序的外力作用,另一方面文化秩序有其自身内部的发展逻辑和相对的自主性。当社会结构发生一定改变时,就会出现外力作用的隐喻概念聚类与原有约定俗成的隐喻概念聚类之间的矛盾与冲突,就会出现隐喻概念聚类的不平衡,就会引发文化思潮的涌动。威廉斯正是看到了宏观社会结构引发隐喻概念聚类的变化,对承载社会思潮变化的关键隐喻概念,以及由这些关键隐喻概念所牵引的隐喻概念聚类的变化为研究对象,由此进一步探究社会文化的深层结构。

然而霍加特则是选取了社会结构单元的工人阶级作为研究对象,以发生在社会结构单元内部隐喻概念聚类的变化,引发对整个社会文化变化的思考。在霍加特看来,20 世纪五六十年代的工人阶级与 20 世纪二三十年代的工人阶级有很大的不同,50 年代之后的工人阶级在受到商业文化的侵蚀下,原先留有 20 年代工人阶级的文化气息正在逐渐丧失。在霍加特的描述中,工人阶级由日常生活所勾勒的行为习惯、生活态度和风俗礼仪,在商业文化的渗透中渐渐消散。工人阶级涌向"大众市场"裹挟的文化消费中,他们被眼花缭乱的陈设和琳琅满目的商品所吸引并为之狂欢。消费社会化的工人阶级愿意用资本市场的大众文化符号包装自己,他们将自己原先的文化特质和文化符号搁置在一边,用大众文化的调调说话和行动,他们淡忘了工人阶级感。霍加特为此时工人阶级的状况非常担忧,认为在大众文化的侵蚀下工人阶级的阶级意识会走向堕落。

霍加特认为,随着资本消费社会对社会文化生活全方位的支配,一方面精英主义的文化结构被打破,另一方面工人阶级的文化特质也再被瓦解,无论是精英主义的文化,还是招致精英分子鄙视的工人阶级文化,都同时掉入了资本逻辑的相对主义文化的陷阱中。所有文化符号的标志物或者文化符号之间根深蒂固的对立关系,仿佛都融在了大众文化均质化和同质化的关系中。由文化实践者相互之间的依存关系、边界关系和排斥关系,所形成的符号隐喻之间的类比、对照、聚类、配比之间的关系,不再那么牢固,边界越来越模糊。大众市场以一种含糊不清、模棱两可、含糊其词的方式重新编制了一整套促进大众消费的符号隐喻关系,这些隐喻符号植入在眼花缭乱的广告、索然无味的电影和没有实质内容的小说中间,让被称作统一的大众群体为这些绚丽夺目、姿态迥异的大众符号所欢呼雀跃。霍加特反对这种过度商品化的社会之大众流行习俗,强调工人阶级原有的文化样态和文化自主力,呼唤文化差异性和文化特质,倡导文化回归人的本真生活的模式。

霍加特进一步阐释了文化与生活的关系,坚持工人阶级文化的重要价值,强化了工人阶级经验生活文本的意义和作用。霍加特通过对工人阶级文化的真实写照,反映了他所倡导的文化与生活内在一致性的文化精神,体现了工人阶级宽容、幽默、伸出援手、不骄傲自大、忠诚、亲仁善邻的价值体系。但是随着文化产业化的兴盛,现代社会以"与道德无关""追求轰动效应""碎片化""故作'亲密'""对普通人伪善之言"①的商业价值体系,源源不断地侵扰工人阶级原有健康的价值系统,并掠夺和腐蚀着工人阶级的日常

---

① Hoggart R., *The Uses of Literacy: Aspects of Working-class Life*, Chatto & Windus, 1967, p. 120.

文化生活。对此,霍加特强调源自日常生活的文化生成,恢复"具有弹性"的工人阶级文化,从而有效抵制商业文化的诱惑。他认为文化生成的意义在于彰显"日常生活的'重要细节',与此同时,审视和再造日常生活的复杂性"①。霍加特倡导日常文化实践对普通文化实践者了解社会的价值和意义,"对社会保持有深度的洞察来自于日常生活经验的渗透",日常文化实践"有助于打开我们对人类生活经验丰富的感知"。②日常文化实践承载着淳朴敦厚的普通人民对自然世界的敬畏之情,抒发着他们对日常生活世界的喜怒哀乐,体现着他们对未来生活的憧憬与向往。

霍加特特别关注日常生活实践最为直接而有效的家庭生活。他认为家庭是可被普通人民真实感知的场所,在那里普通文化实践者可以暂别外部世界的干扰,可以尽情感受到自我的真实存在感。霍加特在对日常生活,尤其是对工人阶级家庭的描述中写道,虽然在这里独自一人的思考和阅读是困难的,其中夹杂着无线电和电视的声音、间歇性的对话声、烫衣板重击桌子的声音、猫狗的哈欠连天和叫嚷声、吹口哨声、翻动信件沙沙作响的声音、小女孩的阵阵啼哭声、鹦鹉叽叽喳喳的叫声,但这一切的嘈杂却尽显着一种平凡生活的温情,这一切的杂乱却是可被普通人民真实感知的世界。霍加特关注特定生活中生活方式的质感,日常文化实践则体现了文化生成的质感和密度,文化实践思想坚持日常生活作为文化研究的关键源泉,挑战了学术理论与日常生活模式之间的界限,加强了个体经验与历史结构之间的内在关联。

日常生活场景即家庭生活,为普通文化实践者提供文化行动的空间,使其获得文化生成的支配感。在谈及家的时候,无论是家庭成员还是周围的邻里,往往会使人联想到具体的生活或某些特定的人物,家庭是具体的,很难和抽象的事情联系起来。家庭让"工人阶级具有归属感",在那里人们可以获得支配感,但随着日常文化空间商业化的占据,家庭生活逐渐掺入了均质化商业文化的成分,使得日常生活的模糊感、原子个体的孤独感随之产生。霍加特将商业化的公共空间与凌乱但温馨的家庭空间进行了对比,尽显出家庭生活承载着朴质无华日常生活的本色。

文化实践再现司空见惯家庭生活的人间情怀。霍加特以生动温情的语言赞美道:"家庭作为一个地方,在那里我们学会了爱别人,而不是仅仅爱

---

① Hoggart R., *Speaking to Each Other*: *Volume Two*: *About Literature*, Penguin Book, 1973, p. 249.

② Ibid., p.254.

自己,家庭可以给我们独特的方式通向自己的感情空间,可以不断打开心扉,只要我们愿意让它打开。"①换言之,霍加特认为和谐的社会关系,不仅引导人们要善解人意、与邻为善,而且充实和丰富着人们的社会存在感,拓宽人与人之间交流的范围,从而为建立深层意义的社会共同体提供基础。在人们共享的日常生活中,"不仅大部分的物品可被分享,同时还包含了共同的品格"②。日常文化实践呈现出一幅幅充满温情的日常生活的图景,彰显出普通人民正直、诚实、努力、勤奋的特点,激发人们共同关注人类美好的精神家园。通过微观文化主体的文化实践,例如流行于民间的风俗礼仪、饶有风趣的民间歌舞,可以真实再现源于民间、活跃于民间的文化特色,体现出文化与生活的有机结合,体味到社会的人生百态。

霍加特源于文化实践所产生的情感表达,是一种由内而外的自然生成,这不仅限于工人阶级的感受,而且建立在大多数人共同认可的价值基础之上。他认为:"生活集中在群体所熟知的街道和他们复杂而活跃的群体生活之中"③,家庭、邻里空间能够标示我们所在社会中的位置,这种社会关系不是幻想的或者背对背的,而是真实的面对面的世界。他采用了一种移情手法,调动人们对更加稳定、成熟和具有内在精神的文化生活的向往与共鸣。正如移情说的代表人物立普斯认为的,人们在对周围世界进行审美认知时,不是被动感受,而是自我意识、自我感情,以至整个人格的主动移入,而通过"移入"使对象人情化,达到物我同一,"非我"的对象成为"自我"的象征,自我从对象中看到自己,获得自我的欣赏,从而产生美感。霍加特在具有乡土风情、充满人间情怀的文化实践中,探寻日常生活的真谛,激励人们寻找心灵存在方式的变革。这种移情效应使微观文化主体珍视存在于自我空间的文化生成,在自我依存的现实空间中,寻求意识的来源,感悟人生的意义,获得心灵的自由和满足。

另外,霍加特独特的叙事学方法蕴含着文化实践的具体途径。虽然霍加特以个人的、家庭的、邻里间的有限空间为研究对象,以自传体作为陈述方式,但是孙·欧文认为,霍加特的研究符合"从个体到整体"④的叙事逻辑。

---

① Hoggart R., *The Uses of Literacy: Aspects of Working-class Life*, Chatto & Windus, 1967, p. 54.

② Ibid., p.20.

③ Ibid., p.41.

④ Owen S., *Re-reading Richard Hoggart: Life, Literature, Language, Education*, Cambridge Scholars, 2008, p.73.

霍加特对《城镇风光及人物：福恩海姆—— 一个英国小镇的画像》①一书的写作亦是如此,将"整体的传统模式与个体风格"②有机结合来阐释英格兰总体的生活状况,体现出他一贯采用自传体的方式,以小见大地揭示对更大范围、更深层次社会批判的目的所在。霍加特个体经验式的叙事结构,体现出从日常文化生活延伸到对阶级结构和政治权力话语探讨的方法,为普通人民在力所能及范围和有限的空间内进行微观实践,提供了一种路径或模式。这种路径或模式表现出整体与特殊的辩证结构,一方面,霍加特以自传体的模式描述传统工人阶级的真实生活,打破强权文化对工人阶级的误读,树立工人阶级生活的复杂性和价值意义的观念;另一方面,霍加特塑造了"典型工人阶级"③的形象,并"以此作为一般意义普通人民的共有特征"④。在他看来,文化的内在机制并不比社会变革机制简单,在理解工人阶级文化,或者意指更大范围普通人民的文化时,对日常生活与政治生活、休闲方式与体力劳动应当放置在同等位置来研究, 因为对于微观文化实践者来说,日常生活具有不可剥夺的意义和不可取代的作用。

　　"结构-文化主义"范式以符号隐喻主体形成概念场的聚类与使用,从社会整体与符号隐喻概念聚类、社会结构单元与独特文化样式中隐喻概念聚类,两个层面分析了社会结构与符号隐喻之间的张力关系。一方面,社会结构变化会引发整体文化中隐喻概念聚类的变化;另一方面,由文化生活内部的不同实践主体形成的符号隐喻聚类是人们思想观念中最为深刻的部分。

第五节　社会互动的符号隐喻实践模式

　　"结构-文化主义"范式理论以社会互动的符号隐喻实践模式,开展了符号隐喻实践与公共空间的有效对话,形成了一种独特分析"公共价值"和"公共生活"的解读方式,并提出了一种具有创见性的建设途径。

　　有关"公共空间价值"问题的讨论主要集中于政治哲学维度的思考,并与此相关产生了对"公共价值"规范性和规定性的研究,而"公共价值"在其

① Hoggart R., *Townscape with Figures*: *Famham- Portrait of an English Town*, Chatto and Windus, 1994.p.73.

② Stefan Collini., Critical Minds: Raymond Williams and Richard Hoggart. English Pasts: Essays in History and Culture, Oxford: Oxford Universtiy Press, 1999, p.222.

③ Hoggart R., *Everyday Language & Everyday Life*, Transaction Publishers, 2003, p.102.

④ Hoggart R., *The Uses of Literacy*: *Aspects of Working-class Life*, Chatto & Windus, 1967, p. 22.

展开过程中,更多涉及了释放意义、共享意义和形成稳定价值的推进过程,这是除外在规约性设定之外,而需深入到对价值形成内在发展特性的研究问题。符号隐喻研究则为这一问题研究提供了新思路。"结构-文化主义"范式的马克思主义符号隐喻理论以符合诠释意义,通过人的元符号能力、人的符号活动和符号意义的共享,探究意义相关的全部活动。实际上,价值就是意义的共识,其来源首先就是意义。从符号隐喻问题开展"公共价值"的研究,可以进一步深入"公共价值"的内部构型,并对"公共价值"的全面展开提供现实途径。

符号隐喻实践作为文化参与社会建构的核心动力,或称为文化动力学的关键,就在于它对人类产生共享的文化价值和创建人类共同美好生活的作用和意义。从符号隐喻实践的本质内涵出发,深入挖掘以文化实践思想实现"公共价值"与"美化生活"的理论依据和现实途径,以此彰显马克思主义哲学的当代价值。在对这个问题的思考中,这一范式的研究者以符号隐喻的实践性、符号隐喻对物质性与意识性双向关系的聚合、符号隐喻对社会治理的作用三个方面,探究了社会互动的符号隐喻实践模式对公共社会生活的价值与意义。

一、作为符号隐喻的实践性对"公共价值"的诠释

"结构-文化主义"范式理论以作为物质性社会实践的隐喻内涵,探究符号的物质属性与符号的象征属性之间的整合意义,并将符号隐喻的整合意义,包括符号内部以及符号关系之间分环勾连的隐喻关系,运用于对现实社会文化结构和公共价值的理解和实践中。

他们从对符号隐喻实践与社会分层之间的关系引发关注,以隐喻系统中符号的知觉、收集、处理和使用的架构方式,探究公共价值是如何被社会建构的。公共价值的判断和标识,不是固定不变的,它会随着社会文化情境的变化进行相应的改变。公共价值的主体,不是单一的组织或个人,而是容纳了不同文化符号实践群体的共同场域。公共价值在某一程度上说,为不同符号隐喻实践者提供了一种互动交往的通道。在公共的场域中,不同符号实践者会以自身符号隐喻实践的习惯,与其他带有不同隐喻习惯的群体或个人进行交往。这就产生了符号隐喻活动的流动、交往和争议,会出现隐喻关系的不对称和不平衡,在这样的条件下,如何建立公共场所的有机秩序和更好地体现公共价值,就需要对符号隐喻活动给予充分关注。因此,在谈论公共问题时,"结构-文化主义"范式理论的研究者认为,这一问题离不开社会互动的符号隐喻实践模式,只有当这一模式得到有效展开时,公共

价值才能够得到彰显。

作为实践的符号隐喻内涵,主张文化符号深深地嵌入社会实践并内在于社会实践之中的观点。"公共价值"与"美好生活"是通过嵌入社会的符号隐喻关系以及通过集体文化符号隐喻实践行为而得到表达。关于文化的实践内涵,齐格蒙特·鲍曼在《作为实践的文化》中有过深入探讨。他将文化划分为"作为概念的""作为结构的"和"作为实践的"文化,而"作为实践的"文化最能体现自然"文化化"时代的特质,体现人类社会历史进程的发展过程。在"结构–文化主义"范式的符号隐喻理论来看,符号不是一种效果或是一种结果,不是一种静止的存在或是特定的编码,而是一种生成过程。它不能脱离现实的文化情境脉络,符号是一种隐喻运动,是一个特定情境被移译到另一种情境中的隐喻实践。正是符号隐喻活动具有的这种特征,这一范式理论在探究公共价值时,特别将这种公共意义的达成、公共规范性问题和公共关系的契约问题都与符号隐喻实践活动进行关联研究。

首先,"公共价值"的"公共"产生于代表社会存在方式的文化符号实践中。"公共价值"首先在于它的前缀"公共"。阿伦特指出:"公共一词……它首先意味着,在公共领域中展现的任何东西都可为人所见、所闻,具有可能最广泛的公共性。对于我们来说,展现——即可为我们,亦可为他人所见所闻之物——构成了存在。"[1]那么这些对"我们"和"他们"都可见的"存在"和"最广泛的公共性"具体表现在哪里。事实上,这些"存在"和"公共性"在很大程度上就在"我们"和"他们"赖以生存的文化中,在"我们"和"他们"日常生活的文化世界里。可以说"公共价值"理论原则的现实依据就是共有的文化,共有的文化存在方式。在现代社会中,公共生活的存在方式集中表现为文化的存在方式。伊格尔顿对从"独立话语空间",为"实现理性对话",形成"有凝聚力的团体",最终达至"公共领域"有效对话的展开中分析认为:"'公共领域'这个半透明的空间内……它取决于个体的人通过分享普遍理性的共识构成话语主体的程度。"[2]伊格尔顿以自启蒙时代以来英国固有的"公共领域"或"共识性"的传统,强调文学批评的非私密性,以及文学对"反对绝对主义政权和等级社会的人性"[3]具有重要作用。符号隐喻实践是表达公共态度和遵循公共道德的重要途径,为最终形成一致的公共价值提供实践领域。符号隐喻实践是文化主体进行社会交往和社会互动的行为过程,这

---

① [美]汉娜·阿伦特:《人的条件》,竺乾威等译,上海人民出版社,1999 年,第 38 页。

② [英]特里·伊格尔顿:《批评的功能》,程佳译,西南师范大学出版社,2018 年,第 9 页。

③ 同上,第 10 页。

种行为过程体现私人个体与公众的必然关联。符号隐喻实践不是单个个体的实践活动，而是文化群体内部与外部之间遵循交往互动原则的行为方式。

其次，符号隐喻实践所形成的共享文化是实现"公共价值"的先决条件。"公共价值"的本真来源和首要条件，就在于由文化达成的群体内部与外部之间共有的符号形式、习俗、认同和价值目标的系列文化符号实践行为。"文化的观念最初被用于将人类取得的成就与'不容改变'的自然事实区分开来。"①换言之，就是将文化作为"人化自然"与"自在自然"区分的关键。"'文化'代表人类能做的事，'自然'代表人类必须遵守的方面。"②由此说明了客观世界的内在规定性与人类主体能动性之间的张力关系，而文化本身就代表了人类认识、理解和改造客观世界的过程。文化不是静止的、抽象的和固定不变的，而是"社会结构脉络中形成的具体而动态性的社会实践过程"③。"结构-文化主义"范式理论在符号隐喻实践主体的原有文化先验图示基础上，通过具体生活语境中的文化实践，逐步建立具有文化性的世界观，达成群体内部的"公共价值"。

再次，符号隐喻实践是一种指向正义的实践，是一种善的实践，结成符合广大人民意愿的共有价值。罗尔斯从两个层面对"公共理性"作了解释："公共理性是一个民主的民族[人民]的基本特征，它是它的公民的理性，是那些共享平等公民身份的人的理性，他们的理性主题是公共善：这是政治的正义观念对社会基本制度结构所要求的，也是这些制度应当服务的目的所在。"④公共理性表现在两个层面：一个是公民身份的共善，另一个是政治的正义观。而"结构-文化主义"范式的符号隐喻理论主张，正向的符号隐喻实践则是公共理性中公共"善"与政治正义的双向结合。其一，符号隐喻实践从微观主体认同赖以建立的历史经验出发，其遵循的集体认同是广大人民群众在具体文化行动中达成的共同意愿。这种共同意愿不是外部强加限定的规则，而是生发于人民主体的自我实践和自我意识的过程中，是一种以公共群体利益为基础的善的实践。其二，符号隐喻实践以文化与微观政治的深度融合为着眼点，实现了政治宏观叙事方式向微观叙事方式的转变，以广大人民的利益诉求作为其政治制度建设的目的，是一种倡导提升广大人民文化实践能力和优化社会结构的政治正义观。

---

①② ［英］齐格蒙德·鲍曼：《作为实践的文化》，周宪、周晓红译，北京大学出版社，第5页。

③ 马援：《文化马克思主义语言哲学的新形式思想探讨》，《哲学动态》，2019年第9期。

④ ［美］约翰·罗尔斯：《正义论》，怀宏、何包钢、廖申白译，中国社会科学出版社，2015年，第227页。

最后,符号隐喻实践是实现"公共价值"实现共同美好生活的驱动力。"公共价值"不是"个体"的某种价值,其主体是"公众",达成相互可以接受的方式进入他人世界的认可方式。公共价值的产生是在实践中形成的,"个人也是只有在与其他人进行交往的实践中,才可意识到他对于一种集体性的生活或公共生活的归属性地位"①。公共价值的产生不是封闭的,也不是公共群体单个人的意愿,而是其组成成员在彼此进行交往实践中形成的共同价值。"结构–文化主义"范式理论认为,这种共同价值应该体现公共的善和公共的利益,而符号隐喻实践则是维系公共的善和公共的利益的重要途径。文化实践所体现的对公共善的维系,不同于社会决策部门所实施公共条例,而是通过公共交流过程,自发发出的人民大众的诉求,传达了人民大众的根本利益。作为符号隐喻实践的参与者,每个人都可得到自由地参与以及获得平等的尊重,真正体现具有公共意志的公共价值。符号隐喻实践的交往结构和交往规则,体现了文化重叠共识,反映组织内部成员的幸福。美好生活不是抽象化的"理想国",或者虚幻的精神向往,而是基于现实的日常生活和日常交往,通过文化实践达成共有的"公共价值",并进一步展现日常生活的美好,彰显更加有机的社会秩序。

二、彰显符号隐喻实践主体能动性的"公共价值"

"公共价值"并不是一成不变的。它不是纯粹抽象的想象物,而是现实与理性的有机关联。同时,它也不是静态的和固定化的,而是依据现实历史文化语境具体变化而作出有机反映。有机状态的公共价值是可以不断生发公共群体内部成员主体能动性和自我意识的复合体。"结构–文化主义"范式理论通过符号隐喻实践而形成的公共价值,在遵循文化内在规定性和调动文化主体能动性的双向运动中,为符号隐喻实践主体开辟了一种开放而自由的精神空间。

第一,"公共价值"不是僵硬的标准,是需要回溯到"公共价值"长期发展所形成的实践主体的文化土壤中去寻求答案。例如,威廉斯、霍加特、汤普森和霍尔对"公共价值"的讨论,就是在基于社会现实的文化土壤,探究20世纪五六十年代工人阶级的文化与公共价值的关系,分析在具体文化流变中,工人阶级"新"与"旧"生活态度的变化,以及共同价值的形成和转变,从而阐释了符号隐喻实践对"公共价值"形成的重要作用。公共价值不是生硬的程序,而是具有一定复杂性的问题。公共价值形成的关键在于,群

① 龚群:《追问正义:西方政治伦理思想研究》,北京大学出版社,2017年,第198页。

体成员将这些公共价值视为他们展开日常生活行为和表达自我观点的基本框架。这些公共价值可以合乎理性地期待他人赞同的价值,并且其成员都乐意真诚捍卫这些共有价值。公共价值体现了群体内部与外部之间基本可通约的意见和避免根本分歧存在的原则和指南标准。在日常生活中,通过符号隐喻实践结成共有的道德情感、观点态度和价值选择,勾勒出公共价值的基本雏形。生活世界充满着不计其数的人的活动,而人的活动并不是杂乱无章和无规律可循的。根植于日常生活的符号隐喻实践,填充了风俗、礼仪、习惯和规范的人的行为,形成了符号隐喻实践者对认识世界、理解世界和改变世界最为本真的样态。

第二,符号隐喻实践为不计其数的普通符号隐喻实践者提供文化平台,达成最广大人民群众的"共同价值"。符号隐喻实践实现了文化的生活化和生活的文化化,开启了普通人民高度参与文化的有效途径。符号隐喻实践内涵的核心动力就体现在"实践"上,原因在于力图通过"实践"打破"文化"原有概念的静止性和固化状态。传统"文化"概念,通常将其锁定在鸽笼式划分的严格范围之内,文化、政治、经济和社会全然是分界鲜明的。作为实践的文化,突破了文化捆绑于"经济基础-上层建筑"金字塔般社会结构的限定,摆脱了文化与社会、文化与经济、文化与社会之间"二元对立"模式,为文化的互融模式开启了新序曲。"结构-文化主义"范式理论以作为实践的符号隐喻意义,突破了这种"二元对立"的划界,将社会作为有机体,充分调动社会历史进程中相互作用的各个要素。文化动力学的关键就在于"实践",以动态的、多元化的和立体交互式的方式探究文化、政治、经济和社会之间的张力结构,充分发挥社会结构之中主体的能动性。符号隐喻实践作为社会发展的动力机制,为不计其数的普通人民和平凡劳动者开通了他们书写和表达自我文化的一种有效渠道。这些平凡的人民在文化共享的舞台上,为自己的生活吟唱,用自己的言说艺术、阅读经历和叙事方式传达来自内心深处的价值归属,在互动交往的文化共享中,结成互利互信的共同文化价值。这种源自普通人民富有真情实感和体现生活特质的符号隐喻实践,使之凝结而成"公共价值"变得熠熠生辉。

第三,符号隐喻实践结成的"公共价值",不是抽象公式化的价值定律,而是可实际操作的自然法则,并不断获得提升符号隐喻实践主体能力的动力机制。"结构-文化主义"范式的理论者认为,由符号隐喻实践内部生发而成的"公共价值",在微观文化主体自我文化空间定位的过程中,经过不同历史时期符号隐喻实践积累的体验和感受,并留下深刻的文化烙印,从而形成具有连续性、共性和统一性的"公共价值"。在符号隐喻实践的动力机制中,既有文化内在规约性的方面,即文化自身内部发展过程中表现为必然性的东西,也有文化能动性的方面,即文化内在规定性中的可变因素和调动文化主体能力的方面。这就体现了社会文化进程中"结构"与"历史行动者"的辩证关系,"结构"代表了社会文化存在的先验图示,"历史行动者"代表了先验图示中行动主体的力量。任何事物在其展开过程中并不是先天大体一致的运行规律,世界的不确定性就在于它的多样性和丰富性。盲目从单一和线性化的结构去理解社会运行方式,而去除符号隐喻实践主体的能动性和历史变化的可能性,只会得到空洞的和脱离实际的程式化规则。

事实上,就结构而言,也不是全然固定的,而是随历史发展进程运动的。"公共价值"是一个"应然"的问题,不是一个"必然"的问题,是一个"应该"如何的问题,应该如何使我们生活得更好,应该如何通向美好生活的问题。"结构–文化主义"范式的符号隐喻实践,就为这样一个"公共价值"的应然问题提供了一种解决方式,在综合结构与主体、形式与内容、共时与历时之间的辩证关系之后,将"结构式理解"和"主体式理解"作为理解社会发展的双重向度,从而获得具有科学性和实践性的"公共价值"。

三、以符号隐喻实践的互动模式勾勒美好生活图景

人与人的生活虽各有不同,但对美好生活的向往与追求却有规律可循。美好生活是物质生活的满足和内心生活的丰盈,是物质生活与精神生活的双向发展。作为实践的符号隐喻内涵既包括物质性的文化符号生产过程,又包含人类共享文化符号的交往互动过程,体现了物质生产与精神生产的复合形式。符号隐喻实践使得群体内部文化主体能够切身感受到彼此共同的价值需求,让文化主体体悟到群体内部共有价值的意义。符号隐喻实践主体可深刻体验来自内心的幸福感和获得感,享受自身实践开辟出的美好生活,并笃信美好生活源自文化共同体的自我实践与创造。

其一,符号隐喻实践是理解获得美好生活具体框架的行动指南。对美好生活的追求需要有现实可依的途径。人类学家大卫·施奈德指出:"文化构成了一个有关宇宙和在其中的(个体的)环境的本质的定义、许诺、陈述、假设、设想、命题和知觉的整体。"①符号隐喻实践可以规范地告诉实践者如何对待现实世界,并告知他们这些现实世界是如何设置以及其意味着什么。符号隐喻实践主体在清晰地认识现实世界的过程中,不断变革和改造

---

① Schneider D., Notes toward a theory of culture, In Keith Basso and Henry Selby eds., *Meaning in Anthropology*, University of New Mexico Press, 1976, pp.202–203.

现存社会不合理的既定秩序,以文化的自主性和建构性,为创造更加合理的社会新秩序开创条件。符号隐喻实践为实践者提供了分析现实时被社会地加以构造的"过程"。主张以符号隐喻实践进行社会研究的霍尔,就提出文化相对自主性的理论。他将文化生产过程解读为文化生产的闭合回路,包括文化生产、表达、监管、认同和消费等文化流程,形成了文化接合和文化回路的系列文化研究理论。另外,威廉斯以"符号隐喻实践的可变距离",探究了符号隐喻实践对于处理经济关系与文化关系的关键作用。这些理论阐释了"文化的复杂与不均衡发展"思想,通过分析文化生成过程中的内部构成因素,更好地探究在日常生活实践过程中所达成共同文化价值的过程,从而为建构美好生活奠定实践途径。

其二,以符号隐喻实践的互动模式勾勒美好生活图景。结构–文化主义范式符号实践模式构成了一定的文化机制,积极调动了文化主体的实践动机,即源自民族情怀和生活情节的美好生活向往,彰显了人类生命意义的公共价值。以文化对生活世界的理解和共享意义的诠释,激发基于文化共识的实践主体动机。这一美好生活的构想,不是生搬硬套的和既定模式的拼图组合,而是充满了民族文化传承和当下文化创造相互交织的人类美好生活画卷。在整个民族历史文化的叙事中,继承优秀文化传统、立足当下文化发展并着眼于人类美好生活的未来,以一种连续性、开放性和包容性的发展眼光,聚焦美好生活的实现。既强调文化生成的共相性,即文化整体的叙事方式;又彰显文化生成的殊相性,即文化具体的现实行为,以共相与殊相并存,共识与差异并举的共同符号隐喻实践中,达到人类对美好生活的共同向往与实现。

第六章 "结构-文化主义"范式马克思主义符号隐喻的主要特征

文化马克思主义者在现代性社会的文化图式中,形成了从符号隐喻对日常生活、现代性书写逻辑、不同文化场景和他者文化的关注与分析,表现出了日常性、具象性、异质性和交互性的特征,具体显示出分享意义之网的日常符号隐喻、对现代性书写逻辑的解构、具有隐喻姿态的符号变体和属于大他者领域中的符号隐喻系统。同时,这些特征也强化论证了这一范式的系统性和科学性,以及符号隐喻对于拉近日常生活、分析现代性书写的大写逻辑、审视同质化的资本主义符码生产和生成不同主体以及主体间意义交互的积极作用。

第一节 日常性:分享意义之网的日常符号隐喻

"结构-文化主义"范式的符号隐喻理论将文化观念从鸽笼式的抽象界定中解脱出来,主张文化回归生活、文化回归人的生活本性的思想,强调文化作为分享的意义,也就形成了他们从事文化研究的基本思路。在这一思路的影响下,这一理论通过扩大符号语境从语言学和传统符号学进入更广阔文化研究语境。借此形成了这一范式的符号隐喻理论的基本观点,即回归日常生活的符号隐喻研究。

这一范式理论在于强调使得承载意义的符号回归于日常生活之中,按照日常生活的逻辑形成符号共享的系统。这就改变了以索绪尔为代表的符号学的逻辑构造。索绪尔对符号学的关系聚焦在语言学基本范畴的划分上,包括语音、语词和句法规则的研究,符号的能指与所指对立开来。而这一范式理论所关注的是具体生活之中言语行为的日常符号学研究。索绪尔开创符号学的首要问题,就是要在语言存在的感性、杂多和变化中寻求确定性。于是,他为符号学作了一个减法运算,即去除语言中的言语事实,将语言形成过程中包含的物理性、心理性、生理性、个体性和社会性的东西统统抛去,抽取纯粹语言内部结构性的东西作为研究对象。这就使得语言符号运动作为脱离于现实历史事实而纯粹符号的抽象化过程。索绪尔语言符号混乱性的终止,标志着静止的、固定化、程序化语言结构研究的开始。

　　然而这一范式理论的研究者不同于索绪尔符号学去除历史语料的做法,而是将"语言"与"言语"的关系看作相互统一、互为补充的关系。完全没有只有符号结构而没有内容的符号,同时也完全没有只有内容没有结构的符号。现实的符号生成过程,既有符号内部生成有规则和有规范的东西,即符号结构;同时符号又是由具体现实的语料构成的,即言语事实。因此,单一寻求符号规律性和规范性的东西,而忽视现实无穷尽的符号事件,这样的符号研究是没有意义的。

　　"结构–文化主义"范式符号隐喻理论不仅对符号学进行了减法的运算,而且还为符号学添设了新内容,进行了符号学的加法运算。他们首先将符号学融入更广泛意义的日常文化研究之中。他们回归语言符号的生活意义,以日常生活为核心建构符号隐喻分享意义之网的功能。以日常生活为核心的分享意义之网的符号隐喻研究,其意义就在于将符号结构与符号表意实践建立隐喻关联,以强调特定生活方式的重要性来阐释"表达某些特定意义和价值"的重要性。

　　这一范式研究者认为,意义不是语词的简单聚合,对意义的阐释,既不能局限于一般结构的总体概述,也不能满足于特殊事实的经验性描述,而是需要深入到语词符号变化的真实差异之中,并由此产生对社会历史微观发展变化的洞察。他们对符号隐喻的探析,不是广泛化地抽取获得语言的一般规律,也不是机械般地割裂语言符号,将语言符号变成支离破碎的语词,而是在社会总体性的发展过程中,观察分析语言符号意义的变化,并对这些聚焦社会历史发展关键词的语义变化作整体性的剖析,将意义作为人类表达思想不断反复实践的过程。威廉斯提出:"文化从本质上关涉所有形式的社会活动。"[1]

　　"结构–文化主义"范式理论探究语言符号与社会历史总体性发展之间的密切关联。他们将符号隐喻研究放置于人类学的普遍意义之中,将符号隐喻实践作为人类活动之根本的表意实践系统,作为探究人类特定社会生活方式的重要途径。威廉斯进一步解释说:"作为一种表意系统的文化的社会组织根植于所有活动、关系及机构之中,其中的一些活动、关系及机构显在地'具有文化性'。"[2]人类的社会是具有文化性的社会,社会结构当中必然承载了文化组织构成的一般规律。文化始终标识人类在世界的在场,表

---

[1]　Williams R., *Keywords*, Fontana, 1983, p.13.

[2]　Ibid., p.209.

达人类活动的不同面向。因此，霍尔指出："文化……与其说是一组东西——小说、绘画作品或者电视节目及喜剧，还不如说它是一个过程，一组实践。文化首先关注的是意义在一个社会或者群体成员之间的生产和交换——'意义的给予与获取'。"①文化符号隐喻作为意义实践的过程，是人类之思的外显过程。在此基础上，以"结构–文化主义"范式理论分享意义之网的日常符号隐喻主要有三个基本观点：

第一，日常符号隐喻是意义共享的地图。威廉斯认为："一种特定的生活方式，它所表达的某些意义及价值不仅仅存在于艺术和智识之中，而且也存在于机构与日常行为之中。从这一定义出发的文化分析，便是对隐含于某一特定生活方式、某一特定文化之中的意义及价值的阐明……是对社会成员借以交流的特殊形式的阐明。"②这样一来就打破了文化符号被限定于文学概念的圈定中，使得文化符号面向生活的本真状态显现了出来。这一理论回溯意义的来源在于日常生活的文化之中。而符号存在的先决条件就在于表达意义，不存在没有意义的符号。

第二，作为表意系统的符号隐喻是一种日常实践活动。作为表意实践系统的符号系统不是抽象世界的概念游戏，而是对现实日常生活世界有感知的活动。正如威廉斯所指出的："表意实践，即意义的社会建构……是……一种实实在在的物质活动。"③"结构–文化主义"范式理论强调符号隐喻的日常生活性，认为符号隐喻连接人们对日常生活世界的认知过程，并在这种认知日常世界的过程之中，人类不断推演文化的社会进程。符号隐喻表征实践不是自然禀赋或先天赋予的关系意义，而是在人的具体实践和劳作中、在人类生生不息的日常生活中、在不同文化组织中，产生和形成具体符号隐喻的表征实践过程。

第三，对文化的分享就实现了表意实践的分享。不同的文化样态和文化特质存在具有差异的符号隐喻组织系统。符号隐喻组织系统承载于不同群体文化之间可辨识的不同文化特性中。这种标记文化特性的符号隐喻代表了某一群体感知世界的意义、理解世界的意义、解释世界的意义和使世界有意义的系统化过程。当群体之间的符号隐喻系统在某一具体的场合中相遇时，"意义"之间细微的差异就在这个现实场域中流动了起来。这同时

---

① Hall S.,The Work of Representation in S. Hall (ed.) *Representation Sage*,1997. p.2.

② Williams R.,The Analysis of Culture. In John Storey,ed.,*Cultural Theory and Popular Culture*,*Pearson*,2006,p.32.

③ [英]雷蒙德·威廉斯:《马克思主义与文学》，王尔勃、周莉译，河南大学出版社，2008年，第34页。

就产生了表意实践的分享过程。文化的表意系统背后潜藏着群体成员内部常识性的东西,包括"习俗、礼仪、价值观和约定俗成"等群体内部文化组织的一整套规则。在不同文化群体展开表意实践活动时,不同文化群体"与生俱有"的看似"常识性"的"观念、价值和思考方式"就会出现语言符号的相互碰撞、反抗和融合。这就形成了语言符号表意实践的分享过程。表意分享的过程实际上形成了意义之间的对话和交流。

威廉斯在《漫长的革命》中指出:"一种文化即共享的意义,即整个民族的产物。"①文化所承载的意义不是少数人特权活动赋予的意义。意义的生产者不仅有少数拥有权力的人,而且还包括了普通人民在内。威廉斯在《一种共同文化的观念》一文中进一步阐释共享意义分享的观念:"文化是普通的……无论是在普通的意义上,还是在特定的艺术及信念之中,都不存在与意义及价值的生产有关涉的特殊阶级或者人群。"②"意义作为被分享的系统"的观念,是"结构-文化主义"范式的马克思主义推行民主社会的重要符号隐喻实践途径。他们将意义的规定性和意义的生成看作不同文化主体进行符号隐喻实践活动的结果。

"结构-文化主义"范式的符号隐喻理论将真实源自日常文化生活所形成的符号隐喻意义之网,看作意义产生的本真来源。他们强调具有普通人民文化主体性的文化样态,倡导通过符号隐喻实践活动获得意义之网。然而他们并不否认意义的生产源自社会结构和社会权力的制约作用。威廉斯在其论文《传播与社会》中清晰地阐释了这一观点:"因为事实上我们大家都作为个人成长于一个社会之中,成长于社会的各种规则之中,而这些规则又根深蒂固,包括某些看待世界的方式、某些讨论世界的方式。人们一直都是降临于一个社会之中,被指示着看什么、被指示着如何去讨论它。"③"结构-文化主义"范式的马克思主义者不仅将符号隐喻作为分享意义之网的存在,而且将符号隐喻作为意义争夺、对抗和交融的存在,是建构我们自己、我们与他人、我们与社会之间社会世界意义的场域。

第二节 具象性:对现代性书写逻辑的隐喻解构

"结构-文化主义"范式的符号隐喻理论,对现代性社会的书写逻辑进

---

① Williams R., Culture is Ordinary, *Resources of Hope*, Verso, 1989, p.8.

② Williams R., The Idea of a Common Culture, *Resources of Hope*, Verso, 1989, p.34.

③ Williams R., Communication and Community, *Resources of Hope*, Verso, 1989, pp.21-22.

行了深刻反思与批判。他们在对现代形而上学大叙事的方式和资本逻辑的符号化社会问题深度分析之后,进一步在对经典马克思主义本源意义理解的基础上,对第二国际经济决定论进行了批判性反思。这一理论认为,"文化"概念的重新界定以及由"文化"概念所引发的新范畴的出现,是探究现代性社会问题的关键突破口。威廉斯就认为,在那些现代理论和实践的主要领域的核心地带,存在着一个总被人阐述的概念——文化。文化成为现代性社会问题的核心聚集地。这一理论体现了对"文化"概念的基本界定,对"文化"现代性衍生形态的分析,对"文化""经济"和"社会结构关系"正本清源地分析与批判。这一研究思路体现了"结构-文化主义"范式的马克思主义符号隐喻研究思维逻辑的发展过程。

这一理论在现代性社会语境下,以语言符号具象化现代性社会图示的思想,探究编织事物自身及其事物关系的语言符号,分析现代性社会观念之网中语言符号的变迁和用途。这一理论将语言符号作为他们关注现代性社会的聚焦点。他们认为现代性社会的主要矛盾和深层问题,不再是宏观社会结构的经济危机,而是普遍存在的文化问题。20世纪整个世界文化运动跌宕起伏和各类文化思潮层出不穷,足以说明人类思维活动和行为方式的巨大变化,现代社会赋予"文化"领域新的变更与发展。"结构-文化主义"范式将符号隐喻研究作为进行现代性批判的着眼点,并力图达到建构理想社会的新符号秩序的诉求。

学界对现代性问题的研究存在着不同研究视角并采取不同理论方法进行研究。无论是西方学者还是中国学者;无论马克思和恩格斯历史唯物主义视角的现代性解读,还是20世纪以来马克思主义众多思想流派对现代性的批判研究,现代性问题可以说是现当代人文学科最热门的话题。而文化哲学对现代性问题的研究,可谓是思想家数量最为集中和思想体系最为庞大的研究视角之一。

16世纪以来现代性问题就已经出现在人们的研究视野里,直至21世纪,现代性问题仍然是学界非常关注的话题。然而在经历对现代性问题研究的漫漫长河中,研究视角和内容不断产生着思想的碰撞与更替。具体而言,从最初人们热衷于现代性理念思维框架的研究,逐步扩展到现代性问题的外部延伸性研究;从对形而上学、逻各斯中心主义现代性的反思与批判,深入到现代性具体的社会文化场景和现实的社会制度之中的分析与构建,并展现了现代性向后现代性研究的发展趋势。整个思想界在对现代性问题的概念和体系进行庞大建构之后,渐渐改变了对现代性问题的思考方式,从一种纯粹的思想浪潮和思维革命的理性批判,转向与人类生存密切相关的文化批判之中,从现代性内部概念的澄清与划定,走向了伴随现代性出现后果的分析与反思。从社会文化批判进行现代性问题的研究,成为学界在现代性理性批判传统之后追踪研究的问题。

因为现代性社会与现代性的文化紧密联系,可以说,现代性社会的存在方式就表现在现代性的文化之中。现代性的思维方式、社会结构与文化模式相互缠绕在一起。而"结构–文化主义"范式理论对现代性问题的思考也符合整体现代性研究的发展逻辑。他们对现代性问题的研究不但融入社会文化批评的现代性研究之中,而且开展了继文化批判之后符号隐喻研究的转变,直至更为深入的语言符号学的现代性问题研究。这一理论对现代性问题的思考,从一种对理念世界的批判中,从尼采"上帝死了"的觉醒中,从现代性社会存在的文化根基中,探寻表达和承载现代性社会秩序的语言符号,洞察深层的现代性社会的具体现实问题,从而获得解决现代性深层矛盾的方法和途径。因此,他们对现代性问题的研究,展示出了社会文化批评向符号隐喻形态研究的转变,代表了当代学界关注现代性问题的新的发展方向。

就马克思主义文化哲学对现代性的研究而言主要呈现了以下方面。马克思和恩格斯从异化劳动到实践,整体上对工业革命后的现代性社会问题的探究,激发了马克思主义文化哲学对现代性问题的思考和研究。马克思主义文化哲学集中了马克思主义哲学对现代性批判的主要研究视角之一。早期西方马克思主义卢卡奇、葛兰西、柯尔施开启了文化视角的现代性社会分析。之后法兰克福学派形成了独具特色的文化批判理论。"结构–文化主义"范式的符号隐喻理论以文化研究作为现代性社会研究重要落脚点。

现代性社会是"理性"与"感性"杂糅的存在。对现代性问题的探究混杂着科学哲学、经验主义哲学和分析哲学多角度的分析。因为对现代性问题的探究不只存在于理性之中的纯科学研究,由现代性引发的问题不只是学理层面的由新论题驳倒原有论题的过程,不是理论之间的取代关系。实际上,关于现代性问题的讨论,更多是由于整个时代氛围发生改变之后,旧式的传统哲学问题不再能够跟得上这个时代思潮整体发展,随后这些旧哲学命题就淡出了现代哲学的框架。旧哲学命题不是因为现代哲学新命题将其驳倒而被取代,而是因为历史时代氛围对社会心理、社会关注点和文化兴趣发生了改变,而原先的哲学命题对于现在社会来说不再是至关重要的问题,甚至可能不再是一个问题。以"结构–文化主义"范式对现代性问题的研究,就将现代性问题置于"人类理性思维"和"可感世界"的辩证运动之中,从社会整体发展的历史流变和人类社会文化生活的氛围中,去探究"现代性社会"的运动变化和发展过程。英国文化马克思主义对现代性的论证方式不再采用形而上学、抽象理性化的论证方式,而是沿用了英国传统哲学研究的经验主义特质。

"结构—文化主义"范式的马克思主义者所产生的社会符号学思想,是整个世界历史思潮涌动的结果,是一种社会结构背景之下深层的事实的存在,不是某个思想家一己的感伤或情怀。尽管这一范式思想家会用不同的经验、不同的方法和个体的灵感来形成各具特质的符号学理论,但是这些思想实现了共同的情感共鸣,集体表达他们对那个时代将要展开的社会征兆的共同预判。从这一范式学者各自的写作中,可以看到他们共同依托的时代、社会和思想是情感共鸣的基础,这就是为什么个体所产生的思想危机会成为形成公共思想的时代共鸣。实际上,是这个时代社会深层结构的外显过程。

威廉斯认为,"这样一来,两种重大的现代反应出现了:其一是文化观念——它提出了有关人类成长和发展的完全不同的见解;其二是社会主义观念——它对那些固定了的、业已取得成就的状态即'文明'和'文明社会'展开了社会批判和历史批判,并提出了要取代它们。所有这些处在形成中的现代概念之间、处在这些概念同那些相当陈旧但依然残留着的概念之间的一系列延展、转换和重叠,呈现出一种极其复杂的局面"①。威廉斯把"文化"概念的演进,包括新文化概念与旧文化概念的重叠、冲突,以及新概念的界定和相关范畴的出现,这种文化概念复杂多样的变迁是审视现代社会秩序和指向深层问题的重要立足点。

伊格尔顿分析了"文化"与"文明"之间二元对立的现状。传统文化的观念在"文化"与"文明"之间搭建了不可逾越的藩篱,而这种对峙与冲突源自现代性社会的出现。伊格尔顿认为:"文明与文化之间的冲突属于传统与现代性之间的一场全面争吵……文明是资产阶级的,而文化则即是贵族式的又是民粹主义的。"②伊格尔顿在《文化的观念》一书中,在对"文化"概念的辨析中,进一步展开了语言符号学的研究。他从词源学的角度分析了"文化""文化唯物主义""殖民主义"的语词意义。他指出:"如果说'culture'这个词追溯了一种重要的历史变迁,那么它也编码了许多关键性的哲学问题。"③

① [英]雷蒙德·威廉斯:《马克思主义与文学》,王尔勃、周莉译,河南大学出版社,2008 年,第 12 页。

② [英]特瑞·伊格尔顿:《文化的观念》,方杰译,南京大学出版社,2006 年,第 9 页。

③ 同上,第 2 页。

他接着指出："'culture'这个词的拉丁语词根是 colere，可以表达耕种、居住、敬神和保护当中的任何意义。其'居住'的意义已经从拉丁语的 colonus 演变为当代的'colonialism'（殖民主义），因此像'文化与殖民主义'这样的标题，也略微含有些同义反复的意味。"①

伊格尔顿认为，文化概念的解读牵扯一系列相关的哲学问题。文化研究使得原先大哲学的范畴、概念和逻辑体系发生了变化。对文化概念的重释，会引起传统哲学基本概念和核心范畴的界限和范围改变。因此，他认为一些已知概念和范畴关系会在新的文化阐释中变得模糊和不确定。他指出："在这个单一的术语之中，关于自由与决定论、主体性与持久性、变化与同一性、已知事物与创造物的问题得到了模糊的凸现。"②同时，文化概念从原初意义，即文化与自然相对立的概念，转变成解构文化与自然关系的概念。

"结构-文化主义"范式的符号隐喻理论将文化与文明的二元对立关系，作为考察启蒙运动以来现代性社会发展的重要维度。文化与文明的对立是伴随着现代性社会的产生而出现的。从卢梭到浪漫主义运动，主旨就在于对现代文明、工业化文明的深度批判。他们认为现代文明是人类工业化时代发展的恶果，使得人类的伦理道德停滞发展，甚至是开了历史的倒车。这一范式理论以对文化与文明二元对立的批判作为预示现代性社会开启的研究起点。

文化与文明的冲突与对立隐含着传统与现代性之间矛盾的核心焦点，两者之间的对立标志着现代性社会的开启。文明被认为是工业化时代以来，随着城市化进程的加剧而产生的具有抽象性、孤立性、碎片化和功利性的存在。文明被披上了物质进步主义、道德败坏、野蛮繁殖和功利主义的外衣，人们在面对文明的时候往往会嗤之以鼻。因此，文明一开始出现的时候，是一个极度具有贬义色彩的词语。它自身携带了侵略、征服和掠夺的意义。自卢梭以来的浪漫主义者对文明形成大量具有深度的批判思想，认为文明是人类工业化的恶果，它使得人类的文明、人类的道德停滞不前。这些浪漫主义者渴望重返人类有机的文化世界，希望让人类的工业、人类功利化的文明停止脚步。而文明与现代性社会联系在一起，文化与旧传统联系在一起。这就反映出了人们对待现代性社会的一种反对态度。

文化与文明的对立表现出，传统社会与现代性社会的矛盾冲突。此时的文化还不是现代意义的文化，文化观念被禁锢在精英主义的文化观念

---

①②　[英]特瑞·伊格尔顿：《文化的观念》，方杰译，南京大学出版社，2006年，第2页。

中,精英主义者阿诺德、利维斯将文化作为"人类最完美的爱""人类至高无上道德的风向标""大众文明和少数人文化",将文化置于精英主义的文化谱系学,为了固守精英主义的文化地位,一方面排斥普通人民的文化,另一方面竭力抵抗大众文明。因此,此时的"文化"概念还停留在贵族式的文化观念中,文化还没有进行现代化意义的演进。

"结构–文化主义"范式的研究者在对待这个时代变迁中的"文化"概念时,既看到了工业革命以来"文化"的潜在危机,同时也看到了精英主义"文化"观念的病诟。他们试图变革传统的文化观念,以马克思主义哲学为基本立场,关注底层人民的文化生活,以现代社会的发展为契机重新为"文化"建构意义。

这一范式理论的研究者从现代性的文化危机为着眼点,以为底层人民文化权利辩护为主旨,开启了文化现代意义的重新解读。他们对启蒙运动以来文化普遍性意义进行了反思。他们试图改写文化的书写样态,辩证对待文化的普遍性与特殊性。启蒙运动作为理解现代主义与后现代主义的密钥就在于,它所指定的系列规则和规范是继续还是终结的问题,是作为区分现代主义与后现代主义的关键所在。被称为"启蒙之光"是指在人类本质的科学之上建构"普遍的,与传统无关的理性原则"①。而这种普遍的启蒙运动之光,逐渐在现代性社会之中失去了它的光芒,"普遍的理性规则"对"文化的差异性"造成了阻隔。

"结构–文化主义"范式理论的研究者对这种启蒙运动的普遍之光进行了反思,他们强调文化具有特色的生活方式,以文化的特殊性和文化呈现不同群体生活的差异性来对抗普遍的文化之光。正如格雷主张:"所谓的不同形式的人类知识,甚至是科学知识本身能够被统一成一个单一体系,并有同一种单一原则所产生的想法不过是一种幻象……只不过是启蒙运动中诸多迷信中的一种罢了。"②这一范式的研究者对文化的理解,就在于去除这种形而上的统一化、规范化的文化概念。他们试图揭开套在文化概念之上启蒙运动的光环,以多样性、特定的生活方式描述取代普遍性、宏大的和一以贯之的叙述形式。威廉斯的著名论断"文化即生活"、霍加特的"文化实践"思想、汤普森"作为整体斗争方式的文化"都是在于解开捆绑在文化身上的枷锁,让文化概念获得现代意义的彰显。

威廉斯以历史语义学的方式,探究了文化的现代用法,从"文化"词源

---

① Gray,J.,*Enlightenment's Wake*,Routledge,1995,p.145.

② Ibid.,p.154.

学的历史考察,分析现代性社会的深层结构。在文化层面对社会结构的分析,不同于一般社会形态的分析与阐释,而是以历时的纵深度和共时的广衍度,潜入于具体生活组织结构内部的剖析。威廉斯认为对现代性社会核心问题的聚焦和探源,都需要溯源和恢复这一问题出现的具体现实场景。他在探究"经济""社会"和"文化"的关系问题时,就采用了一种"历史语义学"的分析方法,对这些概念不同历史语境的出场进行了分析。威廉斯认为:"社会、经济、文化,这些'领域'现今都各自标有一个概念,它们都是新近才出现的历史性的系统表述。"[①]任何语词意义的发生和变化都存在着历史发生学的演化过程。他在对"社会""经济""文化"三个语词作历史语义追踪的过程中,进一步阐释了这三个概念的现代发展并不同步,但其中每一个的发展每到关键时候都受到另外两者运动的影响。

"结构–文化主义"范式的符号隐喻理论源自外在世界和内心生活的综合性思考。他们不是在编织眼花缭乱的观念和范畴之网,或是生造和构造包罗万象的符号学体系,而是从普遍的文化现象出发,立足真实可见的文化事实,揭示和阐发这些文化事实背后深层次的社会现实问题。符号活动的具体表现形式和形态,包括信息、文本、话语、图像。具体而言,信息是符号的最小单位。文本与话语可被看作大符号单位。文本与话语是有一定区别的。文本是被编织在一起的,相对于话语而言,它更加呈现出具体物质性客体的特征,以编织或模仿的方式投射现实的意义。而话语更体现参与者的行为和实践运动,可以说是文本的外显或者文本具体的社会实践,因此话语更直接面向符号运动。

这一范式理论对符号学的探究,始于对旧传统文化观念一块块壁垒的消除,重新开始文化观念起源的探究。在他们眼中,文化具有运动的属性,并附属于一定具体的生活事件中,或者整个生活本身就是文化的。第一代研究者首先解决的问题是对"文化"这一关键概念的重新界定,对"文化"基本概念、核心范畴和思维逻辑的重新思考,是他们进行语言符号学的思想基础。

若从"文化"词源学角度来讲,文化的物质实践性实际上并不难理解。"文化"(Culture)一词的原初意义与"耕作"有密切关联,是对自然状态的一种规训和管理。文化是相对于自然而出现,这是相对于客观自然世界的人的活动。这种萌芽状态的文化与人改造自然的历史进程有关。文化的原初

---

① [英]雷蒙德·威廉斯:《马克思主义与文学》,王尔勃、周莉译,河南大学出版社,2008年,第9页。

形成是模糊的和不确定的,泛指经过人改造的一切活动。然而文化的物质实践意义随着人类社会思潮的变化与发展发生了很大的变化。

具体而言,随着后来人的劳动的复杂化和精确化,出现了经济活动、物质生产、精神活动的区别与划分,文化的范围才被逐渐地缩小。加之,阶级的出现、体力劳动与脑力劳动的分工、资本的涌现,原先的文化,如农业活动等,已不再被视为文化的存在形态,文化与生产劳动的分离彻底定型在人们的思想观念之中。文化原本的物质性意义完全被抛在了人们的脑后,并且成为与物质相对的存在。物质与文明之间的联姻,也使文化与文明之间形成了二元对立的局面。正如文化精英主义的代表 F.R.利维斯的《大众文明和少数人文化》这本书名所表达的一样,"文明"(civilization)被视为城市化之后的产物,其词源学意义"civil–"就表示"城市化"的意义。利维斯认为,"大众"这个词是与"文明"相伴产生,"大众""文明"都是工业化时代和城市化推进过程的结果。他严格区分了"文明"与"文化"之间意义:文化是少数精英人士专属的领域,而文明是群氓的聚集地。他贬低和排斥文明,将文明与文化隔离和对峙起来。另一位精英主义的代表马修·阿诺德为文化披上了形而上学的外衣,佩戴上了道德的风向标。他认为,文化是表达人类最完美爱的东西,是具有道德指向的,而这种道德指向是以精英主义的道德观为衡量标准的,工人阶级、广大人民群众是缺乏道德的,他们需要接受精英主义道德规范的教化和规训。这样一来,以精英主义圈定和规定的"文化"概念是一种抽象的、大写的、既定的和具有超越性的文化,所形成的就是一种权威化、特定化和阶级优越性的文化观。

这就出现了"结构–文化主义"范式的符号理论对文化"物质"概念和"实践"概念的追溯和重新建构,也就引发了以这一范式视角对"文化"语词概念的重新诠释。"文化"语词经历了具体社会历史发展过程中的语义变迁和观念变化。这一范式的研究者重新审视了精英主义者对文化的"物质性"和"实践性"概念和意义的丢弃,在对精英主义持悲观情绪地对待工业化之后的文化发展后,他们批判了精英主义对文化封闭化的理解和界定,力图重建文化的实践性和物质性意义,展示属于工人阶级自己的文化样态。他们在对精英主义文化观进行批判的同时,展开了文化人类学意义的研究,并进一步将人类学意义的文化内涵推向了语言哲学和语言符号学的研究。这一理论主要实现了文化从抽象化的"文学"概念指向了具体化的"人类学"概念。

"结构–文化主义"范式的符号隐喻理论对现代性问题的研究,不仅是反思性和批判性的,更为重要的是,他们对现代性的思考更是具有建设性的。他们以积极的方式对现代性社会进行重建。英国新马克思主义不同于悲观主义对待现代性社会问题的做法。在马克斯·韦伯看来,现代性的存在只能是形式的合理性与实质的非理性的混乱。这一范式理论则是通过源自生活本真的符号隐喻的形式与规范,破解现代性符码操作的非合理性,通过微观主体积极的文化符码实践,调动微观实践者的抵抗力量,变革文化霸权形成的符码体系,开展健康而合理的文化符码生态系统的建构。

第三节 异质性:具有隐喻姿态的符号变体

"结构–文化主义"范式的马克思主义所面向的符号隐喻研究,既包括了对一般形式文学语言的分析,又包含了对现实社会话语的追问。这些学者根据自身所处的历史时代,进行了介入当代社会语境的具体语言分析,形成对现代性社会语言全景式的研究。相比于索绪尔语言内部结构的分析而言,这一范式的符号隐喻理论更加关注语言符号的表意行为,在人类特有的存在方式中探究语言表意行为的文化图式,呈现现实社会生活中具有隐喻姿态的符号变体。

首先,人类特有的存在方式塑造具有隐喻姿态的符号变体。威廉斯在《文化与社会》一书中,阐释文化观念的形成时指出:"文化观念的历史记录了我们在思想上和情感上对共同生活状况的变迁所做出的反应。我们所说的文化是对事件的反应,而事件的意义本身又受到我们所理解的工业和民主含义的界定。"这里呈现出了文化观念、生活和事件意义之间的张力关系。威廉斯对从19世纪伯克传统直至20世纪文化观念演进过程的分析,说明文化观念的推演汇聚了不同思想家在不同历史时代,针对具体的人类社会生活所达成的基本观点。这些对文化的基本观点,包括对工业革命的态度、民主的理解、艺术概念的界定和阶级形成的分析,在不同的历史语境下呈现对此类问题具有差异性的诠释。威廉斯以记录相关生活和思想领域发生广阔变迁的五个关键词,即"工业""民主""阶级""艺术"和"文化"的变迁,从文化观念层面对公共生活问题特有的思维方式总体变化进行呈现。威廉斯探究语言表意行为与社会发展变化的具体关系,反对传统语言学将意义与社会现实相互剥离,批判将言意之辨仅归结于语词意义的相似性或者差异性的确定。"结构–文化主义"范式的马克思主义者从历史文化语义学,以语言变体的社会历史成因思考,来解决语言与言语之间二元对立的关联对峙。

其次,以符号隐喻的连续性与系统性反观各种隐喻姿态的符号变体。

霍尔对符号有过这样的定义，"用于表述带有意义的语词、声音或形象的总的术语是符号"①。这里说明了符号得以是符号的两个方面：一方面是符号要表达意义，另一方面符号可以是音的、文字的和图像的，这两方面是互为补充的条件。基于"结构–文化主义"范式对符号的定义，就有了这些马克思主义研究者对符号研究的前提基础：第一，符号与意义相关，泛概念化的、空洞的、没有意义的形式符号的研究是不符合他们的研究的。第二，符号是要表达意义的，而意义的表达就融入了人的实践活动和人的表意行为，脱离人的实践活动和人的表意行为的符号研究是没有意义的。第三，符号的形式不是单一的，而是社会生活各种各样语言符号表征的聚集，有单个的符号、有一连串的符号、有符号构成的场景，符的类型和样态是多样的。第四，符号是总体的和整体的。符号不是碎片化的和片段式的，而是连续的和系统化的。对符号的研究不应该是肢解式的方式，而应该在人类整体的社会历史和文化长河中去分析和诠释符号所承载的意义，这样才能反观语言符号深层的表意内涵，从语言符号的流变中反观现代社会的发展规律。

为此，"结构–文化主义"范式的符号隐喻理论力图摆脱形而上学语言学对语言与言语、形式与内容、结构与事实之间二元对立的分析局面，将格式塔的符号形式与意义得以实现的符号意义有机结合。正如德里达所述："从本质上讲，不可能有无意义的符号，也不可能有无所指的能指。"②从马克思主义对符号学进行理解，让人们更容易面对面地科学而直观地认识和洞察人类的语言规律和言语行为。符号学先天就具备不同于语言学发展的实践优势。符号学以带有语言符号活动的特质，探究符号行为的延伸和指涉范围。

"结构–文化主义"范式指向了更为宽泛意义的符号隐喻研究。这一范式的符号隐喻理论不同于生物学意义上的符号学理论，非认知生命疆界的"生物符号学"，而是以整个人类社会历史为进程的符号体系研究，重点关涉符号行为和符号实践活动对人类社会的意义。"它们仅仅是既成秩序希望同化并吸收其反对立场的工具，是异议的符号，很快就被传译成无害的消费品，既没有内容，又作为真实事物的替代物转售给它们

---

① ［英］斯图亚特·霍尔：《表征——文化表象与意指实践》，徐亮、陆兴华译，商务印书馆，2003 年，第 24 页。

② ［法］雅克·德里达：《声音与现象：胡塞尔现象学中的符号问题导论》，杜小真译，商务印书馆，1999 年，第 20 页。

的发明者。"①然而反主流文化又有另一种倾向。根据西奥罗·罗斯扎克反主流文化的思考,认为反主流文化会陷入"犬儒主义和自欺欺人的机会主义"的危险之中。反主流文化,如嬉皮士会用自嘲的方式和异端的形式玩弄自己的文化。"结构-文化主义"范式理论对反主流文化的一些极端做法和异端文化形式是持有异议的,但是他们对这种新文化活动和文化样态背后的意义与价值是持肯定态度的。因为这种新文化运动和思考方式,所带来的文化多向度的思考,为语言符号研究从社会和历史纵深度提供了聚焦现代性社会的具象化内容。

再次,语言表意行为体现语言的感染力和创造力,彰显符号隐喻丰富的姿态。伊格尔顿在《论文化》中,借助伯克和赫尔德的语言观,表达言语行为与社会生活之间的密切关联。伊格尔顿指出:"伯克将语言与我们的社会和感知活动相联系……词语只有在交织于实际的生活方式中时才有意义。"②同时,伊格尔顿也分析了赫尔德的语言观,认为赫尔德"要将语言嵌入到康德的体系中,就需要将语言投入历史与文化里的各种作用力中"③。伊格尔顿赞成伯克和赫尔德从不同角度彰显语言源自生活而显现活力的观点。伊格尔顿关注感性世界对语言创造力和生命力的激发,反对全然把语言置于一种先在的结构框架中,批判在固定化和程式化的结构中机械般地进行语言分析。他认为这样一种数学逻辑化的语言分析方式,必然导致语言活力的丧失;失去丰富言语表达和言语活动行为的语言逻辑,必然会掉入只有空洞外壳的语言囚笼。为此,伊格尔顿将语言哲学推向了美学,强调美学意义的语言观。他在《伯克关于美与崇高》的论文中,用一大段文字描述伯克运用调动人类情感词语的技巧。伊格尔顿指出:"对于伯克来说,语言关乎表演,而非传达,是修辞的而非报道的。他自己华丽的散文风格,装饰以精致的隐喻和戏剧性的姿态,印证了他的语言观。"④伊格尔顿以修辞学和美学的意义,强调语言美感和语言姿态的多变性。语言除了保持自身内部的构造和结构系统之外,填充其中的是具象化的言语事实和言语行为。语言的魅力就在于能够调动人类的感知,将信仰、感觉、经验融进语言的呈现之中。

---

① [美]托马斯·弗兰克:《酷的征服》,朱珊、胡传胜、孙冬译,南京大学出版社,2007 年,第 17 页。

② [英]特里·伊格尔顿:《论文化》,张舒语译,中信出版社,2018 年,第 86~87 页。

③ 同上,第 87 页。

④ 同上,第 86 页。

伊格尔顿还阐释了赫尔德的语言观,说明"赫尔德也相信,思想是和身体有着密切的关系,语言不仅仅是交流的工具,更具有感染力和表达力"①。在对待语言与言语的问题时,伊格尔顿认为两者之间密不可分,并且言语是语言抽象思维的根基。他指出:"词语只有在交织于实际的生活方式中时才有意义。因为语言,我们可以身处不同的精神世界,即便我们生活在同一条街巷。言语是一种用来应付实际环境的能力,我们所有的更为抽象的观念都来自这个谦卑的根基。纯粹的理性不过是一种妄想的怪物。"②语言的用途和价值就在于它的使用,在于语言实践者在现实场景中机智幽默地调动他的词语库,展开与他人的有效对话。关于语言的研究,特别是从语言层面探究人的思维活动和进一步了解人的认知的过程,有着至关重要的作用。而这种重要之处就在于语言自身的独特性,将感性和理性作为统一体有机关联。因此,伊格尔顿认为,赫尔德对他伟大导师康德的批判,就表现在"批判他(康德)低估了语言在认识过程中的作用,批判他没有将时间与空间的范畴置于身体的经验之中"③。因此,在赫尔德看来,语言是身体经验的关键构成,语言是通达理性和感性之间的有机桥梁。至此,赫尔德所做的工作,就是"要将语言嵌入到康德的体系中,就需要将语言投入历史与文化的各种作用力中"④。语言的有效性就在于它无时无刻地浸润在历史文化的情景之中。

最后,"结构-文化主义"范式的马克思主义者借助具有隐喻姿态的符号变体的观点,聚焦现实社会生活的关键问题,解析不同文化场景中的具体语言文化特质。汤普森在《英国工人阶级的形成》中对"阶级"这一关键语词进行分析,认为"阶级是一种关系,而不是一个物"⑤,从历史关系的脉络中形成对"阶级"语词的认识,非抽象化、公式化地剥离于具体社会历史得到"阶级"概念。本尼特认为:"就语言来说,它的实践使用和意义由它是谁的和它是给谁说的相互关系决定。它总是被安置在一系列特别的言说者和倾听者之间的社会关系之中,而且它总是部分地由这套特别的社会关系所构成。"⑥这同样在说明,语言是人类的心智活动,语言就是生活形式本身。具体而言,霍加特以民族志的语言研究,记录了工人阶级富有特质的语言,彰显了内在于生活语言的重要意义。威廉斯在《关键词》中分析了一百三十

---

① ［英］特里·伊格尔顿:《论文化》,张舒语译,中信出版社,2018年,第86页。

② 同上,第86~87页。

③④　同上,第87页。

⑤ ［英］E.P.汤普森:《英国工人阶级的形成》,钱乘旦等译,译林出版社,2001年,第3页。

⑥ ［英］托尼·本尼特:《形式主义和马克思主义》,曾军译,河南大学出版社,2011年,第66页。

一个承载社会发展的关键词的历史流变,探究这些关键词生成的具体语境和不同历史时期语词的变体,进而剖析社会发展的深层结构。霍尔在分析"种族文化""流散群体文化""亚文化"和"多元文化"时,就将语言分析置于具体历史的文化情境中,探究这些语言现象、语言表征和语言陈述方式背后的社会现实问题。威利斯的《学做工》在探究工人阶级子弟为何继承父业的文化现象过程中,阐释嵌入生活经验和实践活动是语言生成重要来源的思想,并通过这些源自生活的言语材料和言语事实,反观社会发展变化的重要历史节点。"结构-文化主义"范式的马克思主义学者不但提出了具有隐喻姿态的符号变体的思想理论,而且他们在分析处理具体现实的文化语言现象和言语事件时,也秉承这样的方法,实现了理论与实践的统一。

第四节 交互性:属于大他者领域中的符号隐喻系统

"结构-文化主义"范式的马克思主义者运用符号隐喻的方式进入人类栖居的现实世界,以各种符号隐喻的意义和延伸意义,认识、理解和诠释现实世界。符号隐喻所关涉象征和仪式等信息符号,作为意义系统内在关联在一起。这一范式理论在现代社会属于大他者叙事的背景下,探究以特殊物质形态存在的符号生产、传递、消费和接合的过程。

"结构-文化主义"范式理论主张,符号隐喻研究的重要意义就在于,在具体人类的实践活动中,通过对具有组织性、结构性和系统性符号隐喻的分析诠释,从符号隐喻分环勾连的规律中,包括符号隐喻的组成要素、组合方式和重构方式的探究,寻找符号隐喻结构与整个人类社会构造之间的关联,探究属于大他者领域中的符号隐喻系统。以威廉斯文化唯物主义符号概念的阐释、霍加特民族志符号变体的追踪、汤普森历史文化语义学对工人阶级符号语义流变的分析、霍尔对亚文化符号概念的透析、伊格尔顿对大他者文化符号的阐释,诠释这一范式对"符号""符号变体"和"符号隐喻"核心概念的阐释。他们探究符号隐喻的结构性后果,即符号隐喻的潜在结构成为一定逻辑空间外部显影,成为组织和重构世界的过程,以此揭示连绵不断、川流不息的人类世界的规律。

学界关于文化马克思主义的研究,主要集中在文化哲学、文学理论、传媒学和文艺批评,从哲学维度的思考,也较多集于英美哲学传统的分析,整体上缺乏从当代马克思主义哲学与语言符号学之间内在关联视域的分析。然而"结构-文化主义"范式的马克思主义思想中凝结着大量关于语言符号学的系列哲学思想,他们既有对文学文本符号学的研究,也有对现代性社会符号化整体特征的研究，体现了符号学视角对传统文本分析的优势，更突出了从语言符号学综观现代性社会发展立体化研究的新路向，为深入理解现代性社会提供了重要的研究视域和方法论贡献。文化马克思主义最为明显的研究特质主要集于文化研究，然而其整个文化研究埋藏着一条贯穿在其内在理论架构中的重要线索。这条重要线索，即文化与符号、语言与符号相互关联的符号隐喻研究，如同纵深于内在理论机制的中轴线一样，勾连"结构–文化主义"范式的代际差异研究、文本批判研究、工人阶级文化研究、大众媒体文化研究、亚文化研究、边缘群体研究、非物质劳动生产研究等多元化、多视角的文化研究发展纽带。整体上看，这一范式理论在大他者的文化研究中，产生了属于大他者领域的符号隐喻系统。

伊格尔顿在《论文化》中，以社会无意识的文化含义，指明"不能被意识到的文化构成我们日常生活中看不见的色泽，我们日常存在中习以为常的质地，它们离我们的眼球太近，以至于我们不能将其完全视为独立于我们而存在的客体"①。伊格尔顿将这种无法统观的背景称为雅克·拉康所说的"大他者"，并且"我们所有的语言和行为正是在这种背景下获得了意义"②。正如伊格尔顿分析的那样，"结构–文化主义"范式对意义的研究和对符号承载的社会关系的分析，正是将这些问题置于社会无意识的文化状态中，置于属于大他者领域中认识和研究。

首先，这一范式理论既看到了"主导文化"对其他文化的统治和整合，又看到了现代性社会中属于大他者叙事方式的存在，不同叙事方式之间的张力结构，以及不同文化之间语言符码的抵抗作用。可以说，这一范式理论从始至终一直在努力打破铁板一块的大叙事方式。正如伊格尔顿所述："语言是大写文化和小写文化——文学艺术和人类社会——在当中恢复意识的媒介。"③"结构–文化主义"范式的马克思主义者批判精英主义权威化的文化样式，倡导彰显工人阶级的日常生活文化。他们在对普通人民文化的思考中，又将文化主体进行现实社会具体化的区分，以地缘、种族、身份等多元视角，从社会文化的多元化维度，探究属于大他者叙事中的语言符码思想。

因此，这一符号隐喻理论具有强大的现实指向性。这些研究者将文化作为一种中间介质，一方面，文化的结构或文化的内部构成来自符号系统的构型；另一方面，它还来自社会结构的塑形，是自身语言符号结构与社会整体运行结构的一种双向结合。这就存在着一种文化、语言符号与社会之

---

① ② ［英］特里·伊格尔顿：《论文化》，张舒语译，中信出版社，2018 年，第 52 页。

③　［英］特里·伊格尔顿：《如何读诗》，陈太胜译，北京大学出版社，2016 年，第 12 页。

间的张力。文化代表了符号意义的排序过程,而这种排序过程的背后又嵌入于一整套的社会组织系统。文化研究应置于大他者领域中的符号系统。就语言符号与文化的关系而言,符号意义的现实场域是在文化之中的,而文化又是被语言嵌入的。文化是符号意义实现的栖息地。文化不是还原语言符号的过程,而是被言说语言符号的过程。可以说,在文化中实现了语言符号的言说,实现了抽象语言符号成为言语事实的过程。语言是一个蓄水池,是文化不断获得活力和生机的来源。人对文化的不断创造与发展重要的源泉就在于那个还没有被说出的语言。这便体现了一种文化与语言符号之间的张力。

其次,这一范式理论以属于大他者领域中的符号系统的观点,建构具有构成性建构能力的语言符号功能。这一范式理论形成"结构主义"与"文化主义"范式融合的重要观点,彰显出语言符号的构成与社会群体的社会建构之间的相互关联。这一范式理论在探究语言符号的哲学问题时,总会调动一个关键性的语词,它就是"文化"。或者可以说他们将符号隐喻问题的研究置于更大的社会文化场景中,把"语言符号""文化"与"社会"之间相互关联起来探究问题。

然而文化符号与社会结构之间又存在怎样的关系呢?文化符号在一定程度上受到来自社会结构对其进行的排序和编织。文化符号深嵌于社会结构之中,而反过来,所有的社会结构都具有文化符号含义的意义。没有文化符号内涵的社会结构是空洞的框架,只是理论上的构想。因此,可以从文化符号图式中反观社会结构的基础,在庞杂的社会结构中通过特定群体的文化样式或文化符号图景可以窥视一定社会组织的结构,并可将这些微小的社会结构在文化的整体图式中关联在一起。

威廉斯在对属于大他者叙事语言符码复杂关系的阐明中指出:"实际上从来没有任何一种生产方式,因此也从来没有任何一种占据统治地位的社会制度或者任何一种主导文化可以囊括或穷尽所有的人类实践、所有的人类能量以及所有的人类目的。"[①]威廉斯以社会结构的复杂性说明了语言符码的多元化。在复杂的社会结构关系中,存在着不同形式的社会关系和不同形态的生活样式,不同社会结构中的社会群体之间,存在着具有自身内在特质的生存方式,并且他们以自身的文化符号证明不同社会地位、权力和价值。霍加特以民族志研究方式,彰显了工人阶级独特的生活方式和

---

① [英]雷蒙德·威廉斯:《马克思主义与文学》,王尔勃、周莉译,河南大学出版社,2008年,第134页。

自身独特的文化表达方式,证明了精英主义文化观是一种偏执的和中心主义的文化观。

再次,在这一范式理论看来,社会生活的巨大进步就在于对待属于大他者叙事的符号秩序的公平和正义问题。他们借助语言符号作为人类物质性社会实践的概念,以底层人民的文化样态,批判了精英主义极力维护的文化概念。正如伊格尔顿所述:"修辞学的艺术并不仅仅是皇帝专有的武器。塔西佗认为,所有市民都必须被教会很好地说话,这与古代希腊的民主密切相关。对希腊人来说,一个自由民是可以被言语说服的人……语言因此具有至高无上的能力,可以将自由平等的市民从他们自己人或非人的附属物中区别开来。"①传统精英主义的文化观念一直将文化悬置起来,将文化视作形而上的存在,把普通人民排挤在文化圈定的范围之外。文化唯物主义者从人的实践活动、人的现实存在和整体的生活方式,定义语言符码的内涵、意义和价值。他们以社会生产结构的复杂性,探究语言存在的复杂性。他们深度剖析不同语言使用者或话语言说者特定的和具有代表性的语言符号变体,以他们现实的生活状态为依托对象,思考了不同文化主体语言符码的生产、传递和转变过程,从而揭示出语言符号生产的现实物质基础,以及语言符码所承担的社会结构意义。

威廉斯指出:"当我们说'我们讲的不是同一种语言'时,这句话其实包含更广泛的意涵。……每一个团体讲的是自己特有的语言,但在用法上有明显的不同,尤其是涉及情感的强度或概念的重要性时。……通过语词上的交锋、对立,上述所发生的情况(很可能会被意识到而让人产生某种惊奇、不安的感觉),实际上就是一种语言发展的重要过程:某一些语词、语调、节奏及意义被赋予、感觉、检试、证实、确认、肯定、限定与改变的过程。"②文化唯物主义者关注语言符码内在传达的力量,这种力量凝结了不同文化符号群体的文化语言情感、认知方式和价值意义的不同运作方式。

最后,这一范式理论以属于大他者领域的符号隐喻系统,探究整体社会结构秩序。威廉斯在分析维柯、卢梭和赫尔德的语言符号理论时得出结论:"语言是人类关于世界和走向世界的特有门户,它既不是一种可供辨识的禀赋,也不是一种提供帮助的工具,而是一种建构能力。"③这一理论不仅

---

① [英]特里·伊格尔顿:《如何读诗》,陈太胜译,北京大学出版社,2016年,第14页。
② [英]雷蒙德·威廉斯:《关键词——文化与社会的词汇》,刘建基译,生活·读书·新知三联书店,2005年,第1页。
③ [英]雷蒙德·威廉斯:《马克思主义与文学》,王尔勃、周莉译,河南大学出版社,2008年,第23页。

仅将符号系统作为主体之经验的符号媒介,而是将符号隐喻的结构功能置于更大的社会场景,探究符号隐喻作为人类认知和社会建构的共享地图的意义。汤普森从对工匠收入、农耕工具、面包价格和新机器工资差别带来的社会归属感的细节描述,展现根植于具体生活的语言文化在社会经济组织中的重要作用,强调语言文化的不可归约性,显示历史客体的符号秩序。在此基础上,这一理论的研究者力图破解铁板一块的社会结构论。传统社会结构论以自上而下、单线条和鸽笼式的方式,将"艺术""文化""政治""生产关系"和"生产资料"进行切割,使得各部分之间被各种戒备森严的学科定律限定,失去了彼此之间的相互联系。

霍尔在《转型的隐喻》中,明确表达了他对沃洛希诺夫的《马克思主义与语言哲学》价值的赞誉。他认为这一著作对文化研究具有十分重要的意义:"第一,它确立了意识形态终归散漫的特征";"第二,它标志着各阶级间的联系和各自独立的、自治自足的'阶级语言'、意识形态世界,或者用卢卡奇主义的术语来说是'世界观'的断裂";"第三,它进一步推动了这一关键性讨论:既然不同的声音在相同的符号中关联,那么,意义的斗争就不会以一种形式替代另一种形式,用一种自足的阶级语言取代另一种,而是在同一符号内部,不同的意识形态声音和相互脱节和重新接合";"第四,《马克思主义与语言哲学》让我们清楚地看到,一种意识形态的'运作',可以说不是将一种已经定型的阶级看法强加给另一阶级,与其说是施以更多权力,不如说是插入对话性的流动性的语言之中,通过语言无限的符号'游戏'去影响意识形态的'切割',去解释'散漫的构造'的局限,调整它的秩序,以便武断地固定语言的流动,把语言固定、凝固、缝合为单一的意思"。[①]

在此影响之下,霍尔思考了多元文化结构中语言符号在社会结构中表征和传达的意义。他以多元叙事中的语言符码探究了都市生活问题。在他看来,城市生活组建了地缘、政治、文化、社会和身份形成的叙事框架,构成思考多元叙事语言符码的关键切入点。语言符码体现出了权力分布的几何图形之中。

霍尔在对全球化都市文化所产生的文化效应的分析中写道:"在这些间隙之内存在一种传播本土现代性的可能性。文化并不能从正面抵抗西方现代技术的大潮。可是,它们继续改变、'翻译'其自下而上的规则。它们组成了一种新'地方主义'的基础,而该基础的特征就是无法自给自足,但是

---

① Hall S., For Allon White: Metaphors of Transformation, In David Morley and Kuan-Hsing Chen, ed., *Stuart Hall: Critical Dialogue in Cultural Studies*, Routledge, 2005, pp.295-297.

地方主义孕育其中，而不只是一种全球的幻影。这种'地方主义'不只是历史的余响。它是新事物——全球化所附带的阴影。"①都市文化在全球化的驱动下，存在着全球化与地方性的张力结构，是全球文化与本土文化的并置状态。在此情境中，构成了地方语言符号与全球话语符号混合而成的具有中介效果的都市化语言。为此，霍尔认为都市化语言是多元文化符号问题聚焦的缩影。霍尔认为，城市文化潜藏着文化对话的巨大力量，存在着不可通约性的文化张力。

尽管霍尔认识到了都市文化中具有的整合、收编和去差异化的力量，但是他认为，都市化发展进程是不可逆的，并且有其存在发展的优势。在对待都市文化的多元性问题上，他主张选取其中积极动能。具体而言，他指出："多元文化问题也表明'差异'是将民主定义为真正的多元空间的关键……它必须试着构筑一个多样性的公共领域，在此所有的细节问题都必须在一个更加广阔的视野内进行协商并转化。空间的关键就是维持异质性与多元性，其基础就是在协商范围以内维持他们的差异。"②对大都市文化符号的研究成为霍尔乃至当代文化研究中心探究大众媒体的虚假性、都市中自我构筑的文化认同和空间文化问题等关键的研究聚焦点，形成对文化多元主义地图学研究。

在对城市多元文化符号的研究中，霍尔用移民者作为城市新成员的身份，一种文化研究惯用的民族志研究方法，记录移民者对城市生活别样的观察。在这些移民观察者眼中，看到了城市中原有生活的秩序，而他们渴望获得这个移民城市的身份认可，他们需要挑战城市现有的生活结构。在过去，关于殖民主义、帝国、奴隶制等历史问题，在大都市的发展过程中仿佛被掩盖了起来。实际上，这些问题并没有消失，不再是经济政治上的直接表现，而是文化语言符号的间接表达。城市多元文化符号间接地暗含着关涉权力话语、国家意识形态、文化符号的偏狭理解等多重问题。

这就构成了符号隐喻研究特有的处境。一方面，符号隐喻系统作为不同言说者符合基本言语规则的基础，言语行为的展开和意义的生成，不是固定结构化的规则框定的，而是在文化的场景中，在包罗空间秩序、社会关系、宗教信仰和道德礼仪等文化的连续统一体中实现的。言语符号的规范性用法不是在语言内部自生逻辑结构中形成的，而是人们在无意识的文化

---

① Hall S., The Multicultural Question, In Barnor Hesse, ed., *Un/settled multiculturalisms*: *Diasporas*, *Entanglements*, *Transruptions*, Zed Press, 2000. p.216.

② Ibid., p.236.

活动中不自觉地获得的。正如伊格尔顿描述的那样："这些不能被意识到的文化构成了我们日常生活中看不见的色泽，我们日常存在中习以为常的质地。"①在无意识的文化生活中，语言符号的编织和使用通常情况下是人们在日常生活中无意识的行为中产生的。"这种背景如此广泛地构成着我们，以至于在大部分情况下我们都忽视了它们的运作，事实上，如果我们不断地想要质疑它们的运作方式，那么我们自身也许会变得寸步难行，就好像如果我们在表达的那个瞬间，想首先在意一下使我们得以表达的语法结构，我们就会变得张口结舌的。"②的确是这样的，我们每个人即便是牙牙学语的幼儿在说话的时候，不会预先设定好用主谓宾还是定状补来构思他想要说的话，或许一个人会为一种表达苦思冥想很久或是翻来覆去想很久才会张口说话，然而多数情况下，他是在构想话语的内容而不是话语内在的逻辑规定。语言符号的规范性要求不是主位-述位结构或乔姆斯基转化生成语法决定的，而是产生于文化构成的我们习以为常的无意识的状态中。

另一方面，文化符号可被看成连接这种无意识与社会结构关系的纽带。社会结构如果按照纯粹结构关系的切分来看，包括政治的、经济的、文化的、生态的等不同关系要素组成，自上而下地以国家制度和国家体制宏观调度这些组成要素之间的相互关系，并按照一定秩序形成各要素之间的结构关系。然而这种宏观层面的结构安排是一种形式上的，经过布局、规划和策划而成的。符号隐喻关系渗透于社会结构之中，文化符号与社会结构之间呈现若即若离的微妙关系。伊格尔顿将文化符号与社会结构的关系，描述成"文化可能是一种权力的工具，但同时也是权力被质疑的地带。如果说文化是社会形态的黏合剂，它也可以是社会形态潜在的断裂点"③。由于文化自然地处于日常生活化的状态，同时，文化又深嵌于社会结构之中，这就使得文化成为一种经验与结构、日常生活与社会结构的接连通道。由于文化这样一种特殊处境，就使得当日常生活与社会结构之间出现不协调的关系时，作为黏合剂的文化就成为两者之间的"断裂点"。这就是文化既存在于一定结构中，也具有其自身相对独立的发展逻辑。文化科学化的建构有助于形成日常生活与社会结构的对接，有助于自下而上地以日常生活为基点组织和排序社会结构。

这一范式理论以属于大他者领域中的符号系统，借助语言符号的结构

---

① ［英］特里·伊格尔顿：《论文化》，张舒语译，中信出版社，2018 年，第 52 页。

② 同上，第 52~53 页。

③ 同上，第 78 页。

和建构力量,积极发挥微观话语实践者的主体能力,调动微观抵抗力量,展开多元文化主体的微观革命,从而冲破这种金字塔般的社会结构论,变革社会旧秩序,从而搭建公平、有序、良性发展的社会新秩序。

第七章 "结构–文化主义"范式马克思主义符号隐喻的现实指向

"结构–文化主义"范式的马克思主义符号隐喻理论并不追求语言符号实体性的定义,而是探究语言符号在现代性社会中的功能性意义。他们不以形而上学的内在原则来研究符号学,也不是一般意义经验层面上的人类学调查和问卷,而是结合符号学的基本原理,追踪英国现代性社会语言符号使用的新变化,以对这种新变化的追踪反观现代性社会发展的总体样态。以不同形态标记的语言符号,从语言的、社会的、宗教的、艺术的、科学的、历史的不同语言符号,活生生地记录和描述人的劳作和人的本质生活,而非被某一面剥离的人的非真实状态。用语言符号标记的人的呈现才是最为真实、有血有肉的和最为丰满的人的存在。这一范式以语言符号现象和语言符号活动,从语言符号的各种形式挖掘人的符号思维过程和人的符号使用过程,从而帮助人们建立更加符合人类生活本质和人类更加合理发展的语言符号秩序。

第一节 透视符码生产对真实隐喻关系的遮蔽

"结构–文化主义"范式符号隐喻理论对现代化社会作出了深刻反思。这些思想家认为,文化帝国和文化中心主义干扰了日常生活的本真逻辑。他们以属于大他者领域中的符号隐喻研究,审视现代性社会发展的复杂变化,将符号隐喻研究作为他们探究社会历史发展过程的透视镜。

他们对反资本主义主流文化采取了辩证分析的方法,认为反资本主义主流文化是微观文化主体产生自我意识的新实践方式。因此客观讲,"反主流文化产生的正是一种新的'意识',这样一种凝视世界的方式:这个世界根本不同于过度组织化社会之流行习俗"[①]。在商业化驱动语言符号运行的大规模生产中,工人阶级的文化被商业化规训了,他们逐渐丧失了文化实

---

① [美]托马斯·弗兰克:《酷的征服》,朱珊、胡传胜、孙冬译,南京大学出版社,2007年,第15页。

践的意识,丧失了自我文化表达的能力,变成了商业文化生产过程中消费主体的构成者。正如耶鲁大学教授查尔斯·A.雷奇所认为的那样,商业文化造成了"意识二"方式的训练,一方面普通人变成了文化商业化的机器人,另一方面普通人会以商业化文化消费者的责任来思考自己。然而反主流文化就对冲破商业文化流程提供了可能性,使得商业文化规训下的"意识二"转向了反主流文化的"意识三"。这种"意识三"指的是,"这种意识鼓励人们从'公司状态'所强加给他们的价值中解放出来,抛弃对主流的遵从与他者导向,选择自由与自我导向"①。这种反资本主义主流文化是微观文化群体对抗既定语言符号秩序和产生自我语言符号实践的意识来源。约翰·菲斯克认为,对立可以被理解为同质性与异质性之间的对立,同质性意味着权力集团试图控制与结构化,减小社会差异以使它们服务于它自己的利益;而异质性指各种层级的人民不妥协地坚持他们的社会差异感,社会差异同时也是利益差异。

"结构–文化主义"范式理论分析了符号物质性异化的特征,对文化与资本结盟之后的新生产方式进行了审视。在他们看来,这种以新生产方式所结成的符号商品是无意义、无根状态的语言符码的堆积,需要通过真正探源语言的历史文化语义学,寻觅语言的真正源泉。在他们看来符号的真正源泉来自现实生活的文化,来自历史文化所结成的符号意义。脱离现实生活的符号,是虚假的符号,是有着资本主义意识形态的符号。

文化与资本结盟之后产生了现代资本新的衍生形态,这引起了整个社会生产方式和生活方式的变化。这种新生产方式仍然可以运用马克思和恩格斯《资本论》的研究起点、商品二重的思想和资本影射的社会关系,审视符号被包装成商品的特征,剖析符号成为商品的商品价值,以及分析这种新生产方式弥散的新犬儒主义人格的形成,从而揭示在现代性资本运作的逻辑下,资本这只"看不见的手"作出了新的调整,产生了具有隐蔽性剥削关系的生产,这种新的生产方式加剧和深化了资本主义的剥削形式,进一步掠夺了原本可以安放人类心灵的文化生活领域。

"结构–文化主义"范式的符号隐喻理论认为,现代资本生产产生出新的衍生形态,表现为文化符号与资本结盟的新生产方式。这种生产方式带来了整个社会深层次的变化,引发一系列相关问题的出现,如资本逻辑下的符号生产与一般意义的物质劳动生产有着怎样的不同,又表现出了哪些

---

① 〔美〕托马斯·弗兰克:《酷的征服》,朱珊、胡传胜、孙冬译,南京大学出版社,2007年,第13页。

新特征；新自由主义推动的符号生产的价值规律是什么；文化符号与资本结盟的新生产方式影射怎样的社会关系。这些问题引发了这一范式研究者对文化符号与资本结盟语境下所形成新生产方式进行解读。

我们可以看到，在对《资本论》进行整体阅读后，就会发现马克思并没有选择"货币""市场""世界贸易"等关键词作为探究资本主义生产方式的研究起点，而是将其落脚于"商品"的概念。《资本论》的书写逻辑是从"商品"概念的提出开始，随后才层层深入去剖析这个概念形成的具体用途。遵照以上的思考方式，展开文化符号与资本结盟之下新生产方式的分析，从而探寻这种符号物质性异化的特征，进一步揭示和批判资本主义的新生产方式。

在科技的迅猛推动下，现代性社会进入了丹尼尔·贝尔所称的人类社会文明的"第三次浪潮"，出现了文化符号与资本结盟的新生产方式。这种以符号形态的劳动产品，体现了劳动产品的特殊性。这种特殊的商品可以以物质形态的方式出现，也可以以一种隐形的非物质商品出现，例如某种知识、文化产品、服务或者信息。这种商品形态可以是虚拟的、非物质的形式，但具有物质性商品的生产、交换和消费的特征，并逐渐打破了以实体物质商品的存在格局。正如，德波所述的景观社会那样，物质生产方式已经向景观生产方式转移，并且二十年后，他更加发现景观的密度在社会中心日益增加，最大限度将其边界扩散至社会的所有方面。

因此，历史的发展并没有像马尔萨斯预言的"永久贫穷"逻辑发展，经济学也没有像他预计"沉闷的科学"那样让人无所期待，世界经济不断地膨胀昭示出经济秩序之下的社会可能性构境。正如《资本论》第一卷开头写的那样："资本主义生产方式占统治地位的社会财富，表现为'庞大的商品堆积'。"[1]巨大的商品生产是资本主义生产方式最为显著的标志之一，商品形式呈现了资本主义生产方式结成社会的一般形态。与此同时，资本的现代积累方式远远不限于物质劳动的生产与再生产，而是出现了新的资本积累方式，即文化符号作为经济发展的副产品，是现代资本积累的新生产对象。在消费符号与现代资本积累的合谋下，现实社会的存在样态和人的生存方式发生着深刻变化。

这种新变化体现在，早期资本主义的物质劳动生产方式遵循普遍性的资本运作逻辑，是一种物质层面的非符号性生产，然而现代性的生产方式混入了文化符号生产，产生了一种非物质层面的符号性生产。承载社会生

---

① 《马克思恩格斯全集》(第44卷)，人民出版社，1960年，第47页。

活的文化是"如何逐步地被赋予一种特定的经济价值的"[1]。其很大一部分的原因可归结为二战之后资本主义经济发展进入了相对稳定的发展期,生产具有符号象征意义的世界消费文化正在悄然兴起。在文化符号与资本结盟的新市场环境中,资本这只"看不见的手"作出了新的调整,不断寻求新的市场对象和物化对象,以符号的物质性所形成的新生产方式开拓了资本市场。

马克思在《资本论》中对商品形态给予过描述:"商品首先是一个外界的对象,一个靠自己的属性来满足人的某种需要的物。这种需要的性质如何,例如是由胃产生还是由幻象产生,是与问题无关的。"[2]毋庸置疑的是,马克思所指的商品泛指物质形式的商品,然而这种"物"并没有排除"虚拟"存在物的形式。对现代性社会而言,这种以文化符号为对象的商品更为普遍。这里需要指出的是,马克思在定义"商品"概念时,所关注的更多的是商品的属性,即满足人的某种需求,对商品的存在形式并没有特定的归类。实际上,马克思讨论商品问题的关键是它本身的"有用性",即构成商品存在的先决条件的"使用价值",而非商品的特定的存在形式。那么这种文化符号与资本结盟的商品生产到底可以满足人的哪些需求?它生产的目的是否符合人的真实需求?

"结构-文化主义"范式理论对文化符号与资本结盟的语言类商品新特征进行了分析:第一,以"天赋"和"活力"迎合多数人的口味。商业文化以"反主流文化"这种堂而皇之的理由迅速兴盛,事实上,"商业模仿者与批量生产之所以假冒反主流文化,是为了从特定的人群中收到货款,并暗中破坏'真实的'反主流文化所代表的巨大的威胁"[3]。在资本市场的驱动下,文化符号与资本合谋产生了消费性的文化商品,这种符号商品具有明确的、指向性的目标,即迎合市场需求,并指向作为消费者的个体。这种消费性的文化商品"新生于较发达的社会,是先进技术预先设计好的产物,总体呈现较低级的文化水平,它能使大多数人在特定时间内,任意获得此类文化。同时,它是资本主义运作的产物,为了获得丰厚的利润,将以上所有因素关联在一起。其整个过程,分别经劝说者、公共领域平台、广告商加以推广,目的在于打造看似平等的世界,只要人们愿意为此买单,一个'包罗万象'的世

---

① Zelizer, Viviana., *Morals and Markets: the Development of Life Insurance in the United States*, Columbia University Press, 1979, p.36.

② 《马克思恩格斯全集》(第44卷),人民出版社,1960年,第47页。

③ [美]托马斯·弗兰克:《酷的征服》,朱珊、胡传胜、孙冬译,南京大学出版社,2007年,第8页。

界就会呈现其中。在此过程,人们口袋里的钱就会源源不断地流入商家的囊中"①。这种符号商品以虚假的"天赋"和"活力"伪装自己,表现出"始终如一的、无骨的、表面上温和的大众文化,它巨大的推动力在于任何时间、任何价位都试图充满诱惑力……最重要的是,它必须价值无涉,除了那些显而易见警察与盗贼之类的剧情外,没有任何立场"②。在这样一个追求数量化和经济利益链条上的大众文化生产中,很难保证文化的创造性和独特性的本真意义。大众文化商品使得普通人民变成了被动的"文化吸食者"。

第二,以片面性夸大普遍性。文化符号商品企图用压缩影像产品、具有卖点的信息产品和暂且满足人们某种欲望的炫目商品替代景观中的真实世界,从而极端地放大和夸大非物质劳动产品的某种功能,以相对主义虚假的普遍性迷惑多数人被动接受媒体精心宣传的文化商品。德波在描述作为景观的商品时,对由景观形成的非物质劳动商品进行过分析,"在景观语言的每一个层面上,从景观所称颂的对象到由它所控制的行为,品质如此明显的消失,这产生于它逃避现实的生产制度的基本特征。商品形式将一切事物都减化数量的等同性。数量正是商品形式所发展的,并且它只能在数量上发展"③。商业化所打造的相对主义文化裹挟着普通人民文化观的命运,使得原先取自实践活动的文化所得,被光怪陆离、咄咄逼人的商业文化所取代。这样所造成的结果必然是对文化多样性和异质性的扼杀。

第三,以短暂性维持持续性。大众文化商品对那些"急促而不连贯或瞬间即逝的琐碎小事成瘾成性"④。霍加特经常生动地用"呼吸急促",但"连续不断""永不停息"对非物质劳动进行论述。威廉斯也认为在消费领域的诸多变化中,其中一个趋势就是商品消费向服务消费的转变,而服务消费的特点就表现在时间短暂并且无止境。因此,现代性社会常被称为"抛弃型"社会,"个人被迫要面对不断丢弃、不断更新以及'转瞬即旧'的现实"⑤。正是在资本逻辑的推动下,通过符号商品的短暂性来维持资本的持续性运作。

这种符号异化的生产方式和生产特征蕴含着现代性社会资本生产的最新表达形式,从另一个角度构成了符号异化生产的透视法,形成了观察资本社会的重要窗口。通过这种透视法,可以剖析非物质劳动商品在资本

---

① Hoggart R., *The Tyranny of Relativism*, Transaction Publishers, 1997, p97.

② Ibid., p98.

③ [法]居伊·德波:《景观社会》,朱珊、胡传胜,王昭凤译,南京大学出版社,2006年,第13页。

④ Hoggart R.*The Tyranny of Relativism*, Transaction Publishers, 1997, p.99.

⑤ [美]大卫·哈维:《世界的逻辑》,周大昕译,中信出版集团,2017年,第129页。

逻辑的序列中被蓄意打造成特定符号商品的过程,以商品的二重性特征分析非物质劳动的符号商品价值,从而挖掘现代资本构成的特征。

首先,符号异化商品生产的漩涡主要表现在使用价值与交换价值的颠倒。一件商品首先应满足商品物本身的有用性,也就是商品的使用价值,其次才能达到成为商品的第二个条件"一种使用价值同另一种使用价值相交换的量的关系或比例"①,即商品的交换价值。但是被异化的符号商品往往将商品的二重性错置,使这种序列关系发生深刻断裂,甚至忽视或排挤使用价值的重要性,以交换价值作为符号商品价值的唯一权衡标准。这种以交换价值为目的的生产并非与非物质劳动生产伴随而生,马克思所述的资本的"效用原则"就深刻地揭示了资本主义生产的目的在于求得资本利益的最大化,只要满足增加赚钱的效用就可以放弃商品本身的使用价值。然而资本与符号结盟之后,使用价值与交换价值的错置关系更加明显。非物质劳动生产关于信号、意象、符号与文化行为的结合越紧密,以交换价值为目的的生产就越明显。这带来的后果是系列性的变化:一方面,符号商品生产过程的变化,包括生产技术、劳动过程和商品用途的变化;另一方面,符号本真意义的遗弃,包含文化的审美性、文化的多样化、文化的民族性和文化的创造性的遗失,而更进一步是民众自主文化意识和主体文化能力的衰退。

其次,被异化符号的商品交换价值的凸显是社会结构深层次变化的反映。符号与资本结盟的生产过程及消费过程深刻地影响着人们的文化活动和文化观念。由于商品二元结构关系的不均衡发展,被异化的符号商品按照交易市场的有效性进行生产,并蓄意更改和塑造文化本应承担的社会价值功能。正如《共产党宣言》所说:"它把人的尊严变成了交换价值,用一种没有良心的贸易自由代替了无数特许的和自力挣得的自由。"②在此过程中,文化符号所对应的美学价值和道德价值已经很大程度上让位于金钱、时尚所驱动的交换价值。文化符号本质的因素被非物质劳动生产方式影响了它们的性质和内容。而"作为整体生活方式"的文化在受到资本市场的浸染中,也不断地影响和改变人们的生活方式和思维方式。文化符号本身具有一种自律性的生成方式,是人类在实践过程中集体智慧的凝结。然而正如卢卡奇在分析物化意识中指出:"在直接商品关系中隐藏的人们相互之间以及人们同满足自己现实需要的真正客体之间的关系逐渐消失得无法

---

① 《马克思恩格斯全集》(第 44 卷),人民出版社,1960 年,49 页。

② [德]马克思、恩格斯:《共产党宣言》,中央编译局译,人民出版社,1997 年,第 30 页。

察觉和无法辨认了,所以这些关系必然成为物化意识的社会存在的真正代表。"①以快速交换为目的的非物质符号商品生产,使文化自觉、自省的生成过程失去了节奏,人们无暇辨别这些非物质劳动产品的价值和意义,只是全力以赴地被动接受,将自己和集体创造和展示他们文化图式的生活方式抛在了脑后。

再次,以交换价值为目的的被异化的符号生产,加速了商品流通的速度,进而加快了资本流通的循环周期,促使剩余价值获得增量。马克思在分析资本流通的问题时,对商品流通作了详细分析。他指出为了使商品获得更大的市场空间,就需要改善商品空间的流通而实现,在这样的过程中就产生了"非生产费用",包括远处购置原材料的费用,以及商品销售到遥远市场所产生的费用。但是与此不同的是,被异化符号商品的生产往往会省去对于物质生产而言的必要环节。例如,一方面,原材料获取成本的节省。被异化符号商品生产过程对原材料的需求存在许多可塑性的变量,因为劳动所得商品是非物质形态的商品,所以对原材料的要求虽不排除物质层面的需求,但会更多集中于非物质形态,如文化信息方面的取材。另一方面,商品生产之后运输成本费用的节省。因商品本身存在的非物质性和虚拟性,所以此类商品无论销售到任何世界市场,空间成本的消耗是同等量的,不需要出现由于地理位置的不同所产生的额外费用。这样所带来的问题是,原先因流通所需的"非生产费用"流向何处? 马克思指出,"非生产费用"的产生归于从生产过程中所创造的剩余价值中减去。也就是说,这部分的费用是由商品产生的剩余价值所担负的,反过来,当这部分不再存在的时候,所节省下来的资金自然直接流向了剩余价值之中,流入了资本家的囊中。这样看来,非物质劳动生产对获得剩余价值而言是更大量的积累。这促使更多的资本家乐意将手中资金源源不断地投入更容易获得丰厚剩余价值的非物质劳动市场。

现代性社会经济结构的最大变化就在于,物质劳动生产向非物质劳动生产的转变,像哈特和奈格里在《帝国》中对整个西方社会经济发展提出了三种经济范式中认为的那样,"在第三个即目前的范式中,提供服务和掌控信息则是经济生产的核心"②。然而经济结构、资本运行方式的改变必然会引起社会存在方式和人类生活方式的改变。如《资本论》所述:"资本不是一

---

① [匈]卢卡奇:《历史与阶级意识》,杜章智等译,商务印书馆,1992年,第155~156页。

② [美]哈特、[意]奈格里:《帝国——全球化的政治秩序》,杨建国、范一亭译,江苏人民出版社,2005年,第328~329页。

种物,而是一种以物为媒介的人和人之间的社会关系。"①这种无限的能力就包含着普通人民甄别文化符号产品、创造文化符号价值的能力,人们逐渐忘却了自己的文化角色和社会责任。"结构-文化主义"范式的符号理论认为,这种非物质劳动符号生产所影射的社会关系,就表现在资本至上的新自由主义的社会关系中,并由此迅速弥散着犬儒主义人格的形成。主要呈现为两个方面:

一方面,新自由主义的社会关系形成了原子化的和"对任何世俗事物欣然接受"②的犬儒主义人格。非物质劳动符号商品占领了这个喧嚣的世界,同时也植入了普通人民的文化生活,成为我们这个时代思维方式和价值观念形成的重要途径。非物质劳动符号商品的设计、流通和消费正在潜移默化地影响着我们对现实的认识。新媒体技术为非物质劳动符号产品赢得了平台优势,凸显出了非物质劳动生产内容的丰富性、时间上的共时性和接收面的广延性特征。然而在新自由主义经济的市场中,这些非物质劳动的符号生产反而变成滋生普通人民向犬儒主义人格形成的催化剂。在这种非物质劳动打造的世界中,价值无涉和文化相对主义驱使普通人民从以文化生活联结的具有社会群体意识的主体,趋同于对任何世俗事物欣然接受并失去自主判断力的原子式消费个体的发展。这种契约化和个体化的新自由主义的经济导向,致使人与人之间、人与家庭之间、人与社会之间、人与国家之间所建立的文化认同、情感认同和社会认同关系的瓦解,形成了以原子式的个人为前提的存在。在当今资本主义开拓的世界市场中,不仅资本以物质形态的商品使现实世界成为一个物化世界,而且资本新的衍生形态:非物质商品又将这个物化世界进一步陷入光怪陆离的和碎片化的虚拟世界中。

另一方面,新自由主义的社会关系侵占了公共舆论领域,形成了"失去张力"、无奈不反抗的犬儒主义人格。以文化生活方式为核心的文化生成,体现了普通人民具体实质性地思考现实世界的普遍性。新自由主义借用相对主义的文化符号商品,阻隔了普通人民达成公共舆论的渠道,同时,也磨掉了公共舆论自发产生的正义原则。新自由主义的符号消费品以单向度、线性关系的生产模式,集合着充满了"傲慢""野心""急功近利""炫耀性消费"的文化世界,操纵着普通人民接受和理解文化的自主性,使得原先结成

---

① [德]马克思、恩格斯:《资本论》(第一卷),中央编译局译,人民出版社,2004年,第834页。

② Hoggart R., *The Uses of Literacy:Aspects of Working-class Life*, Chatto & Windus, 1967, p. 211.

具有主体意识的公共舆论聚集地,逐渐被失去张力、无力反抗的原子式个体存在所取代。普通大众在大众娱乐营造的享乐主义温床中,形成了玩世不恭、自我放纵的文化态度。事实上,普通大众并非对符号消费持完全赞同的态度,然而他们仅仅产生的是一种"没有任何张力的怀疑"态度。在面对庞大的非物质劳动符号商品时代,他们对这样的世界无能为力,只得采取无奈不反抗的态度,形成了对资本对抗的新犬儒主义化。

实际上,这种现代资本的实质并没有改变,无论是一般意义上的物质劳动生产,还是现代资本新的衍生形态,即非物质劳动符号生产,资本的"原始积累的方法绝不是田园诗式的东西"①,而是发挥了"在真正的历史上,征服、奴役、劫掠、杀戮,总之,暴力起着巨大的作用"②。现代资本新的生产方式只不过是将物质生产商品的技能,再次引入到非物质生产商品的场域,从而进一步开拓了资本市场的操控范围。因此,"资本来到世界,从头到脚,每个毛孔都滴着血和肮脏的东西"③。在现代性资本运作的逻辑下,产生了具有隐蔽性剥削关系的非物质劳动生产。然而这种新的生产不是在削弱资本主义剥削形式,而是进一步掠夺了原本可以安放人类心灵的文化生活领域。

需要指出的是,"结构–文化主义"范式的符号隐喻理论从历史文化语义学视角,审视资本逻辑运行下的非物质劳动符号生产,剖析非物质劳动符号商品迎合市场所表现的特征,以商品的二重性分析交换价值取代使用价值的非物质劳动的商品价值,从而揭示非物质劳动符号生产所形成的"犬儒主义"的时代诟病。这些分析都基于一个大的前提,就是在资本主义社会中以资本生产为向心力的非物质劳动生产。这个前缀语和限定成分指向的是,"按照资本主义生产方式的"非物质劳动生产,也就是对以资本生产为目的的非物质劳动生产问题的分析。事实上,就非物质劳动本身而言无非对与错。它是人们时代生活和存在方式的新产物,是科学技术创新发挥人类文化智慧的新途径。然而在资本的操控下,非物质劳动符号生产却被新自由主义的市场化裹挟发展,失去了其正面意义和方便于普通人民获得文化信息的价值,变成了资本家扩大资本生产和获取剩余价值的新掠夺对象。

如果非物质劳动符号生产过程能够摆脱以交换价值或谋求剩余价值

---

① ② [德]马克思、恩格斯:《资本论》(第一卷),中央编译局译,人民出版社,2004年,第821页。

③ 同上,第871页。

为唯一目的的生产,从社会公共服务的角度,发挥非物质劳动生产所具有的低能耗、技术性强、覆盖性广的优势,而不随意由市场至上或新自由主义经济政策的控制,强调非物质劳动符号生产的文化价值和社会意义,为不断充实人们的精神生活和社会良性的可持续发展做出贡献,那才能真正体现出非物质劳动生产的优越性,实现非物质劳动生产是为人的服务而不是为资本的服务。为此,在对待非物质劳动符号生产时,更应加强对其生产的监管机制,要求相应制度、法律法规对非物质生产进行监管,确保其公共服务职责。

第二节　释义"经济基础-上层建筑"的隐喻关系

"结构-文化主义"范式的马克思主义者借助"文化"这一核心关键词,实现了"物"与"意义"有效关联。在人类历史发展的进程中,特别是进入现代性社会之后,在对现实世界真实而客观描述时,很难将某一事物具有的自然属性和社会属性严格区分和割裂开来。在由观念、意义编织的人类社会之网中,物的生产、事件的发展、事物的演进,都是在人类社会具体的社会历史语境和情境之下产生和发展的。在人所属的世界、人化自然的世界中,没有全然脱离现实世界纯粹的自在之物。人类对世界的探索和研究过程,必然植入了人对外在世界的主观认识,因此人类认知的世界、人类构建的世界和人类创造的世界,必然是人类可感知的世界。而这样的可感世界便是人类不断文化化自然的发展过程。

"结构-文化主义"范式理论在对待物质与文化、经济与文化的张力关系问题时,更加关注它们彼此之间的辩证统一性,处理社会结构的整体发展,协调经济、社会、文化之间相统一的有机社会运行方式。他们首先展开了对"经济基础-上层建筑"单一结构链条的扬弃。这一范式符号隐喻理论的出场,正是对"经济基础-上层建筑"单一结构链条批判的有效佐证。

这一范式理论在面对现代性社会的深刻变化时,试图通过符号隐喻模式思考深层的社会结构关系。他们认为在现代社会结构中,存在着不同层面和不同角度的隐喻关系,需要对社会结构隐喻关系的具体内容、情节和设置进行深入诠释,才能更加明晰社会结构的深层问题。

在分析上述有关这一范式的研究中,发现符号隐喻思想包含了这一语言范式中的核心思想,传达了当代马克思主义借助隐喻研究,探究马克思主义哲学中"经济-上层建筑"的隐喻命题,从简单二元对立的隐喻方式,展开了一种构想文化与社会结构、社会与符号之间的新隐喻,由此形成了从古典辞格向符号变迁的新隐喻研究。这种新隐喻研究不同于传统修辞学和诗学意义上的概念,也不同于纯语言学和认识科学意义上的概念,而主要体现出 20 世纪上半叶以来"语言学转向"对文化研究带来的新视野,其逻辑层次体现了从辞格到符号研究的变迁。

霍尔在很多公开场合指明"转换隐喻"对当今理论界的重要意义。他认为应当舍弃"经济基础-上层建筑"陈旧隐喻关系,并"迅速移离这种戏剧式的简单因素与二元对立"的隐喻方式。霍尔提出需要进一步"构想文化政治学",以及"社会与符号之间关系"①的崭新隐喻。"结构-文化主义"范式理论将结构主义与文化主义相结合,摆脱宏大历史结构的一般叙事方式,借助话语隐喻模式,消解"经济基础-上层建筑"陈旧隐喻关系,并试图解读现代性社会文化结构的新隐喻链条。因此,这一范式符号隐喻理论的逻辑主要包含两个维度的内容:"经济基础-上层建筑"陈旧隐喻关系的埋葬、文化结构隐喻链条的探析。

文化马克思主义寻求符号生成的物源基础,批判索绪尔唯心主义语言观将符号所指的概念引向抽象的先验论,在马克思主义历史观的基础上,即从物质实践出发来解释观念,将符号的所指指向实践活动的对象。威廉斯、汤普森、霍尔在重新看待"经济基础-上层建筑"的隐喻关系上,强调符号的物质性和社会实践作用。他们反对正统马克思主义的经济决定论,力图摆脱"经济基础-上层建筑"单一结构链条理解社会结构的局限,突破文化受制于线性模式关系的被动状态,形成了"社会"与"符号"之间的崭新隐喻。他们将符号、文化和社会之间的结构关系作为探究现代性社会的突破口和实践途径,揭示符号在形成和塑造过程中时空延伸性的物质关系和社会关系。

这一范式理论以作为物质性社会实践的隐喻符号内涵为基础,对"经济基础-上层建筑"的反映论进行了批判。在受到整个 20 世纪 30 年代以来西方马克思主义思想潮流的影响下, 以及随着 1959 年马克思早期著作《1844 年经济学哲学手稿》以英文版出版,威廉斯、汤普森反对第二国际将马克思主义完全科学主义化,倡导人道主义的马克思主义,恢复关注人的本质的解放问题,强调文化在实现人的类本质的重要作用,批判将文化作为经济生产的派生物。汤普森论述实践在人类历史的关键作用时指出:"这

---

① Hall S.,For Allon White: Metaphors of Transformation,In David Morley and Kuan-Hsing Chen,ed.,*Stuart Hall:Critical Dialogue in Cultural Studies*,Routledge,2005,pp.87-288.

是一种能动过程——同时人类据此过程得以创造历史。"①威廉斯指出:"艺术降格成为一种对基础经济和政治进程的纯粹反映,因而艺术就堕落成寄生虫。"②他们主要采用"文化主义"范式对"经济基础-上层建筑"的单一结构链条进行批判,从人本主义的思想中,以"作为生活方式的文化""作为整体斗争方式的文化""作为实践的文化"③,批判反映论对文化的狭隘理解,以新文化观强调对人的本质的探寻,指明人类社会不是以生产力标准衡量的社会,而是以人的本质发展来衡量的社会。

以作为物质性社会实践的隐喻符号为内涵,这一范式理论分析了语言符号与意识形态之间具有张力的隐喻关系,进一步展现了具有相对自主性的文化内涵。他们接受了阿尔都塞关于"意识形态"的理论,特别是有关"意识形态国家机器"中劳动力再生产不仅体现了对劳动力技能的要求,而且包括劳动者对统治阶级意识形态的服从。而这种服从或统治阶级建立起来的规范,就产生于统治阶级的意识形态,阿尔都塞将意识形态国家机器作为维护统治阶级意识形态的保障,包括教会、学校和其他教育媒介。"结构-文化主义"范式的符号隐喻研究者对阿尔都塞关于劳动力再生产的观点进行了批判性分析:一方面,他们认为阿尔都塞从"经济基础-上层建筑"的关系,阐述上层建筑的相对独立性及其对经济基础的反作用问题,是具有理论上的突破的;另一方面,他们也看到了阿尔都塞一般意识形态理论存在的问题,对其中关于"意识形态没有历史""意识形态对主体的召唤"所带来的抹杀主体能动性的极端结构主义持否定态度。这一范式的研究者认识到结构关系中人的实践作用,批判阿尔都塞意识形态理论框架中,即将主体对结构的屈从、结构召唤主体、主体之间的相互承认是想象出来的结构关系等思想。他们看到了人在社会文化生活中的实践作用,以物质实践的语言内涵,探究主体实践性与社会结构关系的张力关系。

文化马克思主义借助"语言转向"拉动"符号"与"文化"的关系,这构成了一种双向作用力。一方面,语言、符号维度的文化研究丰富了马克思主义的"文化"概念。文化马克思主义最为明显的标志性贡献就是对资本主义社会的文化批判理论,而他们认为文化批判入手的关键就在于将语言、符号作为主客之间交互的"宿主",将作为"宿主"的符号直接切入文化本身。这为我们从早期经典马克思主义代表人物像卢卡奇从整体性、一般的意识、

①　Thompson E.P., The Long Revolution, *New Left Review*, No.9, 1961, p.33.

②　Williams R., *The Long Revolution*, Chatto and Windus, 1961, p.115.

③　参见《文化与社会》《英国工人阶级的形成》《识字的用途》。

上层建筑关系所谈论的文化增添了语言哲学和符号理论丰富的内容,形成了基于"语言转向"的新形式的文化批判,并进一步促进对"经济基础-上层建筑"单线论理解文化的反思,重新思考文化在社会结构中位置和功能。另一方面,从"文化"概念搭建的符号场域,为"语言转向"从封闭语言法则的研究转向人本主义符号理论的转变提供路径。"文化"概念的确立组建了文化马克思主义对"语言转向"路径的接受和再理解。他们认为"语言转向"为人对现实世界的理解提供了重要的方法,并进一步强调意义不能脱离于它所依存的现实母体,即社会文化场景。威廉斯将语言意义的演绎和语言结构的变化范式看成"一幅特殊的地图"①,关注语言意义与社会历史变化的互动关联,认为社会历史形成文化符号的运动,从文化符号的意义演进可反观人类社会的变迁。

虽然文化马克思主义符号理论存在着对更加微观和烦琐的边缘群体、亚文化群体的过度关注,而忽视社会历史发展形态的整体图景,陷入了对资本主义对抗的无力感。但是值得肯定的是,文化马克思主义在马克思主义思想中推动"语言转向"具有重要的意义,用符号作为"宿主"介入对马克思思想理论的分析,使得对阿尔都塞以地层学意义对马克思生产力、生产关系、经济基础-上层建筑的关系解释加入新的审视视角,也就是这种地层学的划分之间存在着共同接连的纽带,即主客体之间共同的宿主就是符号。这样对符号的批判也就是对现实的批判,这为马克思主义理论的当代发展注入了新的活力。并且这再次激活"语言转向"的关键意义,即哲学的任务:"认识你自己",通过符号内容与形式、能指与所指、意义与结构的辩证关系,将作为体现人类科学思维的符号系统和作为显现社会关联的文化符号机制有机结合,提供更好地认识自我和所处世界的方式。

第三节 解读符号隐喻化的文化景观

"结构-文化主义"范式理论主张符号隐喻获取事物之结构的方法,他们提取现实社会复杂信息潜在的文化能量,在多元文化隐喻结构的链条中,寻求每一种文化所充满的符号意义的品质。他们以不同时期和不同实践主体的文化样态为依据,探究符号结构与符号内容之间影射关系,包括一种文化内部与多元文化之间的相互关系,指向意义联结的多元文化结构的隐喻链条之中。在多元文化结构的隐喻链条中,重点选取了霍加特对工

---

① [英]雷蒙德·威廉斯:《文化与社会》,高晓玲译,商务印书馆,2018,第1页。

人阶级文化符号隐喻链条的分析,以及霍尔对多元文化叙事的阐释,从而体现出底层人民与微观群体符号隐喻链条的结构关系和呈现方式。

一、工人阶级的符号隐喻图景

霍加特以人类学的方式走进工人阶级文化符号的隐喻结构中。他以20世纪二三十年代有机的工人阶级的文化生活与20世纪五六十年代以后受到商业文化影响的工人阶级文化生活的强烈对比,以一种"断裂"文本的形式,记录了工人阶级文化"新与旧""无机与有机""同质与特质"之间的冲突对比。这种强烈对比关系的营造,就构成了工人阶级不同历史时期和不同社会结构的关系中文化符号隐喻链条结构的变化,包括松动、紧张、重组和叠加等不同效应。《识字的用途》之所以能够成为20世纪文化研究的开山之作,就在于霍加特以二战前后工人阶级文化样态和文化态度的变化为契机,阐释了社会结构与文化符号之间的张力关系。

随着消费社会营造的消费文化的发展,二战前后英国工人阶级文化被这种大众消费文化所裹挟,工人阶级原有的文化特质逐渐被蚕食。霍加特认为,这就产生了符号隐喻链条结构关系的不平衡,原先工人阶级自身内部的文化符号标记与新生代工人阶级产生的以消费社会为特征的符号标记之间产生冲突。在这种情境下,正如霍加特所言,工人阶级原先的符号结构变得松动而失去弹性。源自工人阶级内部文化结构中产生的符号结构链条被打破了,各种带有大众文化特征的文化符号涌入工人阶级的文化生活中。霍加特对这样一种文化结构链条的改变忧心忡忡,他看到工人阶级自生的文化系统,即一种源自日常生活的有机文化系统正在招致破坏。因此,1957年霍加特的《识字的用途》是这场文化重塑思想运动的先锋作品。他以二战结束后英国福利制度兴起所产生的系列文化变化为着眼点,以强烈的视觉冲击和情感落差有效对比了20世纪二三十年代与五六十年代工人阶级的文化生活,也就是英国工业化前后的工人阶级生活状态,即源自生活的文化与商业化文化之间的本质区别,从而告知读者究竟文化应该是什么、健康的文化源自哪里、文化在社会生活占据什么样的地位等问题。霍加特展开的工人阶级符号隐喻研究包含了两条重要的结构线索。

(一)霍加特以"断裂"的文本呈现工人阶级符号隐喻结构的变化

人们常常将《识字的用途》看作一个断裂的文本。首先是时空上的断裂。《识字的用途》第一部分是对20世纪二三十年代工人阶级"旧"文化秩序的展现。在"无阶级社会幻象"的背景下,霍加特以对文化生活的透镜,对现有不同方式的关于"工人阶级"的定义和描述进行了分析和澄清,认为目前的这些定义都存在着对"工人阶级"本真状态的误读。他指出,只有溯源具体现实生活情境中的工人阶级,才能回答"谁是工人阶级"的问题。霍加特正是通过一个个真实的人物、具体的生活事件和具象化的生活情境,包括对工人阶级母亲、父亲、邻里不惜笔墨的刻画,工人阶级一日三餐的点滴记录,工人阶级生活的露台、炉火、通道细致入微的描述,从而揭示工人阶级生活的轨迹,彰显工人阶级的文化。这种怀旧式的回忆不仅是对工人阶级文化生活的复原和展示,而且让我们真正领略到文化生成的来源和过程。文化不是装在象牙塔里的,而是我们每天可感受到的,是可以看到、闻到、尝到和触到的。文化就在我们每个人的生活之中。霍加特这种对旧秩序下工人阶级符号有机时代的描述,一方面在于阐释符号有机系统生成的真实来源在于日常生活编织的文化中,另一方面为第二部分内容的出场奠定了基调,即为工业时代对工人阶级文化符号系统的破坏力垫下了伏笔。商业文化符号的呈现和表达方式,正潜移默化地改变着工人阶级传统的文化观念。

《识字的用途》第二部分是对 20 世纪 50 年代工人阶级文化受到商业化侵蚀的呈现和批判。在后半部分,霍加特展示了一个"行动张力松弛"和被新大众艺术占据的"棉花糖"世界。在这个被"自动点唱机男孩"、轰鸣刺耳的酒吧,以及围绕着犯罪、幻想、性爱为主题的"火辣"杂志所裹挟的"棉花糖"世界里,工人阶级原生文化正在流失,他们的传统文化逐渐让位于新的商业化文化。空洞乏味的商业文化取代着人们真实存在的生活世界。霍加特对这样一个被商业广告撰稿人和营造"无阶级"感的娱乐节目制作人所打造的"棉花糖世界"深感忧虑。在他看来,50 年代之后工人阶级文化生活被大众市场小说、流行女性杂志和流行音乐所包裹,工人阶级自生的文化结构遭受破坏,由工人阶级生活所编织的文化正在被"连根拔起"。

霍加特以这样一种"断裂"文本组合的方式,在原先有机的文化系统与大众市场裹挟的文化结构、工人阶级富有活力的符号文化与工人阶级失去行动张力的文化、源自生活的文化与工业消费时代的文化之间的碰撞与对比、摩擦与冲击中,显现了工人阶级符号隐喻系统结构链条的强有力的变化。这种隐喻链条的变化,不但深刻影响了工人阶级文化符号的使用和表达,更为重要的是改变了工人阶级的阶级感,失去了阶级的自我意识,流入了被资产阶级打造的"无阶级"社会的大众文化群体中,而丢弃了工人阶级原有的特质和原先的品质。

除了时空上的"断裂"之外,霍加特还表达另一种断裂,即一种情感上的断裂。与第一部分含情脉脉的回忆与赞美相比,第二部分表现出对现实世界的悲观失望与痛斥,两部分之间形成了强烈对比和反差,产生了情感上的巨大分割。第一部分与第二部分的"断裂",不仅是时间次序上的划分,更是文化意义上的"断裂"和切割。《识字的用途》的写作意图就在于此,以时间序列划分为轴线,将工人阶级的有机文化与被商业化吞噬的文化形成对照,让读者产生一种对工人阶级文化逆向回流的反思,从精英文化流向工人阶级文化,从商业文化反观工人阶级有机文化,对文化产生一次返璞归真的寻绎。

(二)霍加特以一种"断裂"文本的结合关系体现两种工人阶级文化之间藕断丝连的关系

他试图以一种"移情"或"情感共鸣"的方式,调动工人阶级两种文化生活中潜在的接连力量,这种接连力量表现在符号隐喻关系的递接。霍加特调动工人阶级的空间关系,包括居住环境、家庭陈设、工人阶级社区等,复原工人阶级有机的文化生活样态,形成对商业化冲击之下工人阶级生活景象的对比,产生符号隐喻关系的勾连,从而产生工人阶级返璞归真回到原先有机生活、回到充满工人阶级温情的生活和回到表征工人阶级特有的文化生活中去的渴望。

因此,霍加特以这种时空和情感的双重"断裂"方式,营造文化应该具有的本真来源和真实状态。文化不应该是某种严格学科框架内的存在,而本身就是人类特有的实践活动。文化也不应该是被商业化裹挟的商品,这违背了文化内在于生活的规律,从而使文化符号成为干扰日常生活逻辑的绊脚石。文化符号应该遵从人类社会生活的轨迹,能够真正成为人类物质生活和精神生活的栖息地。霍加特以白描式的记录方式深入到具体工人阶级的日常生活之中,用工人阶级的日常习语、风俗习惯和生活态度,具体化地展现究竟什么才是文化过程中符号隐喻链条的本真样态。他以"街区""家庭""炉火"勾勒工人阶级文化生活的图景,用"他们"与"我们"世界的不同形成工人阶级朴素的阶级观,把"人民'真实'世界"的通俗读物、"民谣"和"口耳相传的观点"作为工人阶级的文化符号隐喻样态。霍加特借助对工人阶级具体生活场景的展现,诠释文化符号隐喻链条的本真意义的内涵和外延。霍加特怀旧式回忆了20世纪二三十年代利兹的工人阶级生活,用田园诗化一般的语言描述了被他称作"有机的工人阶级生活"的年代。

二、多元文化叙事的符号隐喻网

霍尔以更广阔的符号隐喻镜头,记录了种族、移民、青年文化和亚文化等多元文化的叙事方式,关注多元文化的差异与延续问题。霍尔在《英国多种族的未来》和关于多元文化问题的系列文章中,对包括全球化社会中的差异共存、话语叙述的错位、中心的边缘人群以及日常生活执行和取代社会结构等问题,表现出了多重复杂的符号隐喻网。

(一)借助符号隐喻的修辞结构建立多元文化的叙事视角

霍尔在《监控危机》一书中阐释多元文化问题时,以文化空间的地理隐喻,论述了"新族性"问题。他以城市空间与政治层级之间的调度,显现空间的叙事修辞,以一种凸显隐喻修辞的变化,揭示源自工业革命以来的城市生活的书写方式。霍尔在陈述都市的危机时,往往会采用隐喻的手法,包括肖像与种族、城市空间的密集与焦虑重重的心理、城市街道与暴力管控之间形成一种特定资本主义社会生活现实的隐喻陈述,用一种修辞结构表征城市生活形象。霍尔以语言修辞的方式对贫民生活区进行解构,形成了作为隐喻的贫民区与作为现实贫民区之间的差异,产生了想象与事实之间浮现的矛盾,而这种差异与矛盾激起了更多对城市空间权力关系问题的深度思考。霍尔正是借助想象空间与真实空间的差别与联系,打破现实生活地理的边界效应,开拓想象活动范围的空间,使得意义在一种相对独立的空间中得到洞察,也就是霍尔提出的"任意闭合"的概念。

霍尔指出:"在任何特定的例子里,倘若意义依赖于它的差异术语与意义的不断重新定位,依赖于偶然性的与任意性的停止——在无尽的语言符号过程之中必要的和暂时的'间断',这并不偏离其源出的洞察。唯一令人忌惮的就是我们对于身份的'片面'意义的误解——正是这种定位才形成意义—— 一种自然的和永恒的而不是一种任意的和偶然的'终结'……意义不断展现,可以这么说,它在任何时候都超越了那种形成意义的'任意闭合'方式。"[1]这里表达了霍尔主张真实意义的形成和获得方式,即在纷繁复杂社会现实中,在不断变化的意义的流动中,取得真实有效的意义,有必要采取意义的闭合空间,在一定的结构空间中提取意义,这并不妨碍意义的真实获得。反而,如果总是在不断重复变化的意义中徘徊犹豫,不能去除离析或干扰获得语义的成分,就会使得语义更加含糊不清,甚至偏离真实语义的获得。

霍尔认为:"描述一切社会运动的方式, 这些社会运动旨在改造社会,它们需要新主体的章程,需要接受必要的虚构,但同时也接受虚构的必要,'任何闭合'并不是终结,而是一种使得政治与身份具备可能性的方式。"[2]

---

① Hall S.,Cultural Identity and Cinematic Representation,*Framework*,vol.36,1990,p.64.

② Hall S.,Minimal Selves,in Lisa Appignanesi,ed.,*The Real Me:Post-Modernism and the Question of Identity*,Institute of Contemporary Art,1987,p.45.

这就是霍尔"隐喻的贫民区"呈现方式的缘由,在他所打造的相对独立的贫民区空间中,寻找相对完整的空间意义,使得在纵横交错的符号隐喻中显现一段或者一节隐喻链条相对具有完整性的意义,并发觉与之相互关联的隐喻链条之间的关系。这种隐喻链条整体与部分之间的辩证关系,在于排除意义被碎片化、片面化和边缘化的理解方式,为尽可能获得意义的真实性和完整性提供可行的方法。

(二)以符号隐喻链条连接感知与构成世界之间的关系

霍尔通过对邻里、地方、国家和全球不同构成空间的转移展示文化符号隐喻的多元性,显示不同空间和范围的文化符号之间既有通约性,也有不可通约性。但总体上,霍尔通过多元文化的研究,探究人们理解世界的方式——隐喻的方式,即通过原有事物的认识,感知、体验和理解当前事物,以隐喻的方式形成与构成世界的关系。

霍尔将后殖民问题置于城市空间之中,形成结构混杂与文化混杂之间交融的状态。他将作为新文化形式聚集地的城市看作关键切入点,调动城市空间中多元文化主体的身份、种族和文化背景的符号特征,包括从记忆、历史和传统中提取的符号痕迹,与城市各种社会场所混杂的文化陈设之间,产生的文化界限的混杂和文化边界的杂糅,形成城市多元文化在同一混合场所中,各种文化符号之间对比、冲击和叠加而产生的特殊效果。在这一复杂的城市文化场景中,就会拉开多元文化主体思维活动当中至关重要的概念隐喻与现实文化场景之间的可变距离,形成不同实践主体以源自不同文化根基的概念隐喻连接具象化的城市布景之间的张力,形成不同形式的概念隐喻思维关联,以及不同活动方式建构新的隐喻关系。

在霍尔的分析中,隐喻性概念是系统的,是与思维习惯、文化习俗和社会结构相互关联的。城市多元文化正是体现了不同种族、文化和身份的城市居住者,以源自自我认同和历史文化中的文化符号,连续地调用隐喻性概念获得对新事物的理解,并进一步产生隐喻性表达的过程。霍尔正是利用这种隐喻结构关系,形成历史维度的概念隐喻、现实维度的隐喻表达与未来乌托邦式的想象隐喻之间的关系,产生时间秩序与空间秩序的交互性对话,从而了解多元文化产生的隐喻性本质。

作为英国文化研究关键性的后生力量,保罗·吉尔罗伊沿用霍尔的多元文化思想,并进一步探究了"散居"和"黑色大西洋"等问题。他在对"散居"现象作出解释时指出:"散居身份很少集中于均衡的、共同领土的主要民主力量,而较多在于社会动态的回忆和纪念。"①这同样阐明了,即便是散居和具有混杂身份的人群,虽然身体上散居在不同的地方或城市,但是他们身上的民族和文化符号并没有被分散,或许在不同的空间场景中某种文化意识反而会由于对比和疏离更加强烈。这些散居或混杂身份的人群形成了在城市或者更大范围的分散,他们的思想、观点和认同方式,以网状式的方式辐射和彼此连接。同时,这种混杂的文化特征,必然会造成符号意义的不稳定和延异,就会形成特定空间场域多元文化的交互。这也许就是为什么城市化或者全球化的进程会加剧文化多元化的产生和凸显的原因。

总之,在某种程度上,霍加特和霍尔都调用了符号空间与社会结构、虚构空间与现实空间、意义与结构之间多层次的隐喻结构关系,试图在底层人民的文化场景或多元文化场景中,以一种去中心化和反全球化的思想,用符号隐喻链条系统性的产生过程,让我们更加全面而真实地看待我们所处的世界。无论是霍加特对二战前后工人阶级文化生活的对比,还是霍尔对 20 世纪 70 年代多元文化的研究,他们都借用隐喻方式,把意义装进符号的容器,以符号之间所建立的概念隐喻、隐喻表达和隐喻想象,展现意义符号分环勾连的世界图景。大叙事或大写化的世界是一个被编制化的虚假的世界,人们真实的语义世界,是不同文化群体以符号隐喻系统,将沉浸在习以为常的概念隐喻不断调用产生对新事物理解,并产生新隐喻表达的过程。这一理论加强了结构主义与文化主义范式的融合,形成了新的范式结构,其关键作用就在于让我们打开符号隐喻的世界,建立探究意义和世界关系的通道。

第四节 显现社会意义复杂竞技场的符号隐喻

"结构–文化主义"范式理论认识到社会符号隐喻超越了思维和语言字面意义的范围,以特殊性的、修辞性的、发散性的和多姿态性的呈现方式,将事物关联在一起。他们将如同竞技场一般的意义陈设于巨大的社会符号隐喻网之中,探究不同社会符号形态的意义关系。这一范式理论强调意义之网形成过程中日常文化的重要作用,倡导获得意义的真实来源和取得文化能力提升的关键,都归于人的现实的日常语言符号活动。他们在探究语言符号意义的真实来源的过程中,认识到了社会整体表意系统的复杂性。

---

① Gilroy P.,Diaspora and the Detours of Identity,in K. Woodward ed.,*Identity and Difference. London and Thousand Oaks*,Sage,1997,p.318.

为此,他们进一步探究了社会语言符号生产与日常语言符号生产之间的隐喻结构关系,分析权力关系作用的特殊语言符号意义与达成社会文化普遍认同、特殊权力运作的语言符号操作与整体文化生活符号实践,彼此之间潜在的复杂意义竞技场的社会符号隐喻过程。

首先,文学打造了被浓缩了的或者被微型化的社会符号隐喻的剧场版。伊格尔顿认为:"文学不应该被视为个别作者的自我表现,因为他们只不过是这个普遍系统的种种功能:文学产生于人类自身这一集合性主体,这就是为什么文学会体现种种'原型'或种种具有普遍意义的形象。"①伊格尔顿与众多"结构-文化主义"范式的马克思主义思想家一样,将文学作为探究文化与社会之间关系的重要向度,就在于文学具有集合人类社会典型性和普遍性特征的功能。文学有其自身强大的隐喻系统,而这一隐喻系统的来源是社会符号隐喻的文学化过程。伊格尔顿在《二十世纪西方文学理论》一书对新批评派以来结构主义文学分析中,将文学视为文本之间封闭性生态循环的观念进行了批判。伊格尔顿认为,在结构主义的文学理论中,文学是没有意义的文字游戏,文学中意象不具有"实体的"意义而仅仅具有"关系的"意义,文学分析只是以图表或者关系图展现程式化的结构。

因此,结构主义将文学内容打上括号,留下的只是一个叙事结构或者各种关系符号。伊格尔顿反对这种结构主义的文学分析法,批判将文学置于平行、对立、倒转或者对等等一系列关系中,而失去了小说、诗歌、戏剧等文学内在符号语言的生动性。伊格尔顿对结构主义文学分析评论道:"结构主义的收获是什么?首先,它代表着对文学的毫不留情的去神秘化。"②伊格尔顿从结构主义文学理论,剖析了文学符号学处于符号形式与符号内容之间的二元对立中,这种方式首先压抑或者去除所要言语的东西,将符号表达的真实客体悬置起来,仅从代码传递的形式中探究文学问题。这样一来,符号学被狭隘地禁锢在文学形式的批判中,"符号学所代表的正是被结构语言学改变了形式的文学批评"③伊格尔顿对这样一种空洞的语言符号世界持批判态度。在他看来,文学作品的审美价值和象征秩序,不是躯壳般结构的作用,而是以"把自己的社会生活组织在一起的方式"——隐喻,包括能指与所指、能指与能指、所指与所指之间隐喻流动构成的世界。

---

① ［英］特雷·伊格尔顿:《二十世纪西方文学理论》,伍晓明译,北京大学出版社,2007 年,第 97 页。

② 同上,第 112 页。

③ 同上,第 108 页。

本尼特分析了社会隐喻对文学分析的作用。他认为索绪尔所构型的这两种关系系统之间存在着一种镜像关系，语言或意义系统是对现实之物系统的镜像。本尼特提出，索绪尔的这种意义与现实之物的关系可运用于美学意义文学批评的分析中，"'文学'指的是一套有特殊意义的虚构性、想象性和创造性写作形式的观念……正是这样一种'文学'观念使得我们发现在美学中所关注的问题"①。而这种美学性的文学分析多被英美新批判学者所接受，他们以文本的自律性原则，强调文本内部结构的优先性，以文本陌生化的方式拉开与现实世界之间的距离。在本尼特看来，这种美学意义的文学分析，由于选自不同层次的理论分析和不同层面的自我关注，就会产生形式迥异，甚至是相互抵触的"文学"批评任务。在此情境下，本尼特认为，这就需要有马克思主义角度的文学批评理论的出场，以文学之外的视域打开对传统文学批评分析固定化的模式。以伊格尔顿、本尼特为代表展开了社会符号维度的"结构-文化主义"范式马克思主义文学分析。

其次，分析社会结构与符号隐喻的张力关系。威廉斯在受到葛兰西文化霸权思想的影响下，指出"它［霸权］是一个活生生的意义与价值系统——既具构成性又在构成之中——在它们被作为实践而体验时，它们显现为彼此加强。它因此为大多数人建构出一种现实感……它是……最强意义上的一种'文化'［被理解为一种被实现的表意系统］，但是也是一种必须被视为特定阶级的活生生的支配与从属的文化"②。文化符号与社会结构之间存在相互作用的辩证关系。霍尔将马克思主义理论与阿尔都塞意识形态的新描述相结合，对新自由资本主义意识形态进行深刻批判。霍尔将语言哲学作为分析资本主义意识形态的重要理论来源。他从语言符号与社会结构辩证关系维度，批判传统经济决定论框架下的意识形态分析，批判斯大林以来非人道的和反人本主义的苏联模式。霍尔对马克思主义非经济决定论的辩护，就源于将语言哲学作为嵌入马克思主义理论研究重要路径。阿尔都塞意识形态分析设置了社会结构无主体的单线条结构分析，去除了历史维度的经验分析，将社会完全置于空间结构之中。阿尔都塞强调意识形态的不可抗拒性，认为在社会结构的运行装置中，意识形态完全在经济结构和上层建筑结构互为补充的结构关系中运行着，这种纯粹结构关系推动着整个社会历史的发展。霍尔看到了社会结构关系对意识形态的作用力，

---

① ［英］托尼·本尼特：《形式主义和马克思主义》，曾军译，河南大学出版社，2011年，第5页。

② ［英］雷蒙德·威廉斯：《马克思主义与文学》，王尔勃、周莉译，河南大学出版社，2008年，第110页。

同时,认为历史主体在社会结构中所具有的关键力量。他认为历史主体的能动性是抗击资本主义意识形态最为根本和核心的因素。

再次,以符号主体的差异性体现社会符号隐喻的复杂关系。霍尔关注语言符号主体的差异性问题,对宏大的政治主体,即一般社会结构稳定的发声者进行不同主体概念的自我解构。霍尔认为语言符号是由差异构成的,"文化形式从来不能被完全整合,它始终处在未被完全封闭或缝合的状态中"①。为此,霍尔借助语言的力量,探究语言公共性和语言符号多样性之间辩证关系,以整体结构与主体能动性、形式与内容之间互为补充的关系,打破传统符号学研究的二元结构模式,建构了符号语言哲学的新模式。他关注日常生活微小叙事中的符号象征性,通过对无产阶级或底层人民文化符号自主、自觉意识的象征表达,用来抵抗资本主义意识形态的束缚力。霍尔深刻地分析了现代资本主义以复杂多变的形式对大众媒体传播操控的现状,然而他认为底层人民的符号表征也具有强有力的复杂性和潜在力量,例如工人阶级文化、民族文化具有来自群体内部文化传统根基的自生力量。霍尔强调语言具有的公共性、结构性和规范性的属性,认为社会主义的文化结构在于生发底层人民的文化观,以底层人民的文化获得感和文化自主性为基础,不断创造提升底层人民文化能力的优良语言环境,从而建构公平有序的社会主义文化秩序。

最后,意义复杂竞技场的社会符号隐喻作为诠释现代性社会多元化政治危机的主要因素。"结构-文化主义"范式通过借助马克思主义理论与语言符号学的结合,解决现代性社会多元化的政治结构危机。他们自发性地产生了语言符号学与马克思主义理论相结合方式处理政治因果关系的问题,涉及了关于身份、象征、符号的政治关系分析,并试图通过语言符号实践的建构模型,搭建建构理想社会的目标导向。这一范式理论建构了现当代广泛意义的语言符号学理论,形成了社会政治和语言符号之间的关系研究,阐释了微观社会政治运动与语言符号表达逻辑之间的关系,搭建了意义、价值、关系、身份、取向和制度之间的运动过程。他们以语言符号学展开了现代社会微观文化政治学的研究。他们寄希望于语言符号政治学分析绘制文化视域的政治干预和制度实施策略。

① Hall S.,For Allon White:Metaphors of Transformation,In D. Morley and D.-K. Chen（eds）*Stuart Hall*,Routledge,1996,p.145.

第五节 具有微观政治学色彩的符号隐喻

文化马克思主义以"结构–文化主义"范式对符号隐喻的研究，不仅以隐喻的方式对人类认知活动的探究有重要的意义，而且代表了国外马克思主义参与世界社会主义运动的方式，以文化符号隐喻的微观政治革命力量，产生了 20 世纪末至 21 世纪西方左翼社会革命的一种新形式。

整体上，21 世纪世界社会主义发展在摆脱苏东剧变的阴影之下，不断聚集马克思主义与世界社会主义历史方位中的新力量。21 世纪社会主义运动展现出不同于以往的宏大叙事，而转向了社会形态深层结构中具体文化符号的微观叙事，在具象化社会文化的符号图式中显示社会主义结构的优越性。文化马克思主义对世界社会主义革命充满信心，关注物质基础中社会文化符号的构建问题，以文化符号的批判作为对资本主义社会的批判，并力图构建理想社会的文化符号形态，展现出 20 世纪末以来微观政治运动的姿态。

一、代表着英国左翼世界社会主义的发展特征

20 世纪 30 年代马克思主义在英国才得到真正意义的传播，在此之后，《马克思文选》《马克思恩格斯通信选》《马克思主义、民族性与战争》《马克思恩格斯著作选集》《马克思恩格斯论西班牙革命》等马克思和恩格斯的著作才得到译介。20 世纪五六十年代《1844 年经济学哲学手稿》《关于费尔巴哈的提纲》和《德意志意识形态》才出现了英译本。文化马克思主义跟随着马克思主义在英国真正意义的传播逐渐产生和形成。文化马克思主义或称为英国新左派走出不同于英国传统左派或英国老左派对马克思主义的理解。英国老左派亦步亦趋地跟随苏联模式的马克思主义发展，没有真正形成自己对马克思主义的理解。20 世纪 50 年代，文化马克思主义看到 20 世纪前半叶一系列重大历史事件的爆发。例如，1956 年赫鲁晓夫的"秘密报告"，随之发生的匈牙利事件和苏伊士运河事件，使西方世界对社会主义产生怀疑。

英国众多思想家开始思考苏联模式的社会主义是否是马克思主义真正意义上的社会主义，他们通过对马克思和恩格斯英文版译注，通过对现实英国社会状况的分析，对马克思主义进行了英国本土化的改造，建立不同于第二国际、第三国际的马克思主义发展。在他们看来，马克思主义在第二国际和第三国际的传播中，更多地被置于科学社会主义或者政治经济学

研究,忽视了马克思主义根本上是现代哲学的研究。马克思主义哲学之所以是现代哲学就在于,它不同于近代哲学康德、黑格尔哲学将形而上学和主客二分作为哲学的主要命题,而是将命题转向思维与存在的一致性的现代哲学的问题上。

文化马克思主义走出第二国际、第三国际对马克思主义的理解与看法,在西方马克思主义发展的历史潮流中,将马克思主义作为现代哲学进行思考与研究。他们认为20世纪末出现世界社会主义发展的低迷,很大一部分原因就在于第二国际和第三国际没有真正领悟马克思主义的意图,而出现了苏联化非人道的社会主义道路。他们对第二国际的马克思主义将马克思主义置于社会科学或经济科学进行了反思与批判,认为这样一来就忽视了人在社会历史发展过程中的主观能动性,只看到了社会历史发展的客观规律。

文化马克思主义基于对资本主义现代性社会的批判,特别是20世纪末社会主义发展的低迷阶段,在资本主义社会经历资本主义经济危机之后出现各种调整,以"福利社会"和"福利制度"标榜资本主义社会制度的优势,仿佛就像弗朗西斯·福山预言"历史的终结"论那样。文化马克思主义以历史唯物主义的立场和观点,看待现代资本主义社会作出的调整,揭示资本主义社会的深层问题。他们以"文化研究""文化与意识形态批判""现代性社会资本逻辑编码文化符码生产的批判"和"文化符号与社会深层结构之间的互动关系",从文化符号的维度揭示资本主义社会的文化秩序和文化构造。他们认为文化的秩序和构造更能反映出社会总体深层次的结构问题。他们从资本主义社会所营造的带有资本主义意识形态的符号隐喻关系,揭示这种隐喻关系的非平等性和非正义性的隐喻秩序。

在现代性资本主义社会的发展中,文化马克思主义对社会阶级处理的方式和维护资本主义的统治方式,不再像原初资本主义发展阶段那样,以经济关系为社会秩序的中心,以经济层面对阶级关系、雇佣关系和剥削关系是一种物质层面赤裸裸的外显形式。工人阶级和被剥削阶级从这种资本主义经济关系的不平等能够直观感到阶级的不平等,工人阶级和被剥削阶级的阶级感有强烈的自我意识。

然而随着资本主义社会矛盾关系的隐喻变形,在一种"虚假的意识形态"的伪装之下,经济关系被文化关系和意识形态关系包裹着,形成了一种虚假"无阶级"社会的隐喻变形关系。在资本主义秩序所操控的隐喻序列和结构中,以一种符号变形的方式,一种扭曲的隐喻关系,控制着资本主义社会人与人、人与社会的关系。人们在这种变形的隐喻关系中,丧失了原先的阶级意识和主体自我意识。文化马克思主义借助"结构–文化主义"的符号隐喻理论,揭示了资本主义现代性社会的隐喻变形,恢复作为实践的符号隐喻关系,建构以"实践"概念为核心的符号隐喻生成规范性问题的探讨。

文化马克思主义以自身马克思主义思考的维度,通过对被资本化的文化符号生产关系、文化与社会结构、文化符号隐喻关系的分析中,阐释 20 世纪中叶资本主义社会的新变化和社会主义的现实困境与存在状况,试图以他们对马克思主义的理解方式和实践方式,走出 20 世纪中叶世界社会主义发展的低迷阶段,以从对资本逻辑符号生产的批判、对资本主义隐喻关系的审视,从符号隐喻关系对资本主义深层结构的折射中,以微观姿态的文化符号抵抗形式,以多元化的文化组织秩序,建构共有、共治和共享的文化组织方式,建构以实践为基础的正向符号隐喻结构关系,使主体的思维活动与主体的实践方式有机地结合在一起。

对 20 世纪末世界社会主义发展低迷阶段的分析,展示出文化马克思主义展开"结构–文化主义"思维范式引发从微观符号隐喻变革直至整体社会思维结构和实践方式变革的价值和意义。预知文化马克思主义微观符号隐喻变革对世界社会主义运动的贡献,首先需要整体分析一下 20 世纪至 21 世纪世界社会主义发展的基本格局。

就目前 21 世纪世界社会主义发展的基本格局来讲,社会主义与资本主义之间相互对峙,整个世界仍然存在新旧社会形态、无产阶级与资产阶级反复较量的阶段。与 20 世纪世界社会主义运动相比,21 世纪世界社会主义运动在摆脱苏东剧变阴影的笼罩下,逐渐走出了低谷状态,并呈现出了世界社会主义发展的新态势和新趋势。21 世纪社会主义发展,在经历社会主义运动的沧桑巨变中,以确凿的事实打破了"资本主义统领世界"的狂言,在新的历史时期对人类社会未来命运有新的作为。

在 20 世纪两次世界大战和众多历史事件的纷繁复杂境遇中,世界社会主义运动整体上呈现了三次重要的变化:20 世纪初实现了有史以来第一个社会主义政权国家的建立、20 世纪中叶系列国家社会主义革命形成了社会主义阵营、20 世纪末苏东剧变引发社会主义阵营解体。在 20 世纪,世界社会主义运动整体上形成了凸形曲线的发展轨迹,而这个高峰主要出现在两次世界大战的期间。两次世界大战的爆发很重要的原因是自由资本主义无法克服其内在矛盾而激化的结果。随之而来,资本主义走向了衰败和低迷状态。二战结束后,除苏维埃共和国之外,还有中国等十多个国家都各自建立了社会主义的国家体制,并形成了社会主义阵营。在此期间形成了 20 世纪社会主义运动最为高潮的阶段。

然而 20 世纪 70 年代之后,资本主义进行了现代意义的改良,汲取了资本主义发展中的经验教训,吸纳社会主义制度的发展经验,通过制度改良达到了相对平稳的现代资本主义发展期。社会主义却在此阶段进入了低谷期,苏东剧变和社会主义阵营解体使得世界社会主义运动严重受创。整个世界充满了资本主义与社会主义间的博弈。

20 世纪 70 年代末 80 年代初世界资本主义作了一定的调整,在"撒切尔主义"和"里根主义"的影响下,现代资本主义积极推行新自由主义的理论和主张。世界资本主义主要代表国美国和英国积极启动新自由主义策略,试图以国家垄断资本主义向国际金融资本主义垄断转变。这样资本主义的触角伸向了全球市场,扩大了资本垄断规模,加速了全球化进程。这种带有铁娘子般的政治干预加速了私有化的速度,使得金融资本得到全球的蔓延与膨胀。新自由资本主义就使得美英等国家走出了长期困扰在资本主义国家中的停滞危机。

20 世纪 90 年代"华盛顿共识"更是以新自由资本主义为原则,将金融垄断推向了全球一体化的发展。新自由主义在全球市场的迅速蔓延严重危及了社会主义国家的发展秩序,特别是苏联和东欧国家的公有制经济。新自由主义不是一种简单经济体制层面的资本主义市场全球化扩张,同时更渗透着"文化帝国""文化殖民化""文化全球化"等资本主义文化意识形态的弥散。新自由主义以强有力的资本扩张形式,不断对社会主义体制国家的经济造成巨大威胁和阻碍,与此同时,更为重要的是,以"资本主义文化""商品化文化"和"吞食西方文化"侵蚀整个全球文化环境。资本全球化使得欠发达国家成为资本原始生产的聚集地,大量的工业垃圾造成当地生态环境失衡,同时,除了经济层面的压榨之外,资本主义文化意识形态也快速输入当地的文化社会中,当地的民族文化和原生文化严重受到侵蚀和干扰。20 世纪末社会主义阵营的解体,很大一部分原因就在于新自由主义对整个世界经济、文化和政治层面强有力的占有和侵略,破坏了整个社会主义国家社会发展的有利土壤。正如,邓小平概括的"两个冷战"思想:"可能是一个冷战结束了,另外两个冷战又已经开始。一个是针对整个南方、第三世界的,另一个是针对社会主义的。西方国家正在打一场没有硝烟的第三次世界大战"①。

新自由主义引发的全球化涌动对社会主义的威胁与破坏,而全球化的浪潮致使贫富差距剧增、两极分化尖锐。全球化对整个世界产生的消极后

---

① 《邓小平文选》(第三卷),人民出版社,1993 年,第 344 页。

果,可从"全球化"一词被附着的合成词找到结论:"两极分化全球化""贫困全球化""投机赌博全球化""恐怖全球化""道德沦丧全球化""腐败全球化""文化贫乏全球化""舆论欺骗全球化""毒品全球化""饥饿全球化""环境破坏全球化"等,渗透出全球化危机下的人类社会生活。正是在这样一种全球化的情境下,苏共垮台、苏联解体。苏联社会主义国家的失败一方面在于整体资本主义全球化对社会主义的压制,另一方面还在于苏联并非按照马克思所设想的科学社会主义道路发展,而是陷入了斯大林式的集权专制,使"社会主义"蒙上了"非人道的"阴影。

20世纪末看似以国家为中心资本主义积累形式制度化的新自由主义发展势头高涨,而实际上全球涌动着对地缘政治和资本主义全球化反抗的暗流。新自由主义以市场为导向推进自上而下资本全球化,而在20世纪70年代之后就出现了愈来愈多世界多数地方形成的自下而上的抵抗运动。新自由主义出现了严重的问题,这是跟它娘胎里自带的基因有关。新自由主义天生就是为那些由市场主导的全球精英经济项目而服务,为特权需求和少部分经济利益体服务。下面一组数据可更为有力地说明这一点。在1960年至1997年之间,占世界20%最富有人的收入与占世界20%最贫穷人收入的比例从30∶1增加到了74∶1,20%最富有的人获得了超过世界85%的财富,而剩余80%的人则需要弥补剩下15%的世界财富。全球贫困人口、贫富差距和失业率的剧增主要原因就来自新自由主义将财富和资源聚集在全球精英集团手中,而原先撒切尔、里根时代的小资产阶级逐渐沦落为"濒临死亡的境地"。自20世纪90年代,世界很多地方出现了大规模的社会运动以自下而上的方式抵制全球新自由主义,展开了不同国家和地区不同方式和节奏的社会运动。这种对新自由主义的抵抗运动,不是孤立的运动或抗议,而是对新自由主义反抗的复杂运动。世界各地以跨国协调和联盟建设发起了对经济全球化和地缘政治结构的挑战。

文化马克思主义正是在整个世界社会主义发展低迷状态的背景中,认识到资本主义社会结构的调整变化,对资本主义新自由主义特征的分析,特别是以金融资本引发的"文化帝国""文化殖民化""文化全球化"等资本主义文化意识形态的批判,以对新自由主义反抗运动的复杂性,从符号消费、符号生产、符号编码与解码、符号实践、符号新隐喻关系的建立等系列符号隐喻运动的研究,呈现出具有文化马克思主义特色的社会主义运动特征。

二、以文化符号隐喻为核心的微观政治

21世纪世界社会主义运动出现了新的契机,不但没有像弗朗西斯·福山所指"历史的终结"那样,恰恰相反,社会主义在历经20世纪末苏东剧变之后,反思僵化教条的第二国际的马克思主义,逐渐摆脱了20世纪末以来社会主义发展的低迷状态。21世纪无论是社会主义政治体制的国家,还是全球左翼组织都积极展开不同形式的社会主义运动,逐渐走出社会主义的低迷期。文化马克思主义作为全球左翼思潮中的重要组成,发挥着一定的作用和影响。整个世纪的基本格局,即资本主义与社会主义两大社会制度的竞争出现了新的变化。世界社会主义在21世纪的头二十年里不断复苏,并取得了新的进展。

21世纪左翼思想界对社会主义的研究也出现了新的变化。主要呈现为以下三个特征。特征一,对资本主义危机的批判寻找理想社会主义。这一角度的研究代表学者有:"21世纪资本主义终结论"的美国学者威廉·罗宾逊、批判"美国金融危机和大萧条宏观经济"的托马斯·帕利等。他们基于对21世纪出现的资本主义危机分析的基础上,提出其理想的社会主义路径。

特征二,以21世纪新历史时刻提出社会主义政党的新发展要求。美国共产党主席山姆·韦伯认为,21世纪社会主义政党在坚决信奉马克思主义的基础上,立足资本主义的经济危机,在紧跟时代的变化中详细制定政党的理论确立的实践方向。他进一步提出了从政党层面展开民主斗争、阶级差异、群众运动、种族平等、性别平等、国际主义的世界观等问题的分析和应对措施。[①]

特征三,站在国际化视野中,以微观政治学对社会主义问题的研究。左翼思想家打破国界中的壁垒,以全球共同发展的长远利益着手,形成了"地球民主""共同对等生产""人权全球化"等全球整体发展的思想。同时,又积极展开"生态社会主义""市场社会主义""女权社会主义"等多元化的微观政治研究,形成了以宏观全球利益为核心与微观政治运动双向结合的社会主义探索之路。

文化马克思主义在21世纪社会主义运动中,成为世界社会主义左翼运动的重要组成部分。他们在21世纪社会主义运动中,表现了整体世界社会主义左翼运动的特点,采取多元化的微观政治革命。20世纪至21世纪

---

① [美]山姆·韦伯:《21世纪的社会主义政党:形态、理论与立场——以美国共产党为例》,禚明亮译,《马克思主义研究》,2011年第12期。

文化马克思主义在"结构-文化主义"范式的发展中所进行微观政治革命，具体表现在：文化马克思主义的发展历程被打上了诸多学者的思想烙印，代表了其整体思想发展的演进逻辑。从 20 世纪 50 年代文化马克思主义语言哲学基本雏形的形成，到 20 世纪末以霍尔为代表黄金时代的发展，直至 21 世纪对各种文化景观和社会思潮的反思，呈现出这一范式符号隐喻研究从人本主义的社会语言功能探究，到更加政治化、多元化和立体化的发展轨迹。

具体而言，20 世纪 50 年代人本主义的语言观。这主要体现在人类学和经验主义哲学对言语事实和语料的分析，以白描式和民族志为特征的研究。这种人类学的语言考察主要归于霍加特的研究。霍加特人本主义的语言思想，可谓是这一范式语言哲学的基本雏形，确立了人类学意义的语言内涵。

20 世纪 60 年代"经验范畴"整体性的语言观。这一范式研究的奠基人威廉斯看到了语言结构的能动性，以"整体性"为原则，在经验事实的基础上强调语言的结构功能。60 年代呈现出文化马克思主义向结构主义的初探，偏于经验范畴的整体结构探究，主要集中于威廉斯和汤普森的思想。

20 世纪 70 年代"两种范式"接合理论的语言观。这一范式在经历"结构主义"和"葛兰西主义"的发展过程，进一步趋向更加成熟的语言哲学研究，在保留"文化主义"关于言语事实和言语活动所形成系列成果的前提下，将语言符号具有的结构性和组织性作为其思想发展的关键部分，积极推进"文化主义"与"结构主义"的嫁接。这一方面的努力主要集中在威廉斯和霍尔的工作，他们在对"文化研究、媒体研究、电视电影、传播教学"的研究过程中，介入了"葛兰西主义"的视角，更加凸显了语言哲学在当代文化研究的核心地位。在以威廉斯为代表的第一代学者和以霍尔为代表的第二代学者的共同努力下，文化马克思主义理论得到了长足的发展，并迎来了 70 年代至 80 年代发展的"黄金十年"。20 世纪 70 年代可谓是这一范式符号隐喻研究的重要转折期和逐渐达至成熟的关键期。

20 世纪 70 年代之后，霍尔主张结构的复杂性和不均衡性的观点，认为威廉斯、汤普森过于倾向经验主义，对"经验总体性"进行了改造。他将威廉斯的结构主义思想称为"传统结构主义"。之所以称之为"传统结构主义"是因为，"分析必须解构……'鲜活的整体性'以便能够考虑到其决定性条件……这种混淆甚至在威廉斯以后的工作中仍然存在，只要对'经验'继续发挥着这种包容性作用，将不可避免地在理论上趋向于所有的结构，正如它们在表达上相互关联一样"①。霍尔既没有彻底遵照传统结构主义的研究路径,也没有完全依照威廉斯思想,而是形成"经验主义"与"结构主义"两种范式的葛兰西式综合。他提出了两种范式的接合理论,"这种接合方式的结构主义认识到传统结构主义约束结构关系的存在。它承认不同层次理论抽象的重要性,认为社会整体是一个足够复杂而具有差异的统一,并用意识形态替代了经验范畴"②。

值得说明的是,威廉斯与霍尔都受到来自葛兰西主义的影响,然而两者接受的侧重点是有一定区别的。威廉斯对葛兰西的"霸权"理论采用一种文化理解。他认为,霸权是一种文化,是一种由意识行为者的实践产生而来,是一种意指实践活动,是可以通过反霸权的实践来抵制霸权的。而霍尔对葛兰西的"霸权"理论则是一种意识形态结构的理解,他着眼关注意识形态结构中的符码操作,认为文化主义过于简单化预估反霸权的现实可能性。作为文化理解的霸权思想,核心指向文化语言的物质生产、再生产和消费的问题。而意识形态结构的霸权思想,则涉及意识形态之下文本解码的问题。可以说,威廉斯是一种"后文化主义"的霸权思想,而霍尔是一种发展的"结构主义"或"后结构主义"的霸权思想。霍尔将葛兰西思想视为"结构主义、话语和语言理论、精神分析提供了理论上的实质性推进"③。

20世纪80年代至90年代,以霍尔为代表的当代文化研究的学者们,对文化马克思主义语言哲学研究转入了更为特定的实质性问题,以"撒切尔主义"分析为开端。霍尔认同拉克劳、莫非的观点,即"霸权的逻辑就是表达和偶然性的逻辑"④,并认为社会地位和文化认同之间的关系只能受话语本身的影响。霍尔对"撒切尔主义"所持的态度和采用的做法,学界褒贬不一,一些人认为他对撒切尔主义的阶级政治存在误读,另一些人认为他较为客观呈现了意识形态在社会结构中的作用。然而这种以"撒切尔主义"为话题的研究,又将以霍尔为代表的文化马克思主义语言哲学推向了更加多元化的研究主题和研究方向,主要表现为三个方面:

第一,多元话语分析与后现代主义为主题的研究。90年代文化马克思

① Hall S., Politics and letters, In Eagleton T. ed., *Raymond Williams: Critical Perspectives*, Polity Press, 1989, p.62.

② Hall S., Cultural Studies: Two Paradigms, *Media, Culture, and Society*, No.2, 1980, pp.67–69.

③ Hall S., The Toad in the Garden: Thatcherism among the Theorists, In Nelson C. and Grossberg L. eds., *Marxism and the Interpretation of Culture*, Macmillan, 1988, p.56.

④ Laclau E. and Mouffe C., *Hegemony and Socialist Strategy: Towards a Radical Democratic Politics*, Verso, 1985, pp.84–85.

主义语言哲学朝向后殖民主义、多元文化主义、移民、边缘群体、离散群体的语言文化研究。90 年代就此拉开了文化马克思主义对多元话语与后现代主义问题探究的序幕。在霍尔对多元文化的探究中,关涉都市生活叙事问题。他认为,都市或城市正按照一种强劲的经济逻辑发展,对身份形成和权力资源进行重新匹配组合,但这样的发展抹杀了民族国家的特质、公共领域的多样性和文化的差异性。为此,霍尔强调文化的多元化,挑战金科玉律的强势文化和商业化的同质文化。他苏醒殖民主义、帝国中被掩盖起来的移民问题、边缘文化和民族文化,展现差异、地域性和少数文化的价值和意义。

　　70 年代末成长起来的文化研究重量级人物托尼·本尼特,也受到了来自后结构主义和福柯思想的影响。与霍尔不同的是,他走向了一种更为积极的语言文化动力学和文化政策①的研究。福柯的谱系学不同于德里达解构主义,不是在于将意义概念进行任何形式的激进解构与重构,而是通过权力关系替代意义关系而展开。对于福柯而言,现代社会的权力变得无所不在、无处不在,权力以开放和不确定的方式存在,形成了知识,产生了话语,并贯穿于整个社会网中。霍尔从此获得的启发,将福柯的谱系学运用在文化身份政治和话语理论中。而他对"撒切尔主义"的分析主要就源自后结构主义和福柯思想的影响。然而本尼特则汲取了福柯关于非单一结构权力的思想,主张对话语的论述不能单纯依靠结构主义方式,而应采用战略性或战术性话语的思想。本尼特这种战略性或战术性的话语主要接受了福柯"知识分子"的思想,并产生了《形式主义与马克思主义》《文学之外》《文化、治理与社会》等系列著作。他试图恢复"真实历史"叙事和减少"文学内部"叙事,强调"知识分子的职能"②,对公共话语、公共教育、公共文化场所开展政策引入上的文化治理。他诸多关于文化政策和文化治理的思想,为文化马克思主义展开积极有效的公共话语建构提供了难能可贵的思想资源。

　　这一时期成长起来的学者还有英国当代著名文化研究学者保罗·吉尔罗伊。他从 20 世纪 90 年代直至目前,在关于种族文化、文化政治和身份政治方面思想活跃,形成了《黑色大西洋:现代性和双重意识》《身份政治:从表层到小政治》《反对种族:超出肤色界限的想象的政治文化》等著作,发展了文化语言哲学视角对种族问题研究的向度。

　　第二,以文化政治为主题的研究。文化马克思主义符号隐喻研究深刻

---

① Bennett T., *Culture: A Reformer's Science*, Sage, 1998, p.36.

② [英]托尼·本尼特:《文化、治理与社会》,王杰、强东红译,东方出版中心,2016 年,第 367 页。

影响了后现代主义对文化政治学的研究。后现代主义继承了文化马克思主义对文化物质实践形式自身领域探究的思想，不再纠结于文化与决定和生产它们的政治经济基础的简单关联。他们以文化现代性的表征为研究对象，探究符号、表征、形象和非物质劳动的生产方式，并分析思考这些新文化表征背后的权力运作关系，由此生发出文化政治学的新发展。他们摆脱传统意义的宏观政治关系中的权力意义，关注局部、特殊和微观中的差异和斗争。他们涉及对种族、性别、绿党政治和动物权力的问题，而文化作为处理这些问题的关键因素而处于文化政治学的核心。这种微观姿态的文化权力关系是一种包含中心和边缘、局部和整体、外部和内部的文化空间结构。这一文化地图紧密或松散地记录全球化的文化呈现方式，显现着全球的政治关系。在这种由文化马克思主义引发的后现代思潮中，后现代文化政治学对青年文化、亚文化和民族文化研究展现了极大热情。因为在这些亚文化当中，暗含着边缘性与中心地位的对抗和抵制。异质性、流动性和差异性克服大规模化和固定化的权力。

第三，文化马克思主义语言哲学视域下的英国文学新批评实践研究。20世纪80年代以来文化马克思主义关于语言哲学的研究，为英国文学研究带来了后结构主义的诸多思想。其代表人物乔纳森·多里莫尔和艾伦·辛菲尔德从文化马克思主义语言哲学思想中汲取营养，主张将文本阅读作为建构人类知识、人类基本观念和意识形态产生的实践活动。他们将文本理解当作参与意识形态和文化生产的重要过程，并力图达到文本与语境、文学与政治之间的无歧义性。

新文化马克思主义将文化与权力关系视为解读文化文本的重要语境。多里莫尔和辛菲尔德等新文化马克思主义者在当代权力关系的背景下探索文学文本。他们对传统文学在当代社会语境中的呈现方式进行了探究。文学文本在当代社会和政治形态中以被编码的方式运行，为此，他们进行了文化马克思主义语言哲学视角下的文学文本解码研究。对于新文化马克思主义而言，20世纪80年代撒切尔主义右翼政治的整体环境，是他们重新审视莎士比亚、韦伯斯特、华兹华斯和狄更斯和战后英国文学的诠释背景。新文化马克思主义辛菲尔德在《战后英国文学》中认为，撒切尔主义对20世纪50年代旧秩序的保守观点抑制了文化文本阅读的差异性和多样性的发展。朱利安·沃尔夫雷斯在《英语中的文化马克思主义解构形式》中同样认为，撒切尔试图将维多利亚时期的复原作为对英格兰怀旧的缩影，将一种具有英语感的物质结构带入阅读维多利亚时期的文本中。在文化马克思主义者看来，对规范文本或精英文本当代呈现方式的解读，可以用来审视当代政治与文化传统之间的关系,以及对当代政治倾向的分析。他们着力分析当代文化生产与传统文学结合的隐喻关系。例如,印有狄更斯头像的十英镑,以及一直以来将莎士比亚和奥斯丁作为英国教育课程的首选人物等文化隐喻现象,促使他们对文学文本与当代政治文化的反思。他们认为,保守主义的"当代文化生产重要后果是对原有秩序的复制"①,这样一来,会干扰文化多元化的发展,致使文化民主化难以实现。文化马克思主义试图改变符号隐喻实践的方式,强化普通人民的符号隐喻实践能力,并将其作为有力抵抗主导秩序的主要力量。他们试图借助文化系统中存在的裂缝和矛盾来抵抗这些主导的干预。文化与社会结构之间的张力关系,成为新文化马克思主义探究权力与颠覆关系的重要研究视域。他们通过语言实践,如对文学文本的"典型"策略的研究和批评实践的方法,展示出文学文本与当代政治权力之间的映射关系。

新文化马克思主义探究了特定历史时期内不同文本之间有意义的对话,其中,包括行动指南、刑事文件、杂记和游记等不同文学样式。这种结合不同类型文本的对话方式,不是在于澄清某一文本的写作意图和意义,而是将不同文学文本的比较分析作为强调文本平等观点的主张,从而更加详细地描述和审视当代语言、文化、社会和政治的关系结构。这样多元化文本交互的方式使得文学文本被置于一种无特权的文化批评实践之中。在当代文化马克思主义看来,意识形态在语言和语言结构中起作用,但更为重要的是,它还通过教会、学校、剧院、大学和博物馆等以物质形式存在。他们热衷于表明文化是意识形态竞争和斗争的领域,超越政治意识形态领域的文化艺术或符号隐喻实践是不存在的。

以上可以看出,在整个21世纪世界社会主义运动中,文化马克思主义主要以"结构-文化主义"范式对符号隐喻问题思考介入对整个社会运行方式的审视,通过对符号隐喻关系异质性、流动性和差异性的分析,抵制文化帝国、文化殖民化、文化全球化的资本主义文化意识形态的弥散。文化马克思主义从对符号隐喻的分析,以符号语言学、象征和隐喻研究,批判资本主义以"文化帝国"的象征秩序和权力的"先验能指",操控全世界文化落入资本主义设定的符号隐喻或符号象征关系中,批判资本主义以文化霸权的监管力控制世界文化秩序。他们研究"符号"与"符号辐射的隐喻关系"的互动作用,以作为文化的象征秩序为研究核心。他们认为符号隐喻可以通过变

---

① Dollimore J. and Sinfield A. eds.,*Political Shakespeare:Essays in Cultural Materialism*, Manchester University Press,1994. p.155.

换节奏、中断和缺席等实现符号隐喻或符号象征性的调节,从而实现对同质化或中心化的文化秩序进行微观抵制和微观革命。

因此,文化马克思主义关注亚文化、边缘群体文化、性别文化和青年文化,以符号与符号的隐喻关系,探究文化认同、文化身份和文化空间等问题,试图以文化的宽容性和多样性,在开放的文化空间和文化秩序中,寻求追求平等政治关系和符号象征秩序的通道。文化马克思主义正是在符号平等隐喻秩序的关系建构中,发挥他们对21世纪世界社会主义运动的力量和作用。

第八章　对"结构-文化主义"范式马克思主义符号隐喻的总体评价

整体上,在对"结构-文化主义"范式符号隐喻的理论前提、研究背景、范式转换、辩证体系、理论内核和现实问题的探讨之后,笔者进一步对其作出总体性评价。这一理论本身就存在一个不断推进的过程,其学者前后期思想也出现很多的变化,思想在范式的更迭、具体研究问题的进程和不同语境中存在不同侧重点、视角、论述方式和研究方法的差异。在总体性评价的过程中,采取对这一理论扬弃的方法,首先,对其范式转换和不同情境中出现的根本问题和理论局限作出分析;其次,在看到其理论的积极贡献和存在局限作出客观评价之后,主要汲取其有价值的部分,从理论价值、借鉴意义、现实启示和未来走向四个方面,筛选其有利于马克思主义符号学理论的当代发展、以中国马克思主义哲学研究对待国外马克思主义的基本原则,以及对推进当前和未来有意义的思想和观点具有启示价值的挖掘。

第一节　整体反思:这一范式符号隐喻的思想局限

对符号学的探究占据了 20 世纪后半叶以来文化马克思主义理论频谱的重要位置,彰显了他们针对资本主义的新变化,借助马克思主义与符号学的接壤,对资本主义社会深层矛盾进行批判的新视野,为马克思主义在新的历史条件下创造了思想活力。但与此同时,文化马克思主义符号学理论存在无法克服的本质缺陷,需要对这一理论作出进一步反思。

在符号隐喻范式更迭的过程中,可以看到符号隐喻本身与人类思潮活动紧密的联系,包括文化主义、结构主义、文化转向、语言转向、后结构主义等思潮的涌现,符号隐喻理论也被这些范式、思潮影响和推动着。而最新的研究情况表现出,后人文主义、从人文到(数字化的)后人文的到来,使一些新一代的研究者包括本尼特接受了拉图尔的"行动者网络"和"物转向"的影响。他们重新思考符号与物质世界、文化的物质性、装置文化、文化的组合等问题,是对这一范式在数字化后人文时代新的变化与发展。

文化马克思主义由于对符号学和文化研究着力强调和突出其作用,主张文化与整个社会关系根本关系。也就是"文化转向"在关注文化在社会结构中作用和功能的同时,容易偏向另一端,即文化之外没有对社会起决定性作用的基础,文化占据了与社会关系很难分清楚的位置,出现了泛文化的问题。这样一来所有的社会关系秩序都被安置在了符号意义编码的秩序中,而造成对社会关系中经济要素、物质关系过程的遮蔽。

在对待文化马克思主义符号学的研究中,需要审视和警示他们与当代符号学共有的问题。在符号学介入对现实社会的分析时,一方面,认识到社会结构受到符号秩序和话语权力的影响和作用,另一方面,看到社会结构本身生产力与生产关系、社会形态与文化形态的整体关系机制,实体与概念、存在与意义基本构成逻辑,而并非将所有的社会关系都视为被简化的符号关系。而文化马克思主义与当代符号学研究存在的共性问题就在于偏重前一个方面,也就是符号秩序、符号编码、话语权力等完全依托于符号体系对现实社会一切关系的分析与描述,而忽视了客观物质世界的物质力量和物质关系。因此,在当代马克思主义符号学最新进展的过程中,又出现了"物转向"的新变化,也就是当经历符号关系和话语关系等"语言学转向"的发展时,在以意义、符号、语词为核心词项的人类中心主义的观念中,又产生了生态危机、科学技术革命,以及21世纪以来人类所遇到百年未有之大变局的情况,人类不得不重新审视人与客观世界、与自然界、与对象世界的相互关系和所处方式,再次激活对人与物、人与自然、人与客观世界的物质关系网络的关注。

在文化马克思主义范式更迭的过程中,实际上始终贯穿着一个核心的问题,也就是通过语言、符号的中介作用,建立思维与存在、外在世界与内在世界、人与物之间关系通道。在"文化主义"范式中,以人类学、民族志的研究方式,关注符号历史语义的文化观念,强调符号生成的物质来源。因此,在被誉为早期文化马克思主义的"三驾马车"的霍加特、威廉斯和汤普森的思想中,明显流露出经验主义的特征,反对文化仅从作为经济基础的反映而理解,凸显生活方式之维的文化意义,与此同时,反过来从文化视角观察物质化的世界。那么这里也存在文化研究的一个诟病,即文化被泛化为"社会",被泛化为"物质"。

在进一步推向"结构主义"范式中,文化马克思主义在这一阶段更加朝向符号意指活动对社会秩序的审视,如同列维-斯特劳斯结构人类学对上层建筑理论的关注,罗兰·巴尔特文化符号学对资本主义意识形态化神话学的破解,阿尔都塞强调上层建筑的特殊功能,以及弗雷德里克·詹姆逊对上层建筑和意识形态的研究,更多注重意识形态、话语权力、符号意指的方面,对经济关系、物质生产关系这一方面并不十分看重。

　　然而在"结构-文化主义"范式,文化马克思主义正是意识到符号意指活动与人类物质实践活动的相互作用,而非像鲍德里亚"符号政治经济学批判"那样,物质世界是全然被符号意指所牵扯的,"物是一个显示社会意指的承载者,它是一种社会以及文化等级的承载者"①。文化马克思主义在范式更迭的过程中,不断在突破当代符号学存在将社会关系全然放置于符号关系的偏狭理解。在向"结构-文化主义"范式转换中,实际上是对福柯的话语权力、布尔迪厄的符号暴力、鲍德里亚的符号政治经济学的一种超越。随着"物转向"思潮的涌现,也促使新一代文化马克思主义者像本尼特等人对社会物质关系网络的关注。

　　具体来说,文化马克思主义符号学出现了以下两个方面的问题:

　　第一,文化马克思主义符号学缺乏马克思大历史观的视野。马克思唯物史观具有经济必然性和历史总体性的两个重要特征。"马克思把历史规律归结为物质实践活动,归结为生产方式运动中产生的经济必然性。"②也就是生产力对生产关系的决定作用,由此以生产关系为基本关系的整个社会关系。马克思主义历史观以实践为根本出发点,思考历史主义与客体的关系。马克思和恩格斯在《德意志意识形态》中说:"我们仅仅知道一门唯一的科学,即历史科学。历史可以从两方面来考察,可以把它划分为自然史和人类史。但这两方面是不可分割的;只要有人存在,自然史和人类史就彼此相互制约。"③人类社会的历史进程是自然因素与社会历史创造因素共同起作用的结果。普列汉诺夫就曾指出:"自然环境之成为人类历史运动中一个重要的因素,并不是由于它对人性的影响,而是由于它对生产力发展的影响。"④对历史的进程与其规律的反思,源自对历史规律的客观性把握,归结为物质实践活动,也就是社会环境对人的制约作用和人对社会环境的改造作用。因此,对现代性社会结构和秩序的分析,不能仅仅从资本主义的符号运作逻辑去思考,而是要进一步深入社会历史的深处,以马克思大历史观的视野,从生产力与生产关系、基础与上层建筑的关系,分析经济、政治、文化等社会总体的各个因素。

　　在对现代资本主义社会的批判中,将对资本主义政治经济学的批判转

---

① ［法］让·鲍德里亚:《符号政治经济学批判》,夏莹译,南京大学出版社,2015年,第16页。

② 杨耕:《马克思主义历史观研究》,北京师范大学出版社,2012年。

③ 《马克思恩格斯选集》(第一卷),人民出版社,1995年,第66页。

④ 《普列汉诺夫哲学著作选集》(第二卷),曹葆华译,生活·读书·新知三联书店,1984年,第170页。

向符号政治经济学批判,在一定程度上忽视了自然史与人类史彼此相互制约的关系,以及对历史总体性的把握。这在一定程度上偏离了马克思思想中重要的历史向度。文化马克思主义对资本主义社会的批判,主要从符码生产的逻辑对资本主义社会的现实历史状况和具体人的现实活动的分析,具有非常独到的分析视角。但是在进一步挖掘符号逻辑背后最为本质的原因方面就略显单薄,并无法找到破解这一问题的根本方法,只能以假想的理想语言模式去作出回应。

马克思和恩格斯在《德意志意识形态》中指出,"无论思想或语言都不能独自组成特殊的王国,它们只是现实生活的表现。"[①]符号链条的意义关系生成于现实社会关系之中,从语言或符号的意义出发进行研究为透视现实社会的深层矛盾提供了重要方法。文化马克思主义符号学只有立足马克思社会历史发展形态的整体图景,从社会的基本矛盾出发才能真正找到符号革命的有效途径。

第二,文化马克思主义对资本主义社会的批判,是用前现代的立场反思现代性,而应处于高于现代性立场作出批判。文化马克思主义由于"剧作者和剧中人"的关系所致,表现为走出现状和获得方法的无力感,只得以乌托邦的方式构想符号关系。他们将符号的革命性指向了亚群体、边缘群体甚至是流动的个体,而忽视了马克思强调社会整体解放的意义,人的解放只有通过社会整体的解放才能实现。因此,文化主义符号学不应陷入资本符码秩序的围城中,只有跳出资本主义社会逻辑框架,才能真正实现符号象征关系的超越。

通过上述内容可以发现,"结构–文化主义"范式在形成过程中所存在的问题和理论局限。但是当全面认识到这些存在的问题和局限之后,应当在马克思主义当代发展的整体图谱中,汲取和借鉴这些有意义的部分。我们要坚持用马克思主义观察时代、解读时代、引领时代,用鲜活丰富的当代中国实践来推动马克思主义发展,用宽广视野吸收人类创造的一切优秀文明成果,坚持在改革中守正出新、不断超越自己,在开放中博采众长、不断完善自己,不断深化对共产党执政规律、社会主义建设规律、人类社会发展规律的认识,不断开辟当代中国马克思主义、21世纪马克思主义新境界。在能够准确把握马克思主义符号学一种最新进展的"结构–文化主义"符号隐喻理论中,辨别出其理论局限与积极贡献的部分,汲取其中有助于我们自身理论开拓与创新的发展。

---

① 《马克思恩格斯全集》(第3卷),人民出版社,1965年,第525页。

为此,我们可以看到,"结构-文化主义"范式开辟了马克思主义哲学当代问题的新视野,它以对可感世界与客观结构之间的交互性对话,达成了社会结构对主体组织秩序的制约作用,以及主体介入社会结构对结构秩序的反作用之间双向辩证关系的理解。符号隐喻问题在"结构-文化主义"范式中可充分彰显它对人类社会生活的重要作用,使得它的功能在这一范式中得到有效开展。这一范式既可以保持符合符号隐喻自身内部规律性发展的逻辑构造,又可以充分彰显符号隐喻关系的丰富性、流动性和具象化的特质,使得在符号多样化的现实图景中对符号隐喻的规范性问题进行展开。

因此,在这样一种范式研究中探究与人的生活息息相关的符号隐喻,思考作为人类思维活动富有创造力的隐喻,对于认识人的思维过程,了解人的思维活动如何在现实世界展开,以及进一步深入探究从具象化的世界上升到抽象思维,再由抽象思维引发具象化的再实现的过程,具有关键性作用。在这一范式中讨论符号隐喻问题,是具有多学科性和多层次性研究的挑战,对于形成马克思主义语言哲学、符号学、隐喻研究之间的相互合作研究具有积极的作用。从马克思主义哲学层面展开隐喻问题的研究,使得隐喻问题不只停留在人的理念世界,更重要的是发挥隐喻对现实世界的重要作用,在隐喻的关系中积极调动思维与现实、观念与实际生活、理论与实践指向之间的有机关联。

在实际的现实社会中,可借助对符号隐喻理论化的研究,以马克思主义历史性和实践性的理论内涵,对现实世界发挥指向性作用。在对现代社会文化建设的思考中,可借鉴符号隐喻理论,在人的抽象思维和具体实践过程中寻求相互关系的规律性和普遍性,用来指导文化符号生产、文化符号消费和文化符号自主实践的具体实施方法。下面着重分析"结构-文化主义"范式的马克思主义符号隐喻的理论意义与现实启示。

第二节 理论价值:对马克思主义符号学的拓展

"结构-文化主义"范式的马克思主义符号隐喻理论,对马克思主义的当代发展,特别是当代马克思主义语言哲学、马克思主义符号学的发展具有开拓性意义。在当代马克思主义发展的理论频谱中,产生于20世纪中叶的文化马克思主义开创性地提出了作为物质性社会实践的文化符号内涵,以文化为关键词深入探究了文化与语言符号、文化与社会之间的张力结构关系,为马克思主义的当代发展注入了新动能。"结构-文化主义"范式理论在关涉语言符号学的问题时,体现了当代语言哲学嬗变的显著特征,并彰显了历史性和实践性马克思主义理论对语言哲学发展的重要意义,为马克思主义理论与当代语言哲学的互动研究提供了重要理论路径。通过对文化马克思主义语言哲学及其在 21 世纪新发展的研究,可进一步阐释作为意指实践的符号隐喻在社会结构中所承担的作用和功能,彰显马克思主义符号学、马克思主义语言哲学的当代价值。

"语言转向"可谓是 20 世纪西方思想史上哥白尼式的革命,对马克思主义哲学发展同样具有历史性意义。"语言"是"结构–文化主义"范式的马克思主义理论的核心概念,因为"要理解'结构性的人类过程'这样一种观念所隐含的全部意义,就必须转而研究那些关于语言的变化着的概念"①。这一范式的符号隐喻研究不仅体现了符号学对马克思主义哲学当代发展的意义,更为重要的是,呈现了马克思主义理论对符号学研究的关键作用,凸显了马克思主义理论与符号学双向交流的意义。这一范式的符号隐喻研究不同于逻辑实证主义的符号学,它着眼于"语言哲学的现实功能"②,以马克思和恩格斯实践唯物主义语言哲学为理论依据,并形成了理论内部范式演进的变化。

"结构–文化主义"范式的符号隐喻理论旨在以符号具有的物质性实践作为社会批判的利刃,进一步丰富和推动了历史唯物主义的当代发展。这一研究对语言符号问题的思考,不同于语言符号本体论的研究,即不在于获得完满的语言符号概念和特定语言符号规则,而是在于以社会现实为依据探究语言符号的内涵和功能,与此同时,以社会现实获得的语言符号思想反观现实社会。他们借助语言符号研究作为认识世界、理解世界,甚至是变革世界的方法和途径。在西方现当代文学理论影响下,这一范式的符号隐喻理论继承和发展了马克思和恩格斯实践唯物主义的语言观,包括了语言符号本源、语言符号生产和语言符号实践的问题,并形成了富有特质的语言符号学的范式转变。

其一,这一范式的符号隐喻理论继承和发展了实践唯物主义语言符号观,从人的实践活动探究语言符号与现实的关系。威廉斯在《马克思主义与文学》中,通过对中世纪符号概念到现代语言学理论的梳理分析,说明这种

---

① [英]雷蒙德·威廉斯:《马克思主义与文学》,王尔勃、周莉译,河南大学出版社,2008 年,第18 页。

② 马援:《语言哲学的现实功能——以英国新左派语言哲学四重奏特质为例》,《当代国外马克思主义评论》,2017 年第 15 辑。

"逻各斯""形而上""修辞""符号""工具"式的语言研究,始终将语言符号置于与现实分离的状态。可以看出,这一范式的符号隐喻理论的基础是将语言符号作为人类重要的实践活动,并强调语言符号具有直接参与社会建构的功能。威廉斯探讨了《德意志意识形态》中的语言问题,阐明了语言符号具有物质性,语言是实践的、构成性的活动,语言符号是人类自我创造中不可分解的要素的意义,语言符号是作为必要因素实践意识的思想。伊格尔顿对语言符号物质性和实践性观点的表达集中在对文学理论的思考。他认为:"文学是一种特殊的语言组织……它是一种物质事实,我们可以像检查一部机器一样分析它的活动。"[1]霍加特采用民族志的研究方法,将"日常话语""生活俚语"和"习惯用语"这些具有民族风情和生活情节的语言作为研究对象,形成对原初生活语料的根本遵循,而非被精英主义者筛选的语言符号形态和话语语料,从而直观人民生活语言的本真样态。

这一范式的符号隐喻理论不仅把语言符号生产归为精神生产,更为重要的是,他们强调语言符号的物质属性,分析语言符号以物质形态出现的现代性社会的新生产方式。在现代性社会中,作为人类重要表意行为的语言符号还突出呈现出它所承载的声音符号、文字符号和媒介符号并行存在的物质形式,成为构成现代性社会重要的生活方式。这一范式的符号隐喻理论立足实践唯物主义语言符号观,进一步强调了语言符号的物质性和实践性,形成了具有鲜明特色的语言符号学思想。

其二,这一范式的符号隐喻理论建立了马克思主义从美学向政治学意义的符号理论。这一范式理论产生于西方现当代文学理论多元化格局的语境。20世纪初,整个文学理论受到语言转向和结构主义的影响,文学理论出现了俄国形式主义、"布拉格学派"和英美"新批评"的研究样态,主要以结构主义为特征的语言论文学的发展。同时,又出现了以弗洛伊德、荣格、拉康为代表的心理学论文学的兴起,此时多元发展和多学科交融的西方文学理论格局开始形成。这一范式的符号隐喻理探讨最初就源自西方当代文学理论的背景。

在整个20世纪多元格局文学理论思潮的影响下,这一范式的学者着重围绕文学理论开展语言符号学的研究,因为"'文学'强烈地显示着语言的社会性发展的特定形式"[2]。他们对以利维斯为代表的"文本中心论"和

---

① [英]特雷·伊格尔顿:《二十世纪西方文学理论》,伍晓明译,北京大学出版社,2007年,第3页。

② [英]雷蒙德·威廉斯:《马克思主义与文学》,王尔勃、周莉译,河南大学出版社,2008年,第11页。

"新批评"的文本"细读"提出挑战,并在"去中心"和"反本质主义"基础上,开辟了"阶级文化""大众文化""亚文化""种族文化"和"边缘群体文化"的多元文化对话模式,实现了文学文本通达生活文本的跨越式研究。

这一范式符号隐喻理的逻辑起点始于文学理论,在文学理论的研究中关涉语言符号问题。他们将语言符号置于文学、文化和意识形态关系的多重语境,形成了语言符号、文学、文化和意识形态相互缠绕关系。伊格尔顿在《二十世纪西方文学理论》中,从形式主义、结构主义到后结构主义,从现象学、诠释学到接受理论,以 20 世纪整个西方文学理论为背景,分析了形式主义、结构主义和后结构主义的语言符号观,并在现象学、诠释学和接受理论的视角中,阐释了意义与语言符号、先验主体与此在、先验现象学与诠释现象学、封闭文本与接受美学关系之中的"语言"内涵。本尼特亦是如此,其代表作《形式主义和马克思主义》,以"重访形式主义"①为视角,阐释了俄国形式主义文学理论的局限性,批判性分析了索绪尔具有还原论和形式主义的语言符号学,在接受巴赫金历史诗学的语言符号观的基础上,进一步指出了从美学向政治学意义的语言符号功能。

其三,这一范式的符号隐喻理论实现了"结构主义-文化主义两种语言范式的连续性"②,体现了马克思主义语言符号学的当代发展。这一范式的符号隐喻理论蕴含着一条发展脉络,由"文化主义"语言符号学范式逐步转向了"结构主义-文化主义"相融合的语言符号的研究范式。第一代文化马克思主义者,如威廉斯、霍加特、汤普森着眼于"文化主义"范式的语言符号学研究,赋予语言展现人类生存意义的价值。他们借助历史文化语义学、二战前后工人阶级语言变体、承载社会关键词的语义流变,对经验生活的日常语言、工人阶级的言说方式和普通人民的文化常识,进行了具体经验层面的语言符号研究。这一研究范式改变了格式塔般传统语言符号学的现状,从语言内部逻辑研究转向了语言事实和言语内容相结合的研究,强调言语意义与日常生活的密切关联。

第二代文化马克思主义者,如霍尔、伊格尔顿、本尼特、威利斯,在延续"文化主义"语言符号研究的基础上,认识到语言符号意义的复杂性和多层次性,单纯经验主义语言符号意义研究缺乏系统理论。他们批判性地吸收了结构主义对语言研究的方法,认识到结构主义固然有对语言符号缜密的科学研究方法,但过于强调结构的作用而忽视了结构背后历史主体的价值。

---

① ［英]托尼·本尼特:《形式主义和马克思主义》,曾军译,河南大学出版社,2011 年,第 3 页。

② 马援:《文化马克思主义语言哲学的新形式思想探讨》,《哲学动态》,2019 年第 9 期。

为此,这一范式的符号隐喻理论一方面强调语言符号结构分析的科学意义,另一方面关注语言符号行动者的实践意义,将"语言符号结构"与"言语意义"作为探究社会发展互为补充的因素,实现了"结构主义-文化主义"范式融合的语言符号学研究。这一研究范式既代表了马克思主义语言符号学研究的新形式,又体现了当代语言符号学现代嬗变的重要发展方向,即语言符号学现实功能的研究。

第三节　借鉴意义:在文化符号建构的意义

马克思主义符号理论蕴含了对文化的概念与观念、意识形态、价值观、文明程度、文化事业、文化产业和文化传播等方面的阐释,在文化符号建构中具有一定的借鉴意义。

新时代中国共产党在领导全国各族人民为实现"两个一百年"奋斗目标,实现中华民族伟大复兴踔厉奋发,创立了习近平新时代中国特色社会主义思想。在文化建设方面,我们确立和坚持马克思主义在意识形态领域指导地位,坚持把马克思主义基本原理同中国具体实际相结合、同中华优秀传统文化相结合,使中华优秀传统文化得到创造性转化、创新性发展。新时代中国共产党提出"两个结合"和"两创",既彰显了弘扬优秀传统文化的重要意义,又表达了在新时代的背景下提出对发展优秀传统文化的新要求。

在中国特色社会主义文化建设中,文化符号建构是其重要的组成部分,是推进中华优秀传统文化新时代"两创"发展的重要方面。中国共产党领导人民在中国式现代化的道路上创造了人类文明新形态,体现了中国特色社会主义制度对人类制度文明形态的优越性。我国在人类制度文明史上体现了中国特色社会主义的制度文明。在这一过程中,我们根植于中华文明的沃土,同时,也借鉴和汲取整个人类社会文明的优秀成果。因此,我们在对新时代中国特色社会主义文化符号建构时,一方面,弘扬中华优秀传统文化和对中国本土传统优秀文明成果进行创造性转化、创新性发展;另一方面持有"文明因交流而多彩,文明因互鉴而丰富"的文化发展观,尊重和包容不同民族或国家的文化,形成了中国特色社会主义文化建设的话语生态。

党的二十大报告的第八部分"推进文化自信自强,铸就社会主义文化新辉煌"指出:"全面建设社会主义现代化国家,必须坚持中国特色社会主义文化发展道路,增强文化自信,围绕举旗帜、聚民心、育新人、兴文化、展形象建设社会主义文化强国,发展面向现代化、面向世界、面向未来的,民族的科学的大众的社会主义文化,激发全民族文化创新创造活力,增强实现中华民族伟大复兴的精神力量。"①由此阐明了我国文化建设的发展道路、发展内容、发展动力、发展方向和发展旨趣。其中进一步深入到了五个方面的内容:①建设具有强大凝聚力和引领力的社会主义意识形态,②广泛践行社会主义核心价值观,③提高全社会文明程度,④繁荣发展文化事业和文化产业,⑤增强中华文明传播力影响力。马克思主义符号理论对新时代中国特色社会主义文化符号建构和增进文化自信具有一定借鉴意义。

首先,在意识形态方面。中国共产党在中国特色社会主义文化发展的道路上,将意识形态工作放置在国家立心、民族立魂的位置,坚持马克思主义在意识形态领域指导地位的根本制度。马克思主义符号理论遵循马克思历史唯物主义语言观,剖析话语与意识形态的关系问题,分析能指与所指结成的符号关系会在意识形态作用下产生新的意指过程,揭示意识形态对话语的作用,以及话语作为意识形态的中介意义。然而无论是话语还是意识形态的分析,都存在一个基本的前提关系,即语言的物质性,语言与具体实践的关系。这是一个非常重要的马克思主义符号学的关键点,也就是关于语言生成的物质基础,以及语言与现实、思维与存在、经济基础与上层建筑的相关关系中,才能使得语言、话语、符号不被调入意义系统的宰制,而具体在物质社会的现实关系中,在历史唯物主义关系中构建文化符号体系。

其次,在价值观方面。马克思主义符号理论分析文化与社会、文化与符号之间相互缠绕的关系,审视西方文明中心论,分析西方语境中文化与文明二元对立关系,从文化符号理论中看待文明的多样性。马克思主义符号隐喻的理论核心就在于将社会各个部分处在彼此接连的关系中,以符号系统将社会、政治、经济、文化、生态融合在一起。习近平总书记在庆祝中国共产党成立 100 周年大会上指出:"我们坚持和发展中国特色社会主义,推动物质文明、政治文明、精神文明、社会文明、生态文明协调发展,创造了中国式现代化新道路,创造了人类文明新形态。"②在新时代中国特色社会主义文化符号建构中,发出了"五个文明"协调发展的人类文明新形态的中国宣言,代表了我们对待人类文明发展的根本观点、态度和立场。

---

① 习近平:《高举中国特色社会主义伟大旗帜　为全面建设社会主义现代化国家而团结奋斗——在中国共产党第二十次全国代表大会上的报告》,人民出版社,2022 年,第42~43 页。

② 习近平:《在庆祝中国共产党成立 100 周年大会上的讲话》,人民出版社,2021 年,第 13~14 页。

　　在西方文明的话语逻辑中存在中心论和等级论的观点,预设着文明等级和优先性的差别。例如,亨廷顿在《文明冲突与世界秩序的重建》中认为,冷战后的世界,冲突的本源不再是意识形态,而是文化差异,主宰全球的将是"文明的冲突",并断言"西方是而且在未来的若干年里仍将是最强大的文明"①。中华民族创造的人类文明新形态尊重每一种国家或民族的文明,文明不因肤色、地域和民族而有等级区分,而应处在彼此开放、交流、互鉴的关系中。因此,中国倡导的文明观是包含了"美美与共""你中有我,我中有你""和而不同"和"文明互鉴"的价值体系,倡导营造世界文明多姿多彩的话语生态体系。

　　然后在文明程度方面。马克思主义符号理论追溯资本主义现代性社会语境下"文明"的语义逻辑,批判以资本逻辑为轴心的资本主义工业文明。他们揭示符号的意指活动、符号间的滑动受资本主义工业文明秩序符码操作的干扰,试图恢复符号能指与所指之间源自真实日常生活的象征秩序,并通过对符号实践活动强化主体意识的觉醒,关注人的全面发展,构想理想秩序的符号栖居的世界。马克思主义符号学主张,来自远古的民族文化符号不是社会框架的简单集约关系,而是注入了长期意义寄寓和情感投入的共同因素和清晰界限。带有民族特征的符号不只是起到物质结构关系或物理层面的整合作用,更为重要的是,它凝合民族的共意系统,是民族共有信念、道德和仪式共有的心理基础。

　　新时代中国特色社会主义文化符号建构,在遵循马克思关于人的全面发展的意义上,关注和提高全体人民的道德水准和文明素养。习近平总书记指出:"在我国社会主义制度下,既要不断解放和发展社会生产力,不断创造和积累社会财富,又要防止两极分化,切实推动人的全面发展、全体人民共同富裕取得更为明显的实质性进展。"②新时代党中央把人民对美好生活的向往作为奋斗目标,坚持以人民为中心的发展理念,持续推动人的全面发展。在新时代中国特色社会主义文化建设中,以弘扬中华传统美德、加强家庭家教家风建设、加强和改进未成年人思想道德建设为核心内容实施公民道德建设工程,进一步统筹推动文明培育、文明实践和文明创建。全社会弘扬劳动精神、奋斗精神、奉献精神、创造精神和勤俭节约精神,展现了培育时代新风貌的社会主义文化符号建构标识。

---

① 〔美〕塞缪尔·亨廷顿:《文明冲突与世界秩序的重建》,周琪等译,新华出版社,2010 年,第 7 页。

② 习近平:《正确认识和把握我国发展重大理论和实践问题》,《求知》,2022 年第 6 期。

再次,在文化事业、文化产业方面。这一范式马克思主义符号学对资本主义文化生产进行审视,分析资本逻辑的文化产业链条,批判资本主义商业文化的同质化、碎片化和同一性。他们重新树立文化的社会功能,通过文化治理变革文化产业秩序,产生"文化功用的倍增"①。本尼特在符号隐喻研究的过程中,挖掘社会关系网络中文化分配的微观系统对社会治理的意义。他借用社会学通过计算方法,将不同艺术品根据不同人群特点进行分类,使得艺术更容易被接近和被理解,更容易满足普通人民的需求。新时代中国特色社会主义文化建设坚持以人民为中心的创作导向,推出更多增强人民精神力量的优秀作品为宗旨。在铸就社会主义文化新辉煌的伟大目标中,繁荣发展文化事业和文化产业。特别是在文化事业和文化产业的方面结合现代数字技术的发展,实施国家文化数字化战略,加大文物和文化遗产的数字化保护,以数字化平台优化配置文化资源,促进文化事业和文化产业的高质量发展。

最后,在文化传播方面。马克思主义符号学关注符号生成的民族根基和历史根基,对增强中华文明传播力影响力具有一定的借鉴意义。记录中华民族历史演变的活化石,是凝结在历史长河中,表征民族特征流动着而色彩绚丽的民族符号。马克思主义符号学对民族符号的分析,将民族的演进史聚合在共有的空间结构中,强调民族史不是臆造出来的,而是具有现实历史的物源,对历史物源的取证可来自活在当下被传递的民族符号。在提炼展示中华文明的精神标识和文化精髓时,可遵循最贴近中华民族史的呈现方式,即表达在民族使用的语言、文字和图形符号系统,弘扬中华优秀传统文化,加快建构中国话语和中国叙事体系。在绘制着中华民族历史文化进程的鲜活的民族图卷上,用文字的、图像的、陈设物的民族文化符号延续民族发展的历史脉络。以文化符号的传递、交互和变迁的特征和功能,刻录中华民族源远流长的历史,讲好中国故事、传播好中国声音,推动中华文化更好走向世界。

第四节　现实启示:对全球文化图式的释义

全局性地洞察整个世界社会主义的发展局势,以更加全面的视野对待世界社会主义运动的整体发展,其中就包括对世界左翼力量社会主义运动

---

① ［英］托尼·本尼特:《文化、治理与社会》,王杰、张东江等译,东方出版中心,2016 年,第303 页。

的客观分析与评价。对文化马克思主义符号隐喻的分析,有助于对产生于资本主义社会内部的左翼思想家对社会主义发展的观点、态度和研究方法的把握,为进入资本主义社会内部矛盾的分析与批判提供关键的视角和重要的材料。文化马克思主义符号隐喻构建了人类内在世界与外在世界有机接连的通道,对人的认知过程和文化活动方式,以及现实图景和文化图式的释义具有一定的现实价值。

　　文化马克思主义是20世纪后半叶至21世纪马克思主义研究的重要组成部分。"结构-文化主义"这一思维范式是文化马克思主义研究范式的新转向,代表了21世纪马克思主义研究的新取向。这一研究范式之所以成为目前马克思主义研究范式的新取向,就在于它积极调动人的感性经验和理性认知之间的有机关联,冲破客观理性研究与感性思维研究之间的壁垒,在有规律的结构中探究人的感性活动,在丰富的文化姿态中寻求社会结构的规律和秩序,形成形式与内容、结构与文化、社会规律与经验事实的有机关联。

一、符号隐喻对人类认识结构和认知过程的释义

　　符号是意义附着的形式与意义赋予的内容的混合体。在现代性社会发展的排序中,不仅是以经济运行方式为中心的序列方式,而更为重要的是,嵌入社会深层结构的文化秩序。符号隐喻是人类思维活动的重要方式,人们从具体生活世界千姿百态的符号中, 以对生活世界符号的体验状态出发,在进入头脑中就会产生原有符号系统的构造与现实符号体验的一种交互,就会形成从具体符号到抽象思维一种隐喻关系的建立。这是具体符号到形成抽象思维的第一步。在凭借体验或经验直观时,由于个体或群体差异的不同会产生对生活世界符号的筛选、取舍和选取的不同过程,从而会造成抽象思维组合符号材料的不同。而这种符号材料的提取过程,一方面受到现实场景的制约或目标者选择方向规划需要的影响,另一方面由于个体或群体文化习惯和文化背景而自发产生提取方式的过程。这就充分体现了"结构-文化主义"范式研究优势的一种延续,就单纯的符号思维运动而言,就有效地嫁接了形式与内容的关联,使得人们更加清晰地了解具象化的符号是如何被筛选进入人的头脑,以及这些进入人头脑中的符号是如何被组织产生抽象思维的。这样一来,具体符号形式的运动、抽象的符号运动与符号事实之间在隐喻的作用之下,就被分环勾连地组织起来了。

　　以上是具象化符号产生抽象思维运动的过程,是符号接受者对外界符号走向内部筛选符号并作出抽象思维的过程。而这一过程主要是体现了符

号接受的过程。在人类思维活动的过程中,还牵涉第二个发展过程,就是从抽象思维再到具体化符号实践的过程,这是一个输入符号的过程。同时,还有一个过程就是被提取符号材料形成人脑抽象思维向外运动产生被加工符号输出的过程,即经过头脑抽象思维输出符号的过程。通过第二个阶段的发展,经历过对原初符号的筛选和抽象思维的过程之后,所获得的具体化符号实践不再等同于原初符号的状态。具体化符号实践留下了人类思考的足迹和对一定问题的反思痕迹,而这一过程也就符号隐喻化的过程。从这样一种隐喻方式的过程,可以显现出政治权力关系、社会排序关系和文化生活经验之间交叉力量而形成的相对平衡或暂时稳定的符号景观。

实际上,无论第一个阶段还是第二个阶段,都经历了符号隐喻运动的过程。在第一个阶段从提取符号到抽象思维的过程中,符号所在的现象世界是混沌不清的状态,是各种各样符号堆砌的状态,然而一旦符号进入人的眼中,成为被筛选的符号就发生了隐喻活动。因为符号提取的过程就加入对混沌不清符号现象世界的排序,潜入了接受者由于文化习惯或文化背景而自发提取符号的过程,建立了现象符号界与符号接受者自身符号系统的一种隐喻关系。而抽象思维更是一种隐喻活动,是对已知项与未知项之间建立配对、类比和聚类等隐喻活动的过程,是通过符号隐喻组建人类新认知和新理解的重要方式。符号隐喻在人的头脑中剧烈运动,各种现象符号通过视神经传入人的头脑形成神经突触与神经元的放电反应,符号穿梭在新秩序与旧秩序、新事物与记忆、现象与历史痕迹之间,并重建彼此之间的联系,产生对新事物的理解,调动对旧事物的记忆,形成新旧事物之间的对照,这就形成了具有隐喻关系的思维运动,也就达成了有具体到抽象的运动过程。与此同时,对于每个人来说,都不可能完全是一个接受者的角色,对外部世界都有一种自身验证的欲望,由此产生了思维活动的向外运动,即抽象思维到具体行动的过程。并且这一种向外的运动或者向外的实践过程才能检验第一个由外向内过程的有效性。

在第二个阶段中,由抽象思维引发符号隐喻实践,从而向外界输出具体符号行为,实现抽象到具体人类思维活动的第二个过程。第二个过程是由于第一个过程充足的前期准备而产生的,实现了人从符号的接受者转变成符号的使用者的过程。在不同符号实践的场景中,在不同符号交互的关系中,符号使用者会根据第一个阶段所产生的从具体到抽象过程中的前期准备,会进一步提取、筛选和重新组合,调动自身的符号隐喻系统,以配对、类比和对照关系形成表达符号和符号再生产的过程。这一过程也是多重符号隐喻活动的集合过程,潜在对自我身份认同、对对方文化接受认可程度、对现场秩序维护程度和社会结构关系的多重隐喻关系叠加而成的结果。由抽象向外部具体符号实践的过程,显示了符号隐喻为主体与主体间交往互动和交往行为得以顺利实现奠定了可能性的基础。

二、符号隐喻对现实图景和文化图式的释义

符号隐喻不只是一种有效的人类认知方式,同时也是人类展开实践活动和进行主体交流的重要渠道。符号隐喻不仅是认识论意义上的,而且是实践论意义上的。符号隐喻问题是一个非常值得探究的问题,它可以激发人的抽象思维与感性生活之间相互关联思考。在面对"多元文化""反全球文化""后殖民文化""全球电子文化"等全球文化的新呈现方式,符号隐喻对其做出剖析和提供独特见解,主要具有四个方面的现实价值:

其一,符号隐喻有助于审视资本主义消费文化的逻辑。在全球化的语境中,符号的边界意义被打开,符号被两种力量所拉扯,一方来自民族社会长久以来的符号标识力,另一方来自全球化和超越民族关系的媒介效力的符号传播方式。这改变了符号对民族完全依托的关系,产生了跨地域、超民族和越界限的均质化符号,失去了明显施予符号意义的主体作用。

随着世界消费文化的蔓延,符号的意义关系发生变化,符号从具有民族性和地方性的符号,即具有边界和差异的符号,受到同一性和同质化的消费符号生产的冲击。符号被世界消费文化裹挟时,出现了具有符号象征意义的消费品。消费品文化符号序列以另一种符号排序的方式,重新划分了世界分类图式的要素。具有民族性、地方性的符号受到了商业化、同一化和同质化的符号的冲击。随着民族符号性的减弱,民族文化、民族共有的意识、相互依赖的共同性、集体信念、集体仪式和共享的道德都不像过去那样如此强烈地赋有凝合力量。消费文化打开了世界性符号意义的场域,形成了"民族文化"与"国际文化"之间复杂的杂糅关系。符号意义与民族文化的脱离,使得民族边界变得松动和模糊。符号秩序代表了人类文明的发展轨迹,文明的象征系统和语义系统整个落入全球消费文化的符号序列中。这意味着人类文明的一种没落。从符号隐喻拉近民族和共同体的关系距离,审视符号失去主体意义及其主体间意义关系而落入同一化、同质化世界消费文化符号的危机,反思民族符号对于维系民族精神和民族文化的意义。

其二,符号隐喻对建构合理规范的文化符号秩序具有一定的借鉴意义。"结构-文化主义"范式的符号隐喻研究寻求符号"形式"与符号"内容"之间有机关联的通道,即以隐喻的方式搭建人的思维活动与人的实践活动的内在关联。从人的理解方式、生活方式和实践方式出发,在人所处的纷繁

复杂的世界之中,寻觅意义世界的排序方式,使得符号概念的世界与符号概念对应之物形成正向的隐喻关系,减少众多意义干扰项对真实意义的理解。隐喻问题不只徘徊于修辞学或文学的地带,而是将符号隐喻引向了更大范围的社会场景中,彰显隐喻研究对社会现实指向的重要价值,可以积极发挥符号隐喻对建构有机的文化组织秩序的重要作用。

从泰勒对"文化"的概念开始,就表示出文化是一个庞杂的复合体,包含一定社会成员习得的知识、信仰、艺术、伦理、法律、习俗,以及所有其他能力和习惯。在庞杂复合体的文化中需要通过文化符号单元来组织和构建,产生符号系统包括阐释人、被阐释的符号和信息、阐释过程中的条件,对文化的观念、认同、边界和变迁作出符号标记,建立符号系统框架下的文化书写方式。符号隐喻说明了文化符号化过程的复杂性,充满了被编码的符号活动和符号的交际活动。而在编码过程或代码过程中,就涉及隐喻机制所关联大量能指、大量所指以及两者匹配的规则。如果从符合人类现实生存的客观条件出发,以文化代码与非文化代码如自然代码之间建立规则代码的隐喻连接,对社会文化符号的合理规范具有一定意义。符号隐喻将社会、物质和精神文化置于关联体系的网络中,有助于建构合理规范的文化符号秩序。

其三,符号隐喻强调在符号化对象世界中符号实践的意义。"实践"一词的语义会随着社会历史进程和人类活动的变化产生新的形式和新的内容。人的实践方式代表着人与外部世界进行物质、能量和信息交换的方式。在现代性社会中,实践活动包含了除生产劳动实践最为根本和基础的实践形式之外,还明显地体现在符号化对象世界的符号活动中。在卡西尔那里,人是符号的动物,在现代性社会中表现得更为突出。符号隐喻代表着符号实践的思维活动和行动活动的内核和机理,体现着人类智性运动的过程,展示着人类内在本质的对象化力量。符号隐喻具有实践的本质属性:首先,隐喻过程体现着实践的中介性,通过符号隐喻机制实践人类内在尺度与外在事物尺度的统一;其次,符号隐喻具有实践的革命功能,通过符号隐喻过程对对象世界和现实社会形成反思和甄别的能力;最后,符号隐喻具有实践的创造力,通过符号隐喻彰显人作为主体的创造本性。

这一范式理论以历史唯物主义实践认识论,探究符号隐喻生成的内在机制;以作为物质性社会实践的隐喻符号内涵,寻求符号隐喻的规范性问题;以人类生生不息的文化实践活动,作为符号隐喻秩序的源泉。这为符号隐喻的实践功能的阐释具有一定意义。

其四,符号隐喻促进经济、政治、文化、社会、生态文明有机体的协调关系。这一理论以"结构主义"范式与"文化主义"范式之间的交互作用,搭建两种范式的融合,实现以"结构式理解"与"主体式理解"的双向结合探究社会发展规律的新思路。在文化马克思主义看来,文化是深深嵌入社会结构之中的,如何看待文化与社会结构、文化与其他社会组织要素,如经济、政治和生态之间的关系对于现代化建设来说是至关重要的。而这一理论从符号隐喻视角探究人类社会深层结构和文化表意系统之间的关联,对于协调文化与社会结构关系、文化与其他社会组成要素之间的关系具有一定的意义。

人类符号化的过程是对象化世界的整个过程,涵盖着政治、经济、社会、文化、生态的不同领域,关涉全局化和系统化的问题。在符号隐喻的关系中就是以一种网状化的结构,将人与物、物与物、人与人之间的差异性和共相性建构在彼此接连的网状秩序中,同时,也就把关于政治的、经济的、社会的、文化的、生态的部分组织和结合在一起。符号隐喻不是对各个学科、领域和研究对象的孤立化和边界化,而是以隐喻关系的图式接连彼此之间的关系,探寻更加全面的接近事实、真相和真理的方法与途径。

第五节 未来走向:在人工智能(AI)时代的作用

随着现代科学技术发展的崛起,符号与计算机、符号与人工智能的接连,将符号引向了新技术革命的视野中。自图灵机二进制时代来临之后,信息技术得到了迅猛发展,计算机与计算机语言、人工智能与语音识别系统、人工智能与模拟信号,这些新科学技术与符号系统之间的关联愈来愈密切,成为进入21世纪新科技革命和走向人工智能时代的焦点问题。被誉为第四次工业革命的人工智能,在于使得机器获得"智能主体"的能力。这种"智能主体"是指机器能够像人类一样通过自主学习,具有交流、感知、规划、推理等能力。机器要实现智能主体,就需要通过AI技术,使智能机器对外界传达的信息符号,例如声音的和图式的信息符号,进行处理与辨别,并产生像人一样的视觉和听觉,形成机器视觉和机器听觉。更为关键的是,AI技术的核心在于人类智慧与人类大脑平行机器脑的合作与结合,使得"像人一样思考""像人一样行动"的智能机器协助人类完成社会劳动,通过AI与思维科学的关系帮助人类更好地认识人脑思维过程,借助AI技术对生物医学的巨大作用提高人的生活质量等,使得智能机器更好地服务人类和提升人类的生活。

在这样一个AI的世界中,需要更多的人去了解智能符号与智能语言,这不仅仅是科学家的事情,因为 AI 在未来不久将会走进每个人的生活,成为社会生活中的必要构成。我们每个人不一定要了解具体的 AI 机器语言的编写过程,但需要掌握如何与智能机器进行交流、如何对智能机器进行操作。与此同时,AI 技术如何能够更好地走进人的世界,成为千家万户的必需品,就需要 AI 技术更好地了解人类的文化需求,并以积极的、正确的价值导向服务于人的生活,否则 AI 技术只会成为人类自掘坟墓的加速器。

21 世纪全景式地描述人的思维活动和实践活动,可具象化地体现在人的符号活动中。符号活动彰显了 21 世纪以来,人类大数据、云计算和智能化的时代特质。AI 时代深刻推动着人类思维方式和生活方式的改变。而人类思维方式和生活方式具象化的凝结体现于人的符号活动中。新科学技术引发符号活动的改变,调动自然符号、文化符号与新科技符号之间的关联,为符号研究展了多学科、多层次研究的交互性对话,建构了语言符号学与哲学、符号学与科学技术、符号学与技术哲学、语言哲学与符号学等交流的有效性对话。

在"结构-文化主义"的范式中,建立了"结构"与"内容"有机关联的范式研究。使得原先处于"结构主义"范式或者"文化主义"范式的牢笼被打开,让科学研究与人文科学之间产生互动关联。这样一种范式转换,也使得符号隐喻成为一种科学理性空间与人类社会生活感性空间综合调动的入口。在这一范式中,我们可以通过符号隐喻更加靠近事物的本源,避免那些冗长的文字、迷乱的逻辑、令人眼花缭乱的排序方式和杂沓关系的干扰,帮助我们获得辨别事物和预判未来的一种思想方法。这一范式的符号隐喻理论,不仅有对隐喻问题内部规律的沉思,而且蕴含了对隐喻世界现实场景的实践基础。在拉考夫的概念隐喻论中,将抽象概念的理解依赖于隐喻,依赖于领域之间概念结构的映射;跨界映射是人类生成、传递和处理意义等认知活动的中心。

隐喻是我们的内在认识和思维方式,用熟悉的知识通过类比解释未知现象。假设隐喻方法基于观察和推理,使用隐喻描述认知方向、储存和使用信息。语法隐喻方法运用语法规则和话语去隐喻事物和事件的发展,包括灵魂语法、人的语法、生物语法和分子语法。拉考夫的隐喻论基本上还是徘徊于隐喻内部规则系统的分析,是求得隐喻观念和隐喻思维的一种认识。而这一范式研究不仅停留在对隐喻观念和隐喻思维的认识上,而且关键在于将隐喻指向了人类现实生活的符号系统中,使得隐喻作为抽象意义的思维观念转向作为现实生活实践活动的重要方式,将隐喻的观念转向隐喻的使用。

　　然而在智能时代,符号隐喻使用被不断推进,这使得符号隐喻更加可视化,更加拉近了符号隐喻与现实生活的距离。在数字化的生活中,越来越呈现出人类逐渐摆脱物体存在的"量子化"因素的干扰。例如,货物生产运输渠道的空间制约因素,可以通过互联网或未来指向的物联网实现"物体瞬间转移"的过程,而这里的网络空间或者智能空间的"物体"就转换成了一个个智能符号或者智能符码,改变了地域、交通和运输等现实空间的局限性。

　　"结构–文化主义"范式的符号隐喻机制,对符号所结成的形式与内容、共时与历时展开了多角度的辩证考量,不仅将符号作为理性认知语言结构的方法,而且将符号作为认识论的重要研究对象,探究符号内部形式与意义的理据关系、符号与符号之间的隐喻关系,将附着整体意义的符号引向由符号搭建的分环勾连的外部世界,把符号的接连方式作为人类认识世界的关键渠道。

　　AI时代的云计算、大数据和智能化所呈现出的智能机器已接近或者逼近人类感知能力的水平,其中核心技术所涉及的图像识别技术、语音识别技术和计算机视觉技术,背后承载了数据库和算法之间的转化机制。AI时代是云计算、大数据和智能化相互协作而集合打造的智能时代。如何理解云计算、大数据和智能化的意义以及三者之间的相互关系是关键问题。

　　"结构–文化主义"范式的符号隐喻机制对AI时代核心构成大数据、云计算和智能化的建构模式有一定的类比意义。从这一视角,对比分析AI时代核心组成之间的关系,以横断面上隐喻聚类和纵向关系上结构组合的思维模式,以及符号之间所结成的隐喻认知方式,有助于理解AI时代各要素及其关系,从而提供认知AI时代所引发的思维革命的新方式。

　　第一,从这一范式的历时态视角对AI时代大数据的理解。这一范式将历时态和共时态的交互性作为基本的研究方法,探究符号意义和符号形式的相互关联,从而指涉事物及其事物之间的关系图景。历时态与共时态代表了这一范式符号学研究方向的两重维度:一个是历史延绵的时间秩序,另一个是共断面上的结构秩序;或者说,一个是聚焦单一事物的演化进程,另一个是围绕事物之间某一时间节点的结构关系。这一范式的符号隐喻摆脱了索绪尔偏重共时态的研究,将符号复活在共时与历时交织的情景中。正如巴尔特从历时与共时的辩证视角对符号意指的解释所言,意指"既不是形式也不是内容,而是从形式到内容的过程"①。

---

　　①　[法]罗兰·巴尔特:《文艺批评文集》,怀宇译,中国人民大学出版社,2010年,第3页。

这一范式已经打开了在共时中生成形式与在历时中产生内容的隔阂，代表着符号学思维范式的根本性变化。对事物客观化的理解，需要综合这两个维度对事物及事物之间内在本质与相互关系的考察。AI时代大数据与云计算的协同发展，从科技手段上有效地实现了对事物形式与内容、结构与事件、横截面与纵向关系的系统分析，建构了从前后联系对事物发展的预判与事物之间深层结构相统一的综合研究，优化了历时层面"组合"关系与共时层面"聚合"——两种重要思维路径的结合。大数据和云计算代表了现代科学技术朝着对对象世界历时态与共时态这两个维度深度地开发与延伸。大数据和云计算背后的逻辑关系，如同历时态与共时态所形成的思维模式，可从这两个维度分别对大数据和云计算进行分析，由此加深对大数据和云计算相互关系的理解。与此同时，大数据和云计算可为历时态与共时态研究提供优质的技术支持，为走出两种维度所遭遇的困境提供途径。

以历时态与大数据的关联性，凸显大数据提供精确而海量经验事实的意义，并彰显大数据可为当代社会科学的重要研究方法——历时态提供现代技术手段的价值。历时态提供的是一种延绵维度的思考方式。它可以形成与共时态结构分析的张力关系，是具体内容对形式逻辑的补充。通常理性主义的传统假设为获取相对稳定的规则，往往竭力筛除经验描述的内容，排除时间延展中看似重复和反复的部分，试图留下事件背后的有规律的和结成形式的部分。然而事实上，有些时候，理性主义的结论和现实情境之间会存在一定的距离，甚至可能得到与事实相左的结果，其原因在于结论的先决条件就不够充分和充足。只有基于大量事实和海量信息的把握。也就是说，在时间的延展中对客观历史事实准确地描述之后，才能采取对信息的加工和处理，否则得到的结论必然是片面的，甚至是有悖于客观事实的。历史与形式的对峙，一直以来作为经验主义和理性主义划界的基础，一方偏重于历史事实的陈述，而另一方侧重于事实背后的结构和形式。现代符号学力图改变这种分界的状况，主张符号一体两面的特征，即语言/言语、共时/历时、形式/内容的两面性。由历时与共时关系所划分的概念是不能被完全切割的，它们之间是相互关联，甚至是可相互转换的。

第二，从这一范式的共时态视角对AI时代云计算的认识。大数据就是规模空前的数据集合，具有海量采集、储存和管理数据的功能。而云计算主要通过分布式计算对这些庞大数据进行分析，从而获得有效的数据结果。这存在着两个维度的研究方法：一种是历时横向的采集信息的过程，另一种是共时纵向的信息归置。

在通过历时态与大数据互动模式开展中,可借助大数据的优势,改变传统历时态研究的困境,为历时态研究提供丰富而无比巨大的符号信息场域,使得历时态可处于海量、流动和充沛的信息之中。与此同时,如何对历时态丰富信息加以有效整合并获取规律,这往往需要在共断面上或者共时态中寻求事物内部与事物之间的结构和形式。历时性体现的是时间的延展性和延绵性,显现的是时间秩序之下历时性的各种变体,是一个层级或者一种事物的变化过程。而共时性挖掘单一时间节点上不同层次之间纵向的相互关系,是层级之间或者事物之间的互联关系。历时态与共时态的交互关系全面地提升了人类认识世界的方式。正如福柯对物之序的分析:"秩序依据诸文化和诸年代而显得是连续的和分级的或间断的和零碎的,与空间相联系并在每一瞬间被时间驱力所构建"①。这正显示出共时与历时、空间与时间、系统与具体之间辩证张力对诠释社会图景的意义。

这一范式借助符号运作的逻辑,将符号内部的能指与所指关系、符号之间的意指关系放置于共时的结构秩序与历时的演绎序列中,对照社会结构的相似性与社会景象的差异性,洞悉人类社会发展的规律。AI 时代云计算提供了信息整合的优化算法,可将数字信息符号得到有效的归置。云计算的算法逻辑与现代符号学的共时态模式在思维结构上具有一定相似性,都在基于经验事实的基础上,对各类相关信息从从属地位、中心/边缘、层级分化和嵌入依赖等结构关系,进行对比、配对和聚类等操作。与此同时,云计算作为高级、优化的数据算法可为共时态研究提供技术升级。

第三,符号隐喻机制对 AI 时代智能化思维模式的理解。AI 时代的核心技术除了大数据和云计算之外,更为重要的部分还包括能够"像人脑一样判断和决策"的机器智能。人工智能目前主要实现了自然语言处理、语音识别、计算机视觉和智能搜索等方面的应用。人工智能的发展不仅推动了人与人的连接,而且形成了人与物、人与服务的庞大网状结构,形成了几百亿甚至几千亿的节点量级。可以说,在对 21 世纪二十年来全景式社会生活的描述中,离不开大数据、云计算和智能化所构建的智能化生活方式,人类步入了以计算机数字和文化数字为特点的数字化、符号化的生活。

自 1956 年达特茅斯会议首次提出"人工智能"这一概念至今已经经历三个阶段,从只能完成简单规则性的事情,到逐步具有存储大量知识信息的发展,直至目前实现机器学习的跨越。人工智能目前的发展,实现了突破语言逻辑为基础机器输入知识的阶段,进入了以互联网为路径的机器自主

---

① ［法］福柯:《词与物》,莫伟民译,上海三联书店,2016 年,第 7 页。

学习的发展阶段。人工智能的发展与现代符号学的发展具有一定相似性的学科基础,也就是语言学的分析模式。正如李幼蒸指出的:"AI 理论虽然属于控制论和信息论的科学与技术领域,然而由于它直接处理语言记号系统问题,故在某些方面与语言符号学和一般符号学有重要的交接面,是今日一般符号学家不能不关注的新科学。"①人工智能从语言逻辑指令到深度自主学习的发展,体现了机器数字符号发展的变化,呈现了计算机从被动输入知识到自主学习知识的更迭,从而达到神经网络的学习。

无论是人工智能起步阶段的输入式学习,还是目前正在着力研发的神经网络学习,数字符号从实现像人一样语言的计算机语言编码,到像人的大脑一样进行思维的智能符码操作,都离不开符号的系统研究。就机器符码而言,有着与人类语言符码和文化符码共有对信息处理的起点——"符码"这一核心概念。而两者的关系基础在于,机器符码依存于和服务于人类文化符码的发展。人工智能技术研发的最终目的在于辅助人类解决问题,实现人类更美好的生活。人工智能的出现不是让机器取代人,或者让人成为机器的被操纵对象。这需要保持人工智能为人类美好生活服务的清醒态度,才不会落入技术至上主义的陷阱。因此,在对机器智能化数字符码的升级和优化时,要对准现实的人的生活,聚焦现代社会实际的发展境遇,以显示人类生存需求的文化符号为着眼点,建立数字符码服务于人的文化符码为中心的发展理念。这不但需要对机器符号智能运作进行研发,而且更为重要的是,对嵌入在人的社会生活的文化符号为研究中心,打造忠实于以人的文化符号为核心理念的机器智能符码的发展路径。

这一范式的符号隐喻关注现实的人的生活,将符号作为"文化图式"的有机集合,从符号互动论的层面挖掘作为"深层文化现象"②的社会结构。从一定程度上讲,人文图式的文化符号与计算机智能的数字符号之间的有机对话,一方面,可以从人的符号系统为进一步研发机器神经网络自主学习提供参照;另一方面,为实现人工智能自主学习的价值旨趣确定方向,以实现智能化的人类美好生活服务作为人工智能研发的基本宗旨。

在这一范式的符号学对人的认知活动研究的跟进,主要呈现为符号隐喻认知机制的研究。符号隐喻是现代符号学研究的重要向度,它牵动着符号之间关系系统的接连方式,呈现出了现代社会立体交互式的结构模式。

① 李幼蒸:《理论符号学导论》,中国社会科学出版社,1993 年,第 474 页。

② Sewell W.H.,A Theory of Structure: Duality,Agency,and Transformation,*American Journal of sociology*,1992(27):27.

现代符号学意义上的符号隐喻研究,不再是修辞学意义上文学艺术的表达技巧,而是作为人类重要的思维模式和认知工具所拥有的功能和价值。符号隐喻的思维模式打开了人类认识论的崭新图景,同时在探究人工智能寻求能够像人一样"深度学习"的开展中,借助人类符号隐喻的认识机制可以与 AI"自主性学习"进行类比性理解。符号隐喻形成了一系列隐喻性的策略,其中认知机制和关系机制,可为人类隐喻认知模式与计算机智能学习图式的对比分析提供研究视角。

综合以上关于"结构-文化主义"范式的符号隐喻机制对 AI 时代核心构成大数据、云计算和智能化类比意义的分析。还可以引向以下方面的拓展思考:

首先,AI 概念的发展逻辑为符号学注入新时代命题。自 1956 年达特茅斯会议首次提出"人工智能"的概念,直至今日 AI 成为预示未来时代发展核心动力的关键词,AI 发展历程中理论与实践的关键性突破与符号学的发展有着密切关联。在追溯 AI 核心概念和发展历程的过程中,可探寻到 AI 革命对传统符号学研究的冲击,同时为现代符号学发展提供了新时代命题。AI 概念的发展逻辑首先符合哲学的一个基本命题,即了解智能是什么。究竟 AI 可以为人类做些什么以及其发展前景会是怎样,像回答人的基本哲学命题一样来追问智能。人类在使得智能机器能够像人一样进行推理、获取知识、规划学习和有效交流的同时,更为关键的是,AI 发展不是为了制造像人一模一样或者完全拷贝人的能力的智能机器,而是通过研发语音符号、头像识别、自然语言处理等智能系统,更好地协助和帮助人类进行知识推理和生产实践。在 AI 核心技术的发展中,包括语言识别、头像识别和自然语言处理的关键技术研发,都涉及了符号系统的问题。这些 AI 符号系统的研发对传统符号学理论会带来巨大的冲击和前所未有的发展机遇,为符号学的发展提供了更为科技化和现代化的发展空间。

20 世纪中叶以来,符号学推进了语言学与哲学的互动发展,将索绪尔语言符号学推向了哲学维度的思考,引发了语言学转向的哲学思潮,形成了结构主义符号学、文本符号学、文化符号学、艺术符号学等多学科交叉研究,并产生了符号与政治、符号与日常生活、符号与经济、符号资本等面向社会现实的符号学研究。21 世纪,伴随着 AI 时代的全面到来,与 AI 相关的 AI 符号学逐步发展,为 21 世纪符号学的发展绘制了新的发展领域与方向。李幼蒸指出:"AI 理论虽然属于控制论和信息论的科学与技术领域,然而由于它直接处理语言记号系统问题,故在某些方面与语言符号学和一般符号学有重要的交接面,是今日一般符号学家不能不关注的新科学。"①

在 21 世纪科学技术的发展中,区块链、人工智能、大数据与数字化生活都体现了科技与符号学的某种关联。而且不仅如此,在以"透明""共享"和"协同"为特征的数字化、智能化的生活中,"科技""资本""价值""道德"和"伦理"之间的关联问题如影随形。可以说符号学家不能不关注新科技,同样,新科技也不能不关注哲学、伦理学、语言学的问题。而这种多学科的交互与对话,相互介入的通道可以聚焦于符号或符号隐喻的研究。

在智能时代,符号隐喻会拥有更大的发展空间。就目前而言,符号隐喻研究既连接了语言学、符号学等传统学科的联系,又与智能时代的符号新场景有新的发展方向。马克思主义维度的符号隐喻研究,可以帮助我们有效面对上面提到过的数字全景化时代与道德伦理、人工智能发展与价值问题之间的关联问题。马克思主义符号隐喻坚持历史唯物主义的核心思想,以人民群众观为指向,即以发展最广大人民群众的利益,实现人的全面发展为目的。这就为符号隐喻的智能时代发展奠定了发展的基本宗旨,不能以违背人的发展而盲目追求科技的发展,科技的发展或者说智能时代的发展,要以人的发展为先决条件和前提基础。一切脱离人的发展的科学技术只会掉入泛科学化或泛技术化的陷阱中。以马克思主义为指导方向的智能时代发展,才能使智能时代的发展具有可持续性、和谐性和生态化的发展。

其次,从这一范式符号隐喻对 AI 中"学习"的认识。关于图像识别、语音识别都涉及了符号学的内容,实现了图像符号、语音符号与计算机信息之间一种更为快捷的交互方式。就人工智能的定义而言,主要在于研究开发用于模拟延伸和扩展人的智能的理论、方法、技术和应用系统的一门新的技术学科,同时也组建了自然语言处理与符号学的关系。通过人工智能技术的研发,可以实现智能机器帮助人类完成具有像人类智慧一样才能完成的复杂工作。人工智能不是简单机器重复的机械运动,而是需要有人类智慧参与其中的活动。人工智能目前主要在图像识别、语音识别、自动驾驶技术、消费金融方面得到了长足发展。人工智能的学习主要包括两个方面:机器学习和深度学习。

"学习"概念发生了改变:传统"学习"特指人的学习,人类的知识只有通过学习才能进行知识的传递。我们通过学习先人的知识,然后举一反三才能创造出新的知识。而随着人工智能技术的发展,学习面向了智能机器。人工智能的学习主要包括两个层面:机器学习和深度学习。机器学习是人

---

① 李幼蒸:《理论符号学导论》,中国社会科学出版社,1993 年,第 474 页。

工智能学习的核心概念。机器学习就是希望机器通过学习之前的信息,也像人类一样具有举一反三的能力,对没有遇见的新内容和新情况作出判断,产生新的知识和回应新的问题。机器学习之中有一种特定形式的学习,就是深度学习。目前深度学习主要运用于图像识别领域。人工智能包含了机器学习和深度学习。

人工智能有两种形态:弱人工智能和强人工智能。弱人工智能让机器并不是真的具备智能,也没有自主意识,只能在特定领域里具备相应的智能,类似于特定的仿生学;强人工智能是让机器出现意识,达到或超越人类智慧水平,这里不单单是计算机领域的问题,而且涉及了哲学、心理学等诸多学科的问题,属于多领域综合智能的问题,是一种有人创造出来的智能的、人造智能的概念。强弱人工智能的本质区别在于智能的范围是多大,机器是否有自己的意识。目前我们研究的范围还处在弱人工智能的范围之内。人工智能最为核心的算法被称为神经网络算法,神经网络是模拟人的大脑的神经传递一样,从一个输入单元输入到下一个输入单元来得到一个结果,这就是简单的神经网络的一个原理,模拟人大脑里面神经的这个信息传递,从一个神经元把信息传递到另外一个神经元,然后接着往下传递。神经网络得到优化算法的发展,出现了 BP 神经网络算法,相对于原来的神经网络多了一个隐层,可以通过梯度下降的方式,大大降低计算的量和难度。

最后,这一范式符号隐喻对数字化人文发展的启示。这种数字化的符号场景与原先生活世界的符号场景产生了对比与交融,数字化符号场景潜在地打破了原有生活符号场景的三维空间关系,可能延展为四维或五维空间的呈现关系。如电影《星际穿越》那样,以四维空间的视角知晓三维空间中万物的过去、现在与未来。所处在三维空间的我们,无法跳脱三维空间的束缚,真实地以四维空间看三维世界的过往。也许这里面存着这一种科学假设的预判性分析,但是在我们人脑中早已实现了这种四维或者更多维度的思考方式。

符号隐喻就是展示人类多维空间思考的有力依据。在人类符号隐喻的世界中,就不断调拨具象化的现实符号场景、留存于人脑中的符号记忆和对将要实践新符号再生产的一种符号隐喻分环勾连的复杂过程。可以说,未来 AI 的发展可以真实再现人脑当中的符号隐喻过程。而符号隐喻思维与实践正体现了人类具有超越现实场景关系和空间关系的能力,实现多维空间叠加的能力,而这种能力就是我们所说的隐喻关系。

符号隐喻研究的未来需要人文学科与自然科学的有机结合发展,需要打开原有学科的界限,实现多学科的交互与融合,有很多崭新的领域等待去开采。要使得符号隐喻真正发挥其巨大潜在力量,就需要认知科学、脑科学、符号学、人工智能技术、伦理学、语言学等相互场域的开放,使得人类真正的隐喻世界被打开、被挖掘和被丰盈。

符号隐喻研究有着连接传统学科和智能时代新学科之间相互对话的优势。人工智能不是在于创造出一种取代人的机器,而是实现超越人生物学基础的束缚,达到对人类思维的外部拓展与延伸。在这一种构想中,不但需要科学技术的巨大革新,而且需要人文学科的介入,实现自然科学技术研究与人文社会科学研究的综合研究。因为科学技术也有自身发展的盲区,科学技术的价值论取向都需要借助人类学科的定位与反思。因为最能呈现人类丰富多彩的感性生活,最能体现人的道德情操,最能激发人对自然世界感悟的情感共鸣,都源自人类生生不息的文化生活,形成人类人文社会科学的巨大宝藏。

从人文社会科学对人类社会生活的关照,去创造和发明符合人类社会发展规律的科学技术,才能使科学技术真正地服务于人民,才能真正地属于人的创造,而不会造成人成为机器的奴隶与工具,产生本末倒置的结果。从马克思主义维度探究符号隐喻问题,可以进一步深入地开展研究,在更加具体和系统化的研究中有效促进两者之间的结合方向,由此进一步彰显科学技术发展的人文情怀。在符号隐喻的思维框架中,思考智能机器真实地关照和符合人的现实生活,真正实现符合人的思维逻辑秩序的智能机器的运作方式,使得智能机器系统辅助人类整体符号秩序的协调与优化。

面对现代性人类社会林林总总的语言符号图景,例如,"中心主义""文化帝国""大众消费""多元文化""亚文化""边缘群体文化""后殖民文化"等不同文化特征所具有的不同语言符号类型,AI 技术如何在纷繁复杂的语言符号景观中,更好地帮助人类寻求自身文化价值,而不是被商业化文化同质化和同一化,积极推动人类的创造思维和提升人类的创造能力,而不是将人类淹没在 AI 技术一体化文化中。

结　语

"结构－文化主义"范式的马克思主义者在对符号隐喻的研究中,开创性地形成了一种融合范式的符号隐喻研究,是基于他们对研究对象和研究方法的有效结合和发展创新。符号隐喻在这样一种研究范式中才会更加鲜活和立体,才能更加体现符号隐喻对人类社会生活的重要意义;同时符号作为"结构－文化主义"融合范式这一研究方法的对象,才能更加彰显这样一种研究方法的优势,两者结合起来实现了研究对象与研究方法的有机契合度。

这一研究范式之所以成为目前马克思主义研究范式的新取向,就在于它积极调动人的感性经验和理性认知之间的有机关联,冲破客观理性研究与感性思维研究之间的壁垒,在有规律的结构中探究人的感性活动,在丰富的文化姿态中寻求社会结构的规律和秩序,形成形式与内容、结构与文化、社会规律与经验事实的有机关联。

这一范式的符号隐喻研究将社会结构和文化看作互为补充的解释因,将传统语言哲学形式与内容、结构与文化、语言与言语之间二元对立的关系进行了实质性的改造,以"符号隐喻"方式作为接连以上关系的有机系统。他们认为,一方面,符号承载着形式、结构和逻辑层面的结构关系;另一方面,符号包含内容、意义和言语事实的文化指征,然而符号结构关系与文化指征之间的有机对称和匹配关联,结成于符号的隐喻系统中。符号隐喻系统有其自身完善的隐喻构造,包括类比、配对、分离、聚类、迁移和交互等规整的逻辑生成框架。这一范式的符号隐喻系统不是像传统符号学研究的那样,仅仅面向符号内部的逻辑转换关系,而是将作为隐喻实践的符号和具有隐喻实践功能的符号,用于展开对意义与现实生活的有机关联,形成从我们赖以生存的符号隐喻中寻求看待、理解和认识世界的方式,并以符号隐喻实践确立我们与世界之间的接连关系。

这一研究视域的展开具有理论与实践的双重意义。一方面,就理论研究而言,这一研究对于当代语言哲学和现代符号学突破传统格式塔般的形式研究,走向与实现社会相互关照的范式转换具有重要意义。同时,这一研究对于历史唯物主义的当代发展,建构马克思主义与语言哲学、马克思主义与符号学、马克思主义与隐喻学互动问题的研究具有一定价值,对于促进具有实践性与历史性的马克思主义当代发展具有一定意义。另一方面，就现实功能而言，这一研究对科学认知现代性社会提供了方法，以嵌入日常生活的语言符号，显现语言符号与社会现实的隐喻关系，透视社会现实与社会深层结构之间的关联，从而构建马克思主义的语言符号规范系统，形成语言符号与社会现实相互匹配的真实隐喻认知体系和实践系统。最终以"结构–文化主义"范式，实现语言结构与言语事实、社会构型与文化实践表征之间的综合研究。

为此，本书将符号隐喻置于标志马克思主义新发展的"结构–文化主义"范式进行研究，在具体的文化符号现实场景中，探究作为人类思维重要方式的符号隐喻系统，分析它是如何通过对比、配对、聚类和类比的方式达成已知项与未知项之间的接连；同时，将符号作为先验图式与共享意义的复合体，发挥符号隐喻在意义与形式、结构与内容之间穿针引线的作用，并进一步彰显这一研究范式的符号隐喻具有赋予形式以意义，注入结构以内容的不可分割的意义。"结构–文化主义"范式的马克思主义符号隐喻理论认为，社会结构与人的主观经验关联的外部显影可呈现于社会的符号模式中，符号模式从组织方式、情境安排、解释方式到实践过程，存在着隐喻性的策略。这一范式的符号隐喻理论，在遵循历史唯物主义语言观的基础上，将意义的主导观点引向意义的使用和意义与生活接连问题的讨论，把隐喻关系作为意义附着的符号间以及符号与外界世界间分环勾连的通道，以符号隐喻的方式调动日常语言与抽象思维、文化现象与社会深层结构、主体经验与主体嵌入的组织形式之间的关联，让隐喻不只存在于观念中，而是将隐喻作为理解世界和改变世界的方式。

本书挖掘这一理论的独特价值，即不在于获得形成完满的符号隐喻规则，而是借助符号隐喻观照现实的人和世界。为此，本书结合马克思主义符号隐喻的现实场景，寻求社会历史文化发展中符号隐喻的具体变化，从隐喻变化中窥探社会发展规律，由此形成了这一范式富有特质的历史文化符号学、符号变体、符码映射关系、编码–解码理论等符号隐喻系统。

本书关注符号隐喻视角的当代马克思主义对社会现实的分析，包括资本逻辑符号生产对日常符号隐喻关系干扰的批判、对"经济基础–上层建筑"陈旧隐喻关系的扬弃、文化结构隐喻链条的阐释和复杂意义竞技场的符号隐喻的分析等。所涉及的主要思想有：葛兰西以社会的"总体"思想和领导权的复杂性为基础，将语言符号用于社会与政治关系的隐喻，从不同语法类型的分析揭示霸权隐喻关系。威廉斯以作为物质性社会实践的符号内涵，主张文化在时空延伸性的物质关系和社会关系的形成和塑造。霍加特、汤普森、伊格尔顿批判"经济基础–上层建筑"线性隐喻模式,反对文化受制于经济的被动状态,强调文化符号的物质性和实践性。霍加特以民族志叙事记录了工人阶级符号流变过程,揭示消费社会对工人阶级隐喻方式的蚕食。伊格尔顿用巴罗克寓言能指的辩证结构,指明了物质性与意义之间的不对称性。霍尔兼有自传体形式对"加勒比流散群体"的分析,以共知识分子与内在后殖民主义两个身份的隐喻式对话,形成了霍尔独特的流散叙事方式。伊格尔顿用"镜子的隐喻"和"语言的换喻"来说明语言链的产生和人类语言思维的形成。汤普森分析经济在被文化编码后所形成的历史性力量。在对文化结构隐喻链条的分析中,他们将隐喻作为认识和感官世界的渐进地图,把符号隐喻当作物质条件和社会结构的反映,揭示出一定的文化结构影响着符号系统的运作,符号隐喻的运动包括生成、传播、收编和整合。这一范式研究揭示了资本主义现代性社会的隐喻变形,恢复作为实践的符号隐喻关系,建构以"实践"概念为核心的符号隐喻生成规范性问题的探讨。

　　本书从符号隐喻的实践本质,阐释了符号实践寻觅人类思维活动的规律,获取认知隐喻世界的方式,探究源于社会生活模式沉淀而成的符号用途。并指明符号隐喻所蕴含的对生命意义的关怀,以普通符号实践者的言说艺术、陈述方式和阅读经历,彰显符号隐喻实践者共享表达对生活世界的理解,体现符号隐喻作为共享认知地图的意义,展现符号实践者对现实世界的理解与改造。

　　本书通过这一范式的符号隐喻研究,试图进一步深化人类思想活动与现实文化场景的有机联系,实现了客观语言对象化认知与符号实践主体之间的交互性对话,把符号背后的结构关系切入到具体符号的现实复杂场景中;在符号隐喻的研究中,探析社会结构脉络中形成的具体而动态的符号隐喻关系,为客观语言规律带入人的主体能动性提供重要的思考方法。具体而言主要表现为三个方面:

　　第一,符号隐喻搭建了可被感知世界与主体感知世界之间的关联。隐喻的过程囊括了:首先,从具体的混沌意义的符号现象中进行抽象的提取;其次,在通过隐喻过程架构表象的具体;最后,在理智思考的过程,进行主体需要的再生产、再重构具体的实现。如果将符号隐喻作用于现实世界的过程划分为两个阶段时,第一个阶段可被理解为对可感世界的隐喻认知过程,第二个阶段可被作为对可感世界隐喻认知之后,隐喻实践主体作出反应并产生隐喻符号再生产的过程。符号隐喻感知世界的过程主要体现隐喻过程的第一个阶段。在进行这一阶段的隐喻过程时,从具体的符号上升为一种抽象的过程时,加入主体对混沌符号进行筛选和重组的过程,为头脑中形成抽象思维奠定基础。

第二,符号隐喻的过程实现了主体进入对客观世界认知的过程。隐喻搭建了主体进入对可感世界感知的通道。在对表象的具体符号进入人的头脑产生抽象思维时,就存在了对可感世界抽象地取舍和筛选的过程。这种抽象的提取过程受到了主体认识结构和思考方式的制约,而主体认知结构和思考方式的主要来源,在于主体生活世界所结成的习以为常的语言习惯、言说方式和文化观念。这些潜在于认识主体的文化结构和文化积累经验,成为主体进入客观对象世界的隐喻实践得以展开的基础和先决条件。因此,关于对现象界的描述,先抛开主体对可感世界是否理解正确的事实判断,就主体的隐喻世界而言,事实上是对现象界部分描述或者呈现。在可感世界进入人的头脑中的时候,隐喻过程实现了对符号的挑选与筛选,隐喻过程是有损失的过程。

第三,符号隐喻为主体对客观世界形成认识,并产生向外的符号实践过程,由此搭建主体间确认理解和建立认同产生可能性。在被挑选的符号进入人的头脑之后,在进行抽象取舍和筛选的过程中,伴有许多的抽象再综合。通过这种抽象加总,主体从抽象的符号隐喻运动实现符号具体化输出的过程。这种经过头脑隐喻关系思考之后新的符号再生产,是一种新的再生产和新的具体,而这一新的具体不再是抽象之前的无所不包和混沌的具体,而是具有一定规范性和规则性的具体。表象的具体与再生产的具体是有本质上区别的。再生产的具体是包含了人的实践和主观能动性。表象的具体是大自然演化磨合的东西具有稳定性和和谐性。由人的理智上构造出来的东西不是很稳定的,从表象走向抽象,从抽象走向再生产,需要公共的、不同主体间的相互间交流与批判。抽象中加总、多主体相互间的合作,照顾到研究对象和多主体需要,从而形成多主体的批判。

在"结构-文化主义"范式理论的研究者眼中,符号隐喻不仅存在于理念或观念系统中,而且存在于人的现实生活中;符号不仅嵌入人的实际生活,与人的现实生活密切相关,而且符号隐喻深刻地影响着人的理解方式、认识方式和实践方式。这一融合范式,将符号隐喻从形式与内容的双向结合、共时与历时的纵横关联、结构式理解与主体式理解互为补充的关系中建构起来。他们以符号隐喻的日常生活性和物质实践性,批判资本逻辑的符码生产关系,以及对"经济基础-上层建筑"陈旧隐喻关系的扬弃。这一理论既关注符号隐喻作为人类经验范畴的重要意义,也重视深层结构的符号逻辑表达秩序,这样就使得符号隐喻的现实丰富性、生动性与符号隐喻的规范性、规律性得到一种有效地接连。

这一范式的符号隐喻研究辩证性地分析了社会结构与符号隐喻之间的相互关系：一方面，深层的社会结构制约着符号隐喻的排序方式和组合方式，同时，符号隐喻作为社会结构的微观显影又能够具体化、形象化地传递和表达社会深层结构关系；另一方面，深层的社会结构及结构的变化都会牵动系列符号隐喻关系的变化，同时，符号隐喻关系具有相对独立性和自主性，可以产生对社会深层结构的微观抵抗力量。他们以符号隐喻与社会结构之间的关联，将符号隐喻系统面向现实的社会文化生活，以符号隐喻聚焦现代性的社会问题，并进一步分析了文化多样性的社会结构链条、分享意义之网的日常符号隐喻和意义竞技场的社会符号隐喻，这些关于符号隐喻现实场域的分析。

在此基础上，这一范式理论力图以马克思和恩格斯"实践"概念为基础建构符号隐喻系统。他们以实践活动作为分析符号隐喻的配对物对应关系的途径，对文本类型、不同文化场景和共同体的不同符号隐喻实践类型进行了分析，在于强调符号隐喻过程中实践的关键作用，以实践作为隐喻体系始源对象与目标对象关联的方式，从而形成有机的符号隐喻过程。他们以作为实践的符号隐喻内涵，提供积极提升符号隐喻实践主体能力的运作机制。他们以现实的文化生活复原符号隐喻实践主体的隐喻来源，在生成于特定群体历史文化发展的脉络中，形成隐喻实践者本体与喻体的对接、配对和类比的过程，从而产生或促成积极而有效的隐喻实践活动。

"结构–文化主义"范式符号隐喻理论彰显着马克思主义的哲学精神，即哲学不仅在于对世界的认识，更为重要的是对世界作出的改造。他们对马克思主义开创的理想社会充满热情，对符号隐喻学的研究不仅是书卷中的求索，而是他们以对未来社会的理性建构为己任，以如何建构人类美好的生活家园为哲学命题，从符号隐喻的视域，对马克思和恩格斯科学社会主义作出了当代的发展与创新。他们以作为符号隐喻的实践性对"公共价值"的诠释、彰显符号隐喻实践主体能动性的"公共价值"和以符号隐喻实践的互动模式勾勒美好生活图景三个层面，展现社会互动的符号隐喻实践模型对未来理想生活图景的建构作用。

这一范式以符号隐喻研究为契机，呈现了语言与文化、语言与社会之间复杂张力结构的语言图式，并由此展开了文化主义、结构主义、后结构主义、后现代主义和新文学批评的语言哲学图景，开阔了语言哲学的研究视域，涉猎包括中心主义、反种族主义、后殖民主义、女权主义、多元文化主义和边缘群体文化认同等当代社会思潮涌现的核心问题。这一范式充分彰显了语言哲学研究的现实功能，将语言哲学原有规范性和科学性的优势，与现代性社会的深层矛盾和当代社会的新文化景观内在联系起来，通过语言哲学的科学性对实际语境作出界定与分析，展现了语言哲学面向现实的丰富姿态，为当代语言哲学徘徊于语言内部分析的困境，寻求到了理论根据和现实依据，也进一步彰显了历史性和实践性的马克思主义理论对语言哲学研究的重要理论意义和实践价值。

"结构–文化主义"范式的符号隐喻理论，将隐喻理论回归人的现实社会，将隐喻获取事物结构之能力运用在分析人的现实社会中。他们将符号的不可规约性与符号潜在的文化能量有机关联，在符号隐喻实践的过程中，分析符号结构与文化内容的一致、矛盾、扭曲和重组的复杂隐喻关系，强调符号结构与符号内容之间内在意义的联结，并以此分析当代社会文化思潮和各种文化现象产生和再生的原因和变化根据。这一理论从标志现代性特征的关键词、话语事件、微观历史的陈述方式、形形色色的话语片段中，寻找符号背后意味深长特性的本质，超越一般的符号陈述和符号形态。这一理论从符号构造的重复形式、花言巧语的符号形态、符号存在的智性环境和符码操纵过程等各种隐喻姿态的研究中，深入探究语言符号的产生、确认、组合和编制的过程，对不言自明的现代社会中的语言问题进行剖析，从而洞察深层的社会矛盾和社会结构。

"结构–文化主义"范式的马克思主义符号隐喻研究具有深远的意义。在纷繁复杂的社会历史进程中，这一理论基于历史唯物主义语言观，以语言哲学的透视法分析包罗万象的景观社会。这一理论倡导在符号隐喻实践的过程中，调动符号实践者在具体场所的符号解读和言语运用的效能，强调加在历史真实感上的符号隐喻实践行为，将符号隐喻实践作为有知性和有意义的实践活动。这一范式研究符号隐喻有着一定的学术价值，呈现出当代马克思主义哲学研究的一些重要命题，具体表现在：

第一，这一范式的符号隐喻理论是对传统"逻各斯"语言符号学的突破，是对马克思主义语言哲学的继承与发展。这一理论反对将符号抽象化剥离于现实生活的做法，批判将符号置于内部语义、句法逻辑和形式结构的单纯"逻各斯"式符号本体论的论证方式，而是继承马克思主义语言哲学从人的实践活动探究语言与社会关系的观点，将符号置于文化、社会、历史和政治之间更为广阔的现实场景中，探究符号隐喻的运动过程，反思符号隐喻运动中历史的与结构的相互交融的过程。以"结构–文化主义"范式探究符号隐喻问题，突破语言符号理论徘徊于内部结构的研究，解决隐喻受限于修辞学的研究，将符号隐喻置于更大范围的现实场景中，揭示历史性和实践性的马克思主义对符号研究和隐喻研究的诠释功能,彰显马克思主义语言哲学的当代价值。

第二,这一范式的符号隐喻理论是对历史唯物主义实践论的当代发展,是马克思主义当代发展的标志之一。隐喻研究愈来愈受到学界关注,就在于隐喻作为人类认知活动的重要方式,建立了已知概念与新认知之间的联系。而"结构–文化主义"范式,从马克思主义哲学的层面拉近了与隐喻研究的关联。从某种意义上讲,这一范式从符号隐喻的维度发展了历史唯物主义实践论的当代意,将"实践"这一历史唯物主义认识论的核心范畴,引向了作为展开马克思主义符号隐喻系统的理论来源和建构基础,以实践作为分析符号隐喻的配对物对应关系的途径,以实践作为隐喻体系始源对象与目标对象关联的方式,强调符号隐喻过程中实践的关键作用,将符号隐喻作为人类认识世界、理解世界和改变世界的有机实践活动,实现结构式与主体式互为补充的理解方式和实践方式。

第三,这一范式的符号隐喻理论具有马克思主义社会运动的思想。其理论目的不在于抽象地构造某一完满的符号结构体系,而是用符号隐喻的方式走向人的真实语义世界,并从语义世界的隐喻关系中反观人的现实世界,从符号化现实的隐喻系统中透视社会现实的深层结构,最终将实现他们的政治诉求和建构理想社会形态作为其研究旨趣。在马克思主义的维度中,将符号学与隐喻问题结合研究,一方面展现符号系统中能指与所指、符码变体、符码编码与解码等充满隐喻结构和隐喻转换的复杂关系;另一方面体现隐喻研究依托于具象化和文化化的符号才能更加显示出隐喻对于人类认知和实践活动的重要价值。这一成果为马克思主义语言哲学、现代符号学和隐喻研究的多学科交叉和多层次思考提供一种分析视角。

第四,"结构–文化主义"范式与符号隐喻体系形成方法论与研究对象的有机契合。符号隐喻深刻地影响着人的理解方式、认识方式和实践方式。这一融合范式,将符号隐喻从形式与内容的双向结合、共时与历时的纵横关联、结构式理解与主体式理解互为补充的关系中建构起来,既体现了符号隐喻作为人类经验范畴的重要意义,也展现了深层结构的符号逻辑表达秩序,这样就使得符号隐喻的现实丰富性、生动性与符号隐喻的规范性、规律性得到一种有效地接连。以"结构–文化"主义范式这一代表当代马克思主义哲学研究新取向的研究方法,深入符号隐喻的研究,可进一步深化人类思维活动与现实文化场景的有机联系,促进客观语言对象化认知与符号实践主体之间的交互性对话,为客观语言规律带入人的主体能动性提供一定的思考方法。

　　第五,这一范式的符号隐喻可作为分析社会深层结构与文化表征之间辩证关系的切入点,可作为对现代性社会文化景观的深层洞察方式。其理论辩证性地分析了社会结构与符号隐喻之间的相互关系,一方面,深层的社会结构制约着符号隐喻的排序方式和组合方式,同时,符号隐喻作为社会结构的微观显影又能够具体化、形象化地传递和表达社会深层结构关系;另一方面,深层的社会结构及结构的变化都会牵动系列符号隐喻关系的变化,同时,符号隐喻关系具有相对独立性和自主性,可以产生对社会深层结构的反作用力。

　　符号隐喻理论是连接人类思维模式与现实文化语义场的重要领域,也是当代马克思主义的一个崭新的研究方向。这一研究有许多未来可期的发展方向。符号隐喻接连了人类抽象的理性思维活动、可感世界的文化符号表征、人工智能语言符号、城市空间的符号记忆与虚拟空间符号语境等具有创新性、时代性和现实性的话题,为多学科发展、多层次对话创造了一种新视野和新思路。关于符号隐喻研究还有很多可待开垦的空间。

参考文献

一、中文文献

1.《马克思恩格斯全集》(第1卷),人民出版社,1960年。

2.《马克思恩格斯全集》(第2卷),人民出版社,1957年。

3.《马克思恩格斯全集》(第3卷),人民出版社,1965年。

4.《马克思恩格斯全集》(第19卷),人民出版社,1963年。

5.《马克思恩格斯全集》(第44卷),人民出版社,1960年。

6.《马克思恩格斯选集》(第一~四卷),人民出版社,1995年。

7.《马克思恩格斯文集》(第一~十卷),人民出版社,2009年。

8.[澳]克里斯·巴克:《文化研究:理论与实践》,孔敏译,北京大学出版社,2013年。

9.[德]阿多诺:《否定的辩证法》,张峰译,重庆出版社,1993年。

10.[德]阿尔贝特·施韦泽:《文化哲学》,陈泽环译,上海人民出版社,2008年。

11.[德]恩斯特·卡西尔:《论人是符号的动物》,石磊译,中国商业出版社,2016年。

12.[德]伽达默尔:《真理与方法》,洪汉鼎译,商务印书馆,1999年。

13.[德]哈贝马斯:《文化现代性精粹读本》,周宪译,中国人民大学出版社,2006年。

14.[德]黑格尔:《逻辑学》(上卷),杨一之译,商务印书馆,2001年。

15.[德]黑格尔:《哲学史讲演录》,商务印书馆,1978年。

16.[德]李凯尔特:《文化科学和自然科学》,涂纪亮译,商务印书馆,1986年。

17.[德]马丁·海德格尔:《在通向语言的途中》,孙周兴译,商务印书馆,1997年。

18.[德]乌尔里希·贝克、[英]安东尼·吉登斯、[英]斯科特·拉什:《自反性现代化——现代社会秩序中的政治、传统和美学》,赵文书译,商务印书馆,2014年。

19.[德]尤尔根·哈贝马斯:《交往与社会进化》,张博树译,重庆出版社,1989 年。

20.[法]阿尔都塞:《列宁与哲学》,杜章智译,远流出版公司,1990 年。

21.[法] 亨利·列斐伏尔:《空间与政治》, 李春译, 上海人民出版社,2008 年。

22.[法]利奥塔:《后现代性与公正游戏——利奥塔访谈》,谈瀛洲译,上海人民出版社,1997 年。

23.[法]莫里斯·梅洛-庞蒂:《哲学赞词》,杨大春译,商务印书馆,2000 年。

24.[法]莫里斯·梅洛-庞蒂:《知觉现象学》,姜志辉译,商务印书馆,1995 年。

25.[加拿大]艾伦·梅克森斯·伍德:《民主反对资本主义——重建实践唯物主义》,吕薇洲等译,重庆出版社,2007 年。

26.[加拿大]彼得·艾夫斯:《葛兰西语言与霸权》,李永虎、王宗军译,社会科学文献出版社,2018 年。

27.[加拿大]马塞尔·达内西:《酷:青春期的符号和意义》,孟登迎、王行坤译,四川教育出版社,2011 年。

28.[美]丹尼斯·德沃金:《文化唯物主义在战后英国——历史学、新左派和文化研究的起源》,李凤丹译,人民出版社,2008 年。

29.[美]理查德·比尔纳其:《超越文化转向》,方杰译,南京大学出版社,2008 年。

30.[美]马尔库塞:《单向度的人》,刘继译,上海译文出版社,2006 年。

31.[美]马歇尔·萨林斯:《文化与实践理性》,上海人民出版社,2002 年。

32.[美]乔治·莱考夫、[美]马克·约翰逊:《我们赖以生存的隐喻》,何文忠译,浙江大学出版社,2015 年。

33.[美]萨义德:《知识分子论》,单德兴译,生活·读书·新知三联书店,2007 年。

34.[美]约翰·迪利:《符号学对哲学的冲击》,周劲松译,四川教育出版社,2011 年。

35.[瑞]费尔迪南·德·索绪尔:《普通语言学教程》,高名凯译,商务印书馆,2017 年。

36.[斯]斯拉沃热·齐泽克、[德]泰奥德·阿多尔诺:《图绘意识形态》,方杰译,南京大学出版社,2002 年。

37.[匈]阿格妮丝·赫勒:《日常生活》,衣俊卿译,黑龙江大学出版社,2010 年。

38.[意]安东尼奥·葛兰西:《狱中札记》,曹雷雨、姜丽、张跣译,中国社会科学出版社,2000 年。

39.[英]E.P.汤普森:《英国工人阶级的形成》,钱乘旦等译,译林出版社,2001 年。

40.[英]阿兰·斯威伍德:《文化理论与现代性问题》,黄世权译,中国人民大学出版社,2013 年。

41.[英]爱德华·泰勒:《原始文化》,连树生译,广西师范大学出版社,2005 年。

42.[英]爱德华·汤普森:《共有的习惯》,沈汉、王加丰译,上海人民出版社,2002 年。

43.[英]安东尼·吉登斯:《社会的构成》,李康等译,生活·读书·新知三联书店,1998 年。

44.[英]安吉拉·默克罗比:《后现代主义与大众文化》,田晓菲译,中央编译出版社,2006 年。

45.[英]本·海默尔:《日常生活与文化理论导论》,周宪主编,商务印书馆,2008 年。

46.[英]布莱恩·劳森:《空间的语言》,杨青娟译,中国建筑工业出版社,2013 年。

47.[英]戴维·麦克莱伦:《马克思思想导论》,郑一明、陈喜贵译,中国人民大学出版社,2008 年。

48.[英]戴维·麦克莱伦:《马克思以后的马克思主义》,李智译,中国人民大学出版社,2004 年。

49.[英]丹尼·卡瓦拉罗:《文化理论关键词》,张卫东译,江苏人民出版社,2006 年。

50.[英]杰克·古迪:《神话、仪式与口述》,李源译,中国人民大学出版社,2014 年。

51.[英]雷蒙德·威廉斯:《关键词——文化与社会的词汇》,刘建基译,生活·读书·新知三联书店,2018 年。

52.[英]雷蒙德·威廉斯:《马克思主义与文学》,王尔勃、周莉译,河南大学出版社,2008 年。

53.[英]雷蒙德·威廉斯:《漫长的革命》,倪伟译,上海人民出版社,2013 年。

54.[英]雷蒙德·威廉斯:《文化与社会》,高晓玲译,吉林出版集团有限责任公司,2011 年。

55.[英]雷蒙德·威廉斯:《现代主义的政治》,阎嘉译,商务印书馆,

2004 年。

56.[英]马克·J.史密斯:《文化——再造社会科学》,张美川译,吉林人民出版社,2005 年。

57.[英]马修·阿诺德:《文化与无政府状态》,韩敏中译,生活·读书·新知三联书店,2008 年。

58.[英]迈克尔·肯尼:《第一代英国新左派》,李永新、陈剑译,江苏人民出版社,2010 年。

59.[英]佩里·安德森:《当代西方马克思主义》,余文烈译,东方出版社,1989 年。

60.[英]齐格蒙德·鲍曼:《作为实践的文化》,郑莉译,北京大学出版社,2009 年。

61.[英]斯图亚特·霍尔、[英]保罗·杜盖伊:《文化身份问题研究》,庞璃译,河南大学出版社,2010 年。

62.[英]特里·伊格尔顿:《二十世纪西方文学理论》,伍晓明译,北京大学出版社,2018 年。

63.[英]特里·伊格尔顿:《理论之后》,商正译,商务印书馆,2009 年。

64.[英]特里·伊格尔顿:《论文化》,张舒语译,中信出版社,2018 年。

65.[英]特里·伊格尔顿:《马克思为什么是对的》,李杨、任文科、郑义译,重庆出版社,2018 年。

66.[英]特里·伊格尔顿:《批评的功能》,程佳译,西南师范大学出版社,2018 年。

67.[英]特里·伊格尔顿:《批评家的任务》,王杰、贾洁译,北京大学出版社,2014 年。

68.[英]特里·伊格尔顿:《如何读诗》,陈太胜译,北京大学出版,2016 年。

69.[英]特里·伊格尔顿:《瓦尔特·本雅明或走向革命批评》,郭国良、陆汉臻译,商务印书馆,2015 年。

70.[英]特里·伊格尔顿:《文化的观念》,方杰译,大学出版社,2006 年。

71.[英]托尼·本尼特:《文化、治理与社会》,王杰、强东红译,东方出版中心,2016 年。

72.[英]托尼·本尼特:《文学之外》,强东红译,人民出版社,2016 年。

73.[英]托尼·本尼特:《形式主义和马克思主义》,曾军译,河南大学出版社,2011 年。

74.[英]约翰·斯道雷:《记忆与欲望的耦合》,广西师范大学出版社,2007 年。

75.[英]约翰·斯道雷:《文化理论与大众文化导论》,常江译,北京大学出版社,2013 年。

76.陈学明:《时代的困境与不屈的探索》,黑龙江大学出版社,2007 年。

77.丁立群:《文化哲学史研究》,社会科学文献出版社,2019 年。

78.段忠桥:《理性的反思与正义的追求》,黑龙江大学出版社,2007 年。

79.郭宏安:《波德莱尔美学文选》,人民文学出版社,1987 年。

80.郭鸿:《现代西方符号学纲要》,复旦大学出版社,2008 年。

81.李宝文:《具体辩证法与现代性批判——科西克哲学思想研究》,黑龙江大学出版社,2011 年。

82.陆扬:《文化研究概论》,复旦大学出版社,2008 年。

83.罗刚、刘象愚:《文化研究读本》,中国社会科学出版社,2000 年。

84.马驰:《理论、文化与实践》,中国社会科学出版社,2002 年。

85.马海良:《文化政治美学——伊格尔顿批评理论研究》,中国社会科学出版社,2004 年。

86.马援:《理查德·霍加特文化实践思想研究》,北京师范大学出版社,2019 年。

87.马援:《文化唯物主义语言哲学思想研究》,经济管理出版社,2019 年。

88.乔瑞金:《英国的新马克思主义》,人民出版社,2013 年。

89.王骥:《新未来简史——区块链、人工智能、大数据陷阱与数字化生活》,中国工信出版集团,2019 年。

90.王寅:《认知语言学》,上海外语教育出版社,2007 年。

91.王雨辰:《哲学批判与解放的乌托邦》,黑龙江大学出版社,2007 年。

92.许苏民:《文化哲学》,上海人民出版社,1990 年。

93.杨东篱:《伯明翰学派的文化观念与通俗文化理论研究》,山东大学出版社,2001 年。

94.杨魁森:《生活世界哲学》,吉林人民出版社,2013 年。

95.尹树广:《语言哲学——国外马克思主义、现代西方哲学》,人民出版社,2016 年。

96.俞吾金、陈学明:《国外马克思主义哲学流派新编》(西方马克思主义卷),复旦大学出版社,2002 年。

97.俞吾金:《传统重估与思想移位》,黑龙江大学出版社,2007 年。

98.俞吾金:《意识形态论》,人民出版社,2009 年。

99.张华:《伯明翰文化学派领军人物》,山东大学出版社,2008 年。

100.张亮、李媛媛编:《理解斯图亚特·霍尔》,北京师范大学出版社,

2016 年。

101.张亮:《英国新左派思想家》,江苏人民出版社,2010 年。

102.张一兵:《当代国外马克思主义哲学思潮》(中卷),江苏人民出版社,2011 年。

103.张一兵:《启蒙的自反与幽灵式的在场》,黑龙江大学出版社,2007 年。

104.赵毅衡:《符号学——原理与推演》,南京大学出版社,2016 年。

105.周宪:《当代西方艺术文化学》,北京大学出版社,1988 年。

106.邹赞:《文化的显影——英国文化主义研究》,暨南大学出版社,2014 年。

二、外文文献

1.A.Huyssen,*Mapping the Postmodern.New German Critique*,New York:Andreas Huyssen ,1984.

2.David Lodge,Richard Hoggart: A Personal Appreciation,*International Journal of Cultural Studies*,volum 10,2007.

3.E.P.Thompson,*The Poverty of Theory and Other Essays*,London,Merlin Press,1978.

4.Edward W.,*Representations of the Intellectual*,New York:Vintage Books,1994.

5.F.Mulhern , Culture/Metaculture , *The New Critical Idiom* , London:Routledge,2000.

6.F.Mulhern,*The Moment of "Scrutiny"*,London: Verso,1981.

7.F.R.Leavis,*Cultural and Environment*,New York: Greenwood Press.1977.

8.F.R.Leavis,*Fiction and the Reading Public*,London: Pilmlico,2000.

9.F.R.Leavis,and D.Thompson,*Mass Civilization and Minority Culture*,New York: Minority Press.1933.

10.Frances Murphy Zauhar,*The Intimate Critique: Autobiographical Literary Criticism*,Durham: Duck University Press,1993.

11.Fred Inglis,*Culture*,Cambridge: Polity Press Ltd.2004.

12.Fred Inglis,*Popular Culture and Political Power*,London: Harvester Wheatsheaf,1998.

13.Fred Inglis,*Richard Hoggart: Virtue and Reward*,Cambridge: Polity Press,2014.

14.Greil Marcus, *A Secret History of the Twentieth Century*, Cambrige: Mass Press, 1990.

15.Helen Davis, *Understanding Stuart Hall*, London: SAGE Publications, 2004.

16.Jean –Jacques Lecercle, *A Marxist Philosophy of Language*, Boston: Bill, 2006.

17.Jessica Munns, *A Cultural Studies Reader: History, Theory, Practice*, New York: Longman, 1995.

18.John Storey, *Cultural Studies and the Study of Popular Cultural*, Edinburgh: Edinburgh University Press, 2003.

19.Jonathan Culler, *Literary Theory: A Very Short Introduction*, New York: Oxford University Press, 1997.

20.Lawrence Grossberg, *Cultural Studies*, New York: Routledge, 1992.

21.Lesley Johnson, *The Cultural Critics: from Matthew Arnold to Raymond Williams*, London: Routledge & Kegan Paul, 1979.

22.Lev Vygotsky, *Thought and Language*, Cambridge: MIT Press, 1962.

23.Lin Chun, *The British New Left*, Edinburgh: Edinburgh University Press, 1993.

24.M.McLuhan, *Understanding Media*, London: Routledge and Kegan Paul, 1964.

25.Mattew Arnold, *Culture and Anarchy*, London: Cambridge University Press, 1932.

26.Michael Bailey and Mary Eagleton, *Richard Hoggart:Culture and Critique*, London: Critical, Cultural and Communications Press, 2011.

27.Michael Bailey, Ben Clarke, John K.Walton, *Understanding Richard Hoggart: A Pedagogy of Hope*, Oxford: Miley–Blackwell, 2012.

28.Michael Kenny, *The First New Left*, London: Lawrence & Wishart, 1995.

29.Raymond Williams, *Keywords*, London: Fontana, 1983.

30.Raymond Williams, *Marxism and Literature*, Oxford: Oxford University Press, 1977.

31.Raymond Williams, *May Day Manifesto 1968*, London: Penguin books, 1968.

32.Raymond Williams, *Problems in Materialism and Culture: Selected*

Essays, London: Verso. 1980.

33. Raymond Williams, *The Long Revolution*, London: Pelican Books, 1961.

34. Richard Hoggart, *A Local Habitation: 1918–1940, in A Measured Life: The Time and Place of an Orphaned Intellectual*, London: Lawrence &Wishart Ltd., 1988.

35. Richard Hoggart, *An English Temper*, London: New York: Oxford University, 1982.

36. Richard Hoggart, *An Idea and Its Servants: UNESCO from Within*, London: Chatto & Windus (London), 1978, New York: Oxford University Press, 1978.

37. Richard Hoggart, *Between Two Worlds: Politics, Anti–Politics, and the Unpolitical*, New Brunswick: Transaction, 2002.

38. Richard Hoggart, *Everyday Language & Everyday Life*, London: Transaction Publishers, 2003.

39. Richard Hoggart, *First and Last Things*, New Brunswick: Transaction Books, 2002.

40. Richard Hoggart, *Mass Media in a Mass Society*, London: Continuum, 2006.

41. Richard Hoggart, *Only Connect: On Culture and Communication*, London: Chatto & Windus, 1972.

42. Richard Hoggart, *The Future of Broadcasting*, London: The Macmillan Press, 1982.

43. Richard Hoggart, *The Tyranny of Relativism*, London: Transaction Publishers, 1997.

44. Richard Hoggart, *The Uses of Literacy: Aspects of Working–Class Life*, London: Chatto & Windus, 1967.

45. Richard Hoggart, *Townscape with Figures: Famham –Portrait of an English Town*, London: Chatto and Windus, 1994.

46. Richard Hoggart, *Speaking to Each Other: Volume One: About Society*, London: Penguin Book, 1973.

47. Richard Hoggart, *Speaking to Each Other: Volume Two: About Literature*, London: Penguin Book, 1973.

48. Stefan Collini, *Critical Minds: Raymond Williams and Richard Hog-

gart.*Essays in History and Culture*, Oxford: Oxford University Press, 1999.

49.Stuart Hall, *Cultural Studies and the Center*; *Some Problematics and Problems*, *in Cultural*, *Media*, *Language*.Stuart Hall, Dorothy Hobson, Andrew Lowe, Paul Wills, London: Hutchinson, 1980.

50.Stuart Hall, Cultural Studies and Its Theoretical Legacies, in David Morley and Kuan-Hsing Chen （eds）, *Stuart Hall: Critical Dialogues in Cultural Studies*, London & New York: Routledge, 2005.

51.Sue Owen, *Rereading Richard Hoggart: Life*, *Literature*, *Language*, *Education*, Newcastle: Cambridge Scholars, 2008.

52.Sue Owen, *Richard Hoggart and Cultural Studies*, Sheffield: Palgrave Macmillan, 2008.

53.T.S.Eliot, *The Cambridge History of Literacy Criticism*, Cambridge: Cambridge University Press, 2000.

54.Terry Eagleton, *The Idea of Culture*, Oxford: Blackwell, 2000.

55.Terry Eagleton, *Why Marx Was Right*, London: Yale University Press, 2011.

56.Tom Steele, *The Emergence of Cultural Studies: Adult Education*, *Cultural Studies: Adult Education*, *Cultural Politics and the 'English' Question*, London: Lawerence & Wishart Limited, 1997.

后　记

时光若水，这一个个敲击在键盘上的文字就要付梓了。回想起对这本书从萌生想法到最后落笔，它承载着我的学术生活，记录着我思想的旅程。迟子建说过，每本书就像一棵树的生长，它的诞生需要机缘。我的这本书能够出版，就很感谢那些能够让它出现的机缘。

首先这本书的主题是关于马克思主义文化哲学和语言哲学的方向，这是我持续关注和学术兴趣所在。在我已经出版的《霍加特文化实践思想研究》和《文化唯物主义语言哲学思想研究》中，积累了一些相关研究。并且在我不断地学习和思考过程中，愈来愈感受到文化与符号之间相互缠绕和充满丰富张力的关系。对文化哲学的研究带动我思考语言哲学，对语言哲学的思考又引发我对文化哲学新的关注，在这种相互交织的关系中，激发了我对马克思主义哲学新的理解和认识方式。

而这恰恰为我的这本书打开了一个重要的机缘。这本书最初的雏形呈现于2020年国家社科基金后期资助项目的申报中。我对这本书的写作过程记忆犹新。那时2019年底新冠肺炎疫情出现，我在那一段时光里阅读了大量的文献，还通过原先未曾有过的云端平台听取了很多令人深思的学术报告，在这种日常化的学术思考下，我进行了书稿的集中写作。最终在2022年提交了国家社科基金后期资助项目的相关材料。三个月过后，一个金秋十月的中午，我在接孩子放学回家的路上，陆续地听到了微信铃声，当时我没有来得及打开，而是一头钻进厨房做午餐，平日孩子爸爸上班中午不在家，女儿也在幼儿园，直到我和儿子开始吃饭的时候，我不经意地看了一下手机，那些祝贺信息跳入眼眶，当时我一头雾水，翻看之后雀跃而起，当我儿子为此惊讶时，我一把抱住了他，国社科后期资助拿到手了。

随后，项目得到了五位匿名评审专家的反馈意见，这为本书的进一步打磨提供了重要的指引方向。我从各位专家对成果的创新程度、突出特色、主要建树、学术价值、理论价值和应用价值的评价中，进一步明确这一研究的重要意义，感受到了各位专家给予的肯定，受到了莫大鼓舞。接下来更为重要的是，我反复琢磨各位专家的宝贵意见，逐一对专家提出的每个问题进行深入思考、寻求解决方案、规划解决步骤、落实具体问题、不断查缺补漏，这成为本书修改的主要过程。在历经三年的时光里，这本书在结构调整、章节增设、内容丰实和具体细化的过程中,于 2022 年 11 月底完成修订,并提交完成了本项目的结项申请,最终从原计划的 23 万字扩充至了今天的 27 万字。这一过程凝结着我为之努力的辛勤汗水,得到了来自心底里的甘甜。

那么另一个机缘就是这本书的校稿正处在我的访学期间。难忘的访学经历是我学术旅途中里程碑式的重要阶段,我敞开了过去难以想象的视野,这为本书的最终成稿注入了潜移默化的力量。我有幸于 2021 年在中国社会科学院哲学研究所李河教授门下访学。我所在的文化中心是中国文化类智库的中心,在合作导师的点拨与指引、读书会的交流与探讨、学术会议的聆听与提问中,我对文化哲学、符号学、现象学上的知识盲区进行了填补,并接触到了与文化政策相关的问题,不知不觉地这些知识和思想逐渐潜入了我的心里。这本书的修改与完善浸润在了我的访学期间,我不会把完善这本书当成任务总是放在桌案上,但是我会将从文化中心得到的新鲜感受和新的想法时不时地添加进书里,对我原先还认识不到或者不清楚的问题加以新的思考与阐述。在这一过程中,我感受到了修改状态与初写状态的汇合与碰撞,这些思想的火花加深了我对这一问题更深层的认识与理解,还启发出了一些新的拓展方向。路漫漫其修远兮。面对文化的广袤世界,以及符号隐喻这一主题带来的很多尚待进一步思考和解决的问题,我还会继续在这一方向上努力前行。

最后这本书能够顺利出版得益于天津人民出版社的鼎力支持,得到了王佳欢编辑不辞辛劳的帮助。

因而这些难得机缘的聚合促成了这本书的诞生,成为我学术之旅上充实而美好的风景,同时开启了我学术思考的又一个崭新旅程。在此由衷感谢我的亲人、老师和挚友,将此书奉献给大家。

二〇二四年二月七日腊月二十八